O Despertar de Lázaro

ENCONTRANDO SEU LUGAR NO CORAÇÃO DE DEUS

Joanna Weaver

O Despertar de Lázaro

ENCONTRANDO SEU LUGAR NO CORAÇÃO DE DEUS

Traduzido por Degmar Ribas

3ª impressão

Rio de Janeiro
2023

Originally published in English under the title:
Lazarus Awakening by Joanna Weaver
Copyright © 2011 by Joanna Weaver
Published by WaterBrook Press, an imprint of The Crown Publishing Group, a division of Random House, Inc.
12265 Oracle Boulevard, Suite 200, Colorado Springs, Colorado 80921 USA
Published in association with the literary agency of Janet Kobobel Grant, Books & Such
5926 Sunhawk Drive, Santa Rosa, CA 95409

International rights contracted through:
Gospel Literature International
P.O. Box 4060, Ontario, California 91761-1003 USA

This translation published by arrangement with WaterBrook Press, an imprint of the Crown Publishing Group, a division of Random House, Inc.

Edição em português © 2012 Casa Publicadora das Assembleias de Deus. Aprovado pelo Conselho de Doutrina.

É proibida a duplicação ou reprodução deste volume, no todo ou em parte, sob quaisquer formas ou meios (eletrônico, mecânico, gravação, fotocópia, distribuição na web e outros), sem permissão expressa da Editora.

Tradução: Degmar Ribas
Preparação dos originais: Daniele Pereira
Revisão: Verônica Araujo
Capa: Jonas Lemos
Editoração e projeto gráfico: Fagner Machado

CDD: 248 – Vida Cristã
ISBN: 85-263-0359-7

As citações bíblicas foram extraídas da versão Almeida Revista e Corrigida, edição de 1995, da Sociedade Bíblica do Brasil, salvo indicação em contrário.

Para maiores informações sobre livros, revistas, periódicos e os últimos lançamentos da CPAD, visite nosso site: http://www.cpad.com.br

SAC — Serviço de Atendimento ao Cliente: 0800-021-7373

Casa Publicadora das Assembleias de Deus
Av. Brasil, 34.401, Bangu, Rio de Janeiro – RJ
CEP 21.852-002

2ª edição
3ª impressão: 2023
Impresso no Brasil
Tiragem: 400

Dedicatória

Ao meu pai, Cliff Gustafson. Seguidor apaixonado e amigo de Jesus Cristo, homem que amava as pessoas, um removedor de ataduras.
Papai, eu conheci a Jesus no dia em que te conheci. Obrigada por viver a sua vida de uma forma patente para Deus. Sinto-me muito honrada por ser sua filha.

Agradecimentos

Contaram-me que antes de iniciar uma composição musical, Johann Sebastian Bach escrevia duas letras na parte superior da partitura: *JJ*, que queriam dizer *Jesu* Juva. "Jesus, ajude". Essas duas palavras têm sido a minha oração diária, e se este livro contribuir para você de alguma forma, tudo se deverá a Jesus Cristo — meu ajudador e meu amigo. Mais do que nunca, estou descobrindo a verdade destas palavras: "Sem Ele, nada posso fazer".

Mas também sou grata a uma família que me amou e me apoiou durante o processo. Para meus queridos pais, Cliff e Annette Gustafson. Obrigada por intercederem diariamente por mim e por este livro, e por fazer de sua casa um lugar tão divertido que, por vezes, Joshua não queria ir embora! Para meus filhos mais velhos — Jessica, John Michael e minha nova filha do coração, Kami —, obrigada pelas mensagens de texto e orações encorajadoras por telefone que tanto me apoiaram. E ao meu marido, John. Simplesmente não há palavras suficientes. Não posso imaginar quem eu seria, muito menos onde estaria sem você.

A todos os meus queridos amigos da igreja e amigos na Internet que têm apresentado este livro em oração, especialmente Lorene Masters Donna Partow, Jodi Detrick, Sherrie Snyder e Angela Howard, obrigada. Junto com os outros, a intercessão de vocês, literalmente, colocou palavras nas páginas por vezes. Agradecimentos especiais a Randy e Kay Creech por sua amizade e hospitalidade generosa. E para as mulheres maravilhosas que serviram refeições deliciosas e arranjaram coleguinhas para brincar com Josh.

A Wendy Lawton, cujas palavras perspicazes — "Isto é um livro" — deu início a todo o processo de escrever a história de Lázaro. Você tem a minha gratidão por ter sido a voz de Deus ao meu coração.

Sem Laura Barker, Carol Bartley e a incrível equipe de pessoas da Water-Brook, este livro não teria sido possível. Obrigada pela enorme paciência de vocês e por acreditarem neste livro. Vocês foram muito graciosos. Que Deus abençoe ricamente a cada um de vocês.

A Anne Christian Buchanan. Obrigada por me ajudar a aparar e moldar minhas ideias e palavras. Um editor especializado é verdadeiramente um presente para um escritor, e que presente você tem sido para mim! Agradeço a Deus por você.

Finalmente, a Janet Kobobel Grant, minha agente. Melhor serem dois do que um, diz a Bíblia, e, oh, como isso é verdade quando se trata desta autora. Obrigada por ter visto algo em mim há tantos anos e caminhar ao meu lado a cada passo do caminho. Sou abençoada por ter você na minha vida.

Quando Bach terminava uma peça musical, ele escrevia outro conjunto de letras na parte inferior da página: S.D.G. — Soli Deo Gloria que significa "glória somente a Deus".

Essa também é a minha oração por este livro.
Soli Deo Gloria.

Senhor! Suplicamos-te,
torna-nos verdadeiramente vivos.

Serapião de Thmuis (Século IV)

Uma nota sobre esta edição

Fiquei muito animada quando a WaterBrook me pediu para escrever um material bônus para esta edição em brochura de *O Despertar de Lázaro*, porque havia uma faceta da história que eu não havia explorado completamente.

Sugiro que você leia o capítulo bônus, "O que Está Fazendo Você Tropeçar?", imediatamente depois do capítulo 8, "Desatando Mortalhas". Você vai encontrá-lo no final do livro, logo depois do capítulo 10. Se estiver usando este livro em um grupo com pessoas que têm a edição de capa dura, por favor diga a elas que podem baixar o capítulo bônus e questões relacionadas ao estudo em www.joannaweverbooks.com/going-deeper/book-study-helps/.

Que Deus possa usar este novo capítulo para ajudá-la a reconhecer e em seguida lançar fora as mortalhas que a prenderam por tanto tempo. Você foi feita para a vida, minha amiga. É hora de vir "para fora"!

Sumário

Agradecimentos.. 7
Uma Nota sobre esta Edição 11

1 A História do Terceiro Seguidor 15
2 Senhor, eis que Está Enfermo aquele que Tu Amas ...31
3 O nosso Amigo Lázaro 45
4 Quando o Amor Tarda 63
5 Morando em um Sepulcro 81
6 Tirai a Pedra 99
7 Quando o Amor Chamar o seu Nome 115
8 Desatando Mortalhas 133

| 9 | Viver Ressuscitado | 151 |
| 10 | O Lázaro Risonho | 171 |

Bônus: O que Está Fazendo Você Tropeçar? 189
Apêndice A: A História (Jo 11.1—12.11) 207
Apêndice B: Guia de Estudo 213
Apêndice C: Quem Sou eu em Cristo 231
Apêndice D: Identificando Fortalezas 235
Apêndice E: Sugestões para Desatar Mortalhas 239

Notas 245

1

A HISTÓRIA DO TERCEIRO SEGUIDOR

Estava, então, enfermo um certo Lázaro, de Betânia, aldeia de Maria e de sua irmã Marta. E Maria era aquela que tinha ungido o Senhor com unguento e lhe tinha enxugado os pés com os seus cabelos, cujo irmão, Lázaro, estava enfermo. Mandaram-lhe, pois, suas irmãs dizer: Senhor, eis que está enfermo aquele que tu amas.

João 11.1-3

É espantoso que um espaço tão pequeno pudesse fazer tanta diferença. Apenas 45 centímetros, aproximadamente — é tudo o que é preciso. E, ainda assim, para a maioria de nós, fazer com que o amor de Deus vá de nossa cabeça até o coração pode ser a coisa mais difícil — e, apesar disso, a mais importante — que podemos tentar fazer.

"Preciso conversar com você", sussurrou Lisa ao meu ouvido certo dia, depois do estudo da Bíblia para mulheres. Uma cristã profundamente comprometida com o Senhor, minha amiga tinha seus olhos escuros cheios de lágrimas, quando encontramos um lugar sossegado onde poderíamos conversar.

"Não sei o que há de errado comigo", disse ela, balançando a cabeça e olhando para baixo. "Eu posso abordar o pior criminoso ou morador de rua drogado, e posso olhá-lo nos olhos e dizer a ele: 'Jesus te ama!', e posso dizer isso do fundo do meu coração. Mas, Joanna", disse ela, agarrando a minha mão, "eu não consigo olhar no espelho e convencer a mim mesma!"

As suas palavras me eram familiares. Eu havia sentido a mesma terrível desconexão no início do meu andar com o Senhor. Eu esperava que Ele me amasse, mas nunca podia ter certeza. Infelizmente, tenho ouvido sobre a mesma solitária desconexão de centenas de mulheres com quem tenho conversado, por todo o país. Mulheres bonitas. Mulheres simples. Mulheres talentosas, e outras nem tanto. Fortes cristãs, com profundo conhecimento da Palavra e ativas em suas igrejas, e também mulheres novas em sua fé. Atributos pessoais ou coeficientes de QI parecem ter pouca importância. Quer tenham sido criadas em um lar de amor, quer em uma condição de violência, isso não parece alterar o que uma amiga chama de epidemia entre as mulheres cristãs (bem como entre muitos homens): uma condição de coração estéril que eu chamo de dúvida de amor.

"Jesus me ama — isso eu sei, pois a Bíblia me diz".[1] Muitas de nós cantamos esse cântico desde que éramos crianças. Mas realmente cremos nisso? Ou o amor de Cristo acabou sendo mais um conto de fadas do que uma realidade que vivenciamos no único lugar em que podemos realmente sentir certeza?

O nosso coração.

Que tipo de pai você tem?

Grande parte do nosso entendimento do amor de Deus é formada pelo que vivenciamos na vida. As pessoas que são maltratadas quando crianças frequentemente lutam com a ideia de Deus como um Pai amoroso, e até mesmo as pessoas que foram criadas em lares saudáveis podem ter visões distorcidas de seu Pai celestial. Com qual das seguintes interpretações equivocadas você provavelmente está lutando?

Pai Violento: Você nunca sabe o que vai obter desse tipo de pai. Ele será agradável quando entrar, ou baterá na sua cabeça na primeira oportunidade que tiver? O seu amor é determinado pelo seu humor. Você o evita tanto quanto possível.

Mas o seu Pai Verdadeiro é "Benigno e misericordioso é o Senhor, tardio em irar-se e de grande clemência" (Sl 145.8, ARA).

> ***Pai Negligente:*** Esse pai está muito ocupado (ou é apenas muito egoísta) para se preocupar com você. Ele tem que cuidar de atividades maiores e mais importantes que as suas insignificantes necessidades. Embora ele possa estar presente na sua vida, você não pode contar com ele. Você tem que cuidar de si mesma.
>
> ***Mas o seu Pai Verdadeiro*** diz: "Olhai para as aves do céu, que não semeiam, nem segam, nem ajuntam em celeiros; e vosso Pai celestial as alimenta. Não tendes vós muito mais valor do que elas?" (Mt 6.26).
>
> ***Pai Tendencioso:*** Você sabe que esse pai a ama — ou, pelo menos, você acha que ele a ama. Mas ele parece derramar afeto e presentes sobre todas as outras crianças, deixando para você apenas as sobras ou o que passa de um irmão a outro. Resultado: ele tem favoritos, e você não é um deles. É melhor se acostumar com isso.
>
> ***Mas com o seu Pai Verdadeiro*** "não há acepção de pessoas" (Rm 2.11).
>
> ***Pai Exigente:*** Perfeito em quase tudo, esse pai exige que você também seja perfeito. Não importa o quanto você se esforce, nunca é suficiente. Embora haja alguns momentos em que ele pareça se orgulhar de você, tais momentos são poucos e infrequentes. Em vez disso, você tem uma forte sensação da desaprovação dele.
>
> ***Mas o seu Pai verdadeiro*** "se compadece daqueles que o temem. Pois ele conhece a nossa estrutura; lembra-se de que somos pó" (Sl 103.13,14).
>
> *Vede que grande amor nos tem concedido o Pai, a ponto de sermos chamados filhos de Deus; e, de fato, somos filhos de Deus. Por essa razão, o mundo não nos conhece, porquanto não o conheceu a ele mesmo.*
> 1 João 3.1, ARA

Ele me ama... Ele não me ama

Você pensaria que, depois de aceitar a Cristo em tenra idade e depois de ser criada em um lar cristão amoroso, com um pai amoroso e piedoso, "eu teria que estar convencida, desde o princípio, de que o meu Pai celestial me ama".

A mim. Com todos os meus erros e falhas. Com minha tola obstinação e o meu orgulho.

Mas essas mesmas coisas me impediram de realmente conhecer o amor de Deus, na maior parte do início de minha vida adulta. Havia muito de que não gostar, muito a desaprovar. Como poderia Deus realmente me amar? Nem mesmo *eu* gostava muito de mim.

Por algum motivo, vim ver a Deus como distante e, de alguma maneira, removido, ausente. Em vez de transpor a Deus o modelo do amor equilibrado do meu pai terreno — tanto incondicional como corretivo —, eu via o meu Pai celestial como um rígido professor com uma régua na mão, andando de um lado a outro na sala de aula da minha vida, procurando toda e qualquer transgressão. Avaliando-me em comparação com aquilo que, às vezes, eu julgava padrões impossíveis, e ocasionalmente me dando um tapa, quando eu não conseguia alcançar a nota necessária.

Sim, Ele me ama, era o que eu supunha. Pelo menos, isso é o que me foi ensinado. Mas eu nem sempre sentia o amor de Deus. Na maior parte do tempo, vivia com medo da régua. Quem sabe quando o seu juízo mostrará a sua desaprovação, deixando uma marca feia em minha cabeça, e também na minha alma?

Como resultado, vivi as três primeiras décadas da minha vida como uma adolescente insegura, sempre apanhando margaridas e despetalando-as, nunca parando para admirar a sua beleza. *Ele me ama, Ele não me ama*, dizia, em meu subconsciente, arrancando uma pétala enquanto ponderava entre o meu comportamento e as minhas atitudes em comparação com o que a Bíblia diz que eu deveria ser.

Poderosos cultos na igreja e doces momentos no altar. Ah, eu me sentia segura em seu amor. Vida real e responsabilidades menos doces? Eu me sentia perdida e sozinha. Infelizmente, tudo o que consegui, ao questionar constantemente o amor de Deus, foi um coração temeroso e uma pilha de pétalas arrancadas e murchas. A minha autoanálise extremamente zelosa nunca me trouxe a paz que eu procurava.

Porque a paz para a qual você e eu fomos criadas não vem de apanhar margaridas, mas somente resulta de um relacionamento vivo com um Deus amoroso.

A história do terceiro seguidor

Nunca planejei escrever uma trilogia sobre Maria, Marta e Lázaro, os irmãos de Betânia que conhecemos nos Evangelhos de Lucas e João. Na verdade, quando escrevi *Como Ter o Coração de Maria no Mundo de Marta*, eu estava certa de que seria o único livro a ser encontrado tratando desses versículos. Mas Deus me surpreendeu, seis anos depois, e nasceu *Tendo um Espírito como o de Maria*.

A ideia de que pudesse haver um terceiro livro nunca passou pela minha mente, até que partilhei uma interessante premissa com alguns amigos escritores. Era um ensinamento que eu havia esperado inserir em *Tendo um Espírito como o de Maria*, mas não encontrara o lugar apropriado para isso.

"Todos nós sabemos que Jesus amou Maria", disse eu aos meus amigos. "Afinal, veja como ela adorava. E podemos até entender como Jesus amou Marta. Veja como ela servia. Mas e quanto àqueles que não sabem onde se encaixam no coração de Deus?"

A pergunta ficou pairando no ar antes que eu continuasse.

"A única coisa importante que Lázaro fez foi morrer. Ainda assim, quando Maria e Marta enviaram uma mensagem a Jesus dizendo que Lázaro estava doente, disseram: 'Senhor, eis que está enfermo aquele que tu *amas*'".

De alguma maneira, as minhas palavras pareceram ter um peso adicional, enquanto pairavam entre nós. Importância extra. Até eu sentia o impacto.

Depois de alguns momentos, minha amiga Wendy rompeu o silêncio. "Essa parte da história não se encaixa no livro porque *é* um livro".

Não consigo explicar de maneira adequada o que aconteceu quando Wendy disse essas palavras, exceto dizer que foi como se um sino gigante começasse a tocar em minha alma. A sua reverberação enviava ondas de choque pelo meu corpo sempre que eu tentava mudar de assunto.

A questão é, eu não *queria* escrever sobre Lázaro. Eu queria escrever um livro diferente. Estava pronta para seguir adiante, explorar outros assuntos.

Mas Deus não permitiu. E por isso você tem este livro em suas mãos.

Um lugar para chamar de lar

Encontramos a família de Betânia pela primeira vez em Lucas 10.38-42. Ou melhor, encontramos parte da família — duas seguidoras de Jesus, chamadas Marta e Maria.

Provavelmente você conhece a história que Lucas conta. Jesus estava a caminho de Jerusalém, para uma das grandes festas judaicas, quando Marta foi ao seu encontro, com um convite para jantar. Mas embora Marta abrisse a sua casa, foi Maria, sua irmã, que abriu seu coração. Resumindo a história: Maria adorou. Marta reclamou. Jesus repreendeu. E vidas foram transformadas.[2]

Estranhamente, a narrativa de Lucas não menciona Lázaro, o irmão de Marta e Maria. Talvez ele não estivesse em casa quando Marta ofereceu o jantar. Talvez estivesse fora, a negócios. Ou talvez ele estivesse ali todo o tempo, mas ninguém percebeu.

Algumas pessoas são assim. Elas aperfeiçoaram a arte da invisibilidade. Especialistas na arte de desaparecer no pano de fundo, fazem grandes esforços para não chamar atenção, e quando alguém as observa, sentem grande desconforto.

Naturalmente, eu não tenho como saber se isso é verdade a respeito de Lázaro. As Escrituras não fornecem nenhuma informação a respeito de quem ele era ou como ele era — somente que morava em Betânia e tinha duas irmãs. Quando finalmente o encontramos, em João 11, é uma apresentação estranha — pois começa com um chamado de emergência, que leva a um funeral:

> Estava, então, enfermo um certo Lázaro, de Betânia, aldeia de Maria e de sua irmã Marta. E Maria era aquela que tinha ungido o Senhor com unguento e lhe tinha enxugado os pés com os seus cabelos, cujo irmão, Lázaro, estava enfermo. Mandaram-lhe, pois, suas irmãs dizer: Senhor, eis que está enfermo aquele que tu amas.
>
> E Jesus, ouvindo isso, disse: Esta enfermidade não é para morte, mas para glória de Deus, para que o Filho de Deus seja glorificado por ela. Ora, Jesus amava a Marta, e a sua irmã, e a Lázaro. Ouvindo, pois, que estava enfermo, ficou ainda dois dias no lugar onde estava.
>
> Depois disso, disse aos seus discípulos: Vamos outra vez para a Judeia...
>
> Chegando, pois, Jesus, achou que já havia quatro dias que estava na sepultura...

A HISTÓRIA DO TERCEIRO SEGUIDOR

E disse: Onde o pusestes?
Disseram-lhe: Senhor, vem e vê.
Jesus chorou. (Jo 11.1-7,17,34,35)

Que terna história. Uma história cheia de emoção e dramática tensão. A história de duas irmãs transtornadas pela dor e de um Salvador que as amava, mas ainda assim decidiu tardar em vir.

Naturalmente, não é só isso — descobriremos mais verdades durante nossa caminhada pelos 44 versículos que João dedica a essa história. Afinal, a história de Lázaro é também a história do maior milagre de Jesus: quando Ele despertou seu amigo da morte. (Para ler toda a história, veja o Apêndice A: "A História".)

Você percebeu que, quando Jesus entra em cena, o que parece ser o fim raramente é o fim? Na verdade, quase sempre é um novo começo.

Mas Maria e Marta não sabiam disso na ocasião. E eu também tenho a tendência de me esquecer.

Questões e desapontamentos, tristezas e medos tendem a apagar a imagem principal em situações como a que vemos em Betânia. O que fazemos quando Deus não aparece da maneira como esperávamos? O que devemos sentir, quando aquilo que é mais precioso ao nosso coração é repentinamente tirado de nós? Como podemos conciliar o amor de Deus com os desapontamentos que enfrentamos na vida?

Não existem respostas fáceis para essas perguntas. No entanto, na história dos três amigos de Jesus, acredito que podemos encontrar pistas e sugestões que nos ajudem a navegar em meio ao desconhecido e o trágico, quando os encontrarmos em nossa própria vida. Indicações e sugestões que nos ajudarão a viver *por enquanto* — esse cruel intervalo em que esperamos que Deus aja — e também conhecimentos que nos ajudarão a confiar nEle quando Ele não parece estar fazendo coisa alguma.

Contudo, o mais importante, acredito que a história de Lázaro revela a enorme disponibilidade do amor de Deus. Basta que estendamos a mão e o aceitemos. Mesmo quando não o merecemos. Mesmo quando a vida é difícil e não compreendemos. Porque os caminhos de Deus são mais altos que os nossos caminhos, e os seus pensamentos são mais altos que os nossos pensamentos, nos diz Isaías 55.8,9. Ele sabe o que está fazendo.

Mesmo quando não conseguimos entender a sua matemática.

A álgebra e eu

A aritmética sempre foi uma das minhas disciplinas favoritas no Ensino Fundamental I, e eu tinha excelentes notas. Naturalmente, assim era no século passado, antes que eles começassem a introduzir a álgebra no jardim de infância. Quando eu era criança, as únicas equações que traziam rugas à minha testa de 9 anos de idade eram bastante diretas:

$2 + 2 = 4$

$19 - 7 = 12$

Naturalmente, a matemática no quarto ano era muito mais difícil que isso. Mas as habilidades básicas de adição e subtração, que aprendi no primeiro ano e no segundo, me ajudaram a atacar com confiança os problemas de multiplicação e divisão do terceiro e do quarto ano. Quando cheguei ao sexto ano, tinha uma razoável habilidade com colunas complicadas de somas e havia conquistado o misterioso mundo das frações. Eu era assombrosa — um gênio da matemática.

Mas então chegou o oitavo ano, e, com ele, uma breve introdução à álgebra. Tudo parecia uma grande bobagem para mim. Que importância tem qual é a incógnita y? E por que eu precisaria saber qual é o resultado de $x + y + z$?

Quando minha professora nos aplicou um exame de matemática de classificação para o Ensino Fundamental II, naquela primavera, não perdi muito tempo tentando descobrir as respostas — principalmente porque eu não sabia como fazê-lo e, quando tentava, isso me dava dor de cabeça. Em vez disso, a cada problema difícil que encontrei durante a prova, fiz o que sempre havia funcionado para mim: procurei um padrão nas respostas.

Permitindo que minha mente recuasse um pouco e meus olhos se embaralhassem um pouco, eu olhava para todos aqueles pequenos pontos ovais que havia pintado com tanto cuidado, com meu lápis número 2, até que conseguia ver um padrão. *Faz tempo que não assinalo um D.* Ou, *Há dois Bs e dois Cs e somente um A, portanto, obviamente, aqui a resposta deve ser A.*

Eu era muito boa nisso também.

Falando sério, eu era. Várias semanas mais tarde, quando chegaram os resultados de nosso exame, a minha classificação não foi na matemática básica, nem mesmo em fundamentos da álgebra. Eu consegui ser classificada em álgebra avançada, embora não tivesse a mais vaga ideia do que estivesse fazendo.

Até hoje, eu não sei. A minha falta de talento para a álgebra me acompanha durante a vida adulta, e também na maternidade. Os meus filhos podem me fazer uma pergunta relativa à língua inglesa, me questionar sobre história ou formas de governo, e eu consigo lhes fornecer uma resposta ou, pelo menos, ajudá-los a encontrar uma. Mas se o assunto é álgebra, geometria, cálculo ou qualquer das disciplinas avançadas de matemática, inventadas por algum jovem aspirante a Einstein... bem, será melhor que meus filhos perguntem ao pai deles.

A matemática avançada continua sendo um mistério completo para mim. As incógnitas parecem completamente aleatórias. E se z/y ao quadrado não for igual a nove? E daí?

As incógnitas nos frustram também nos problemas da história da vida — e há muitas delas em João 11. Como podemos analisar o fato de que Jesus ficou onde estava, em vez de correr para perto de Lázaro, quando soube que o seu amigo estava doente? Como podemos conciliar o fato de Jesus ter permitido que Marta e Maria sofressem tanta dor, quando Ele poderia tê-la evitado?

Perguntas difíceis, não há dúvida. Mas nessa passagem há uma verdade fundamental, que precisamos reconhecer antes de abordar as questões mais difíceis.

"Jesus *amava* a Marta, e a sua irmã, e a Lázaro" (Jo 11.5, ênfase minha).

Jesus também ama você — e a mim. Ele nos ama exatamente como somos — independentemente das nossas obras de Marta e da nossa adoração de Maria. Ele ama até mesmo aqueles que vêm de mãos vazias, sentindo-se mortos por dentro, e, talvez, até mesmo limitados.

Ainda que não encontremos a soma em nossos cálculos humanos, a verdade do amor de Deus está no centro do Evangelho. "Cristo morreu por nós, sendo nós ainda pecadores", nos diz Romanos 5.8. Podemos não conseguir fazer as contas nem raciocinar quanto a tão assombrosa graça, mas se simplesmente pedirmos, o nosso Pai celestial anseia por nos ajudar a encontrar o resultado.

A incógnita Lázaro

Eu sempre disse a John, meu marido, que ele precisa morrer antes de mim — principalmente porque não quero que ele se case com alguma mulher maravilhosa e descubra o que perdeu durante todos esses anos. Mas, por outro lado, se ele morrer antes de mim, estou convencida de que chegarei à falência em dois meses. Não porque John não tenha cuidado de nós na área financeira, mas porque detesto analisar os talões de cheques.

A minha ideia de analisar os cheques é telefonar para uma jovem muito simpática, chamada Rhonda, que trabalha no nosso banco. Gentilmente, ela me avisa do meu saldo sempre que tenho pouca noção de como as coisas estão.

Sei que essa não é uma maneira inteligente de lidar com questões financeiras. Na verdade, vocês, contadoras, lendo isto deverão estar prestes a desmaiar, se ainda não jogaram o livro para o outro lado da sala. Mas isso funciona para mim.

Na maior parte do tempo.

É verdade, houve alguns probleminhas no meu sistema. Mas acabei acreditando que, embora este possa não ser um método excelente no campo real, pode ser o único caminho no espiritual.

Depois de passar a maior parte da minha vida tentando obter o resultado sozinha — isto é, tentando me certificar de que as minhas boas obras superavam as más, de modo que eu nunca estivesse no negativo, mas estivesse continuamente fazendo depósitos na minha conta bancária de justiça — finalmente percebi que nada que eu fizesse poderia ser suficiente. Não importava o quanto tentava, eu vivia, constantemente, sob o peso da minha própria desaprovação. O que, de modo natural, instantaneamente se convertia em uma sensação de que Deus também estava desapontado comigo.

Ele não me ama...

A análise de meus livros espirituais nunca resultou em nada, exceto culpa, condenação e uma esmagadora sensação de impotência. Estou muito feliz porque a matemática de Deus não é como a minha. E, oh, como me alegro porque Ele não exige que eu obtenha a resposta correta antes de me tornar sua filha. Porque, quando eu não pude subir até Ele, Jesus desceu até mim. E, pelo seu precioso sacrifício de sangue, Ele preparou um caminho para que eu não somente chegasse à sua presença, mas diretamente ao coração de Deus.

"E tudo isso provém de Deus", nos diz 2 Coríntios 5.18,19, "que nos reconciliou consigo mesmo por Jesus Cristo e nos deu o ministério da reconciliação... reconciliando consigo o mundo, não lhes imputando os seus pecados".

Nada de medidas

Não acho que podemos sequer começar a imaginar o quanto deve ter parecido radical a mensagem de graça do Novo Testamento para um povo que tinha vivido debaixo da Lei por milhares de anos. A ideia de que possa haver uma maneira diferente de se aproximar de Deus — uma maneira melhor — era atraente para alguns judeus, mas ameaçadoras para muitos outros.

Para os que viviam tropeçando nas leis e regras estabelecidas pela elite religiosa — nunca à altura da régua da Lei —, a ideia de que Deus pudesse amá-los, independentemente do que fizessem, deve ter sido libertadora.

Mas para a hierarquia judaica, que tinha conhecimento e domínio da Lei e se orgulhava muito disso, as palavras de Jesus certamente representavam uma ameaça. A sua mensagem perfurou sua aparência religiosa, revelando a escuridão de seus corações, e, sinceramente, os irritou. Em vez de correr para a graça e o perdão que Ele ofereceu, eles continuaram presos à régua — usando-a para justificar a si mesmos em um momento, erguendo-a como uma arma contra Jesus no momento seguinte.*

"Vens de Nazaré?", perguntaram, mostrando a régua. "Nada de bom vem de Nazaré." *Um tapa na mão.* "Comes com publicanos e pecadores? Isso é ainda pior." *Tapa, tapa.* "Curas no sábado?", gritaram, agitando suas réguas e regulamentos. *Vamos matar esse homem!*

Os saduceus e fariseus não tinham, em sua religião, lugar para a liberdade. Como resultado, não tinham lugar para Cristo. Eles eram pessoas da régua. Embora Jesus continuasse insistindo e dizendo que Ele não tinha vindo para "destruir a lei ou os profetas... mas cumprir" (Mt 5.17), eles simplesmente se recusavam a ouvir. Como criancinhas, eles tapavam os ouvidos e continuavam cantando a mesma canção antiga, embora um Novo Cântico tivesse sido enviado do céu.

O que é muito triste, especialmente quando você considera que a mesma Lei pela qual eles eram tão zelosos pretendia *preparar* os judeus para o Messias, em vez de *impedir* que eles o reconhecessem.

---

* Por favor, deixe que eu lhe diga o quanto amo a nação de Israel. Acredito verdadeiramente que eles são o povo escolhido de Deus, e uma família preciosa na qual fui adotada. Quando falo sobre o orgulho espiritual e a cegueira da hierarquia religiosa dos tempos de Jesus, não é com a intenção de condenar os judeus. Em vez disso, vejo a minha própria tendência — e a tendência do Corpo de Cristo, hoje em dia — de cair no orgulho espiritual e na cegueira, quando amamos nossa "aparência de piedade", mas não percebemos a "eficácia dela" (2 Tm 3.5).

Afinal, Deus estabeleceu o seu concerto original com Abraão muito tempo antes que desse a Lei a Moisés — 430 anos antes, para ser exata (Gl 3.17). O amor que o Pai estendeu a Abraão e a todos os que vieram depois dele não tinha condições especiais. Ele se baseava na aceitação da graça, por parte do receptor, do princípio ao fim.

Mas, de alguma maneira, Israel se apaixonou pela Lei, em vez de se apaixonar pelo Deus da Lei. E nós corremos o risco de fazer o mesmo. Exaltar regras como o caminho para o céu. Aceitar fórmulas como nossa salvação. Adorar a nossa própria força de vontade, em vez de permitir que o poder de Deus opere em nós, para transformar as nossas vidas.[3]

Esta santidade autoinduzida não funcionou para os judeus, e não funciona para nós. E por isso Jesus teve que vir.

A Lei fora dada, originalmente, "por causa das transgressões", nos diz Gálatas 3.19. Mas a intenção era que ela permanecesse "até que viesse a posteridade a quem a promessa tinha sido feita". Embora a régua da Lei nos ajudasse a ter o comportamento adequado, ela nunca teve a intenção de nos salvar. Somente Cristo pode fazer isso. E, oh, posso lhe dizer como isso consola a minha alma?

Nunca me esquecerei do dia em que entreguei a Jesus a minha régua. Eu era salva desde a infância, mas já tinha quase 30 anos quando a mensagem da graça finalmente fez a viagem da minha cabeça até o meu coração, libertando-me "da lei do pecado e da morte" (Rm 8.2). Quando a luz das Boas-Novas finalmente penetrou na escuridão da minha mente autocondenadora, o "perfeito amor" de que fala 1 João 4.18 finalmente expulsou a minha insegurança, que sempre esteve enraizada no medo da punição.

Quando finalmente deixei de lado o meu farisaísmo orgulhoso e admiti que, sozinha, eu nunca seria — nunca poderia ser — suficiente, senti um progresso que modificou radicalmente a minha vida. Quando entreguei a minha régua — o instrumento de comparação que havia causado tanto sofrimento mental e a sensação de separação de Deus — Jesus a tirou de minhas mãos. Então, com um olhar de imenso amor, Ele a quebrou sobre seu joelho e a converteu em uma cruz, lembrando-me de que Ele morreu para que eu não tivesse que morrer.

Que a punição que eu tanto merecia já havia sido paga.

Que o caminho estava preparado para que todos aqueles que creem em Jesus não somente venham até Ele, mas que voltem para casa, para o coração de Deus.

Um lugar onde colocar o nosso coração

Desde o momento em que Deus, tão gentilmente, fez explodir o conceito deste livro em minha alma, tive uma única oração. É a oração que Paulo ofereceu por todos os crentes, em Efésios 3.17-19:

> [Oro] para que Cristo habite, pela fé, no vosso coração; a fim de, estando arraigados e fundados em amor, poderdes perfeitamente compreender, com todos os santos, qual seja a largura, e o comprimento, e a altura, e a profundidade e conhecer o amor de Cristo, que excede todo entendimento, para que sejais cheios de toda a plenitude de Deus.

Creio que tudo aquilo para que fomos criadas e tudo o que sempre quisemos pode ser encontrado nesses três pequenos versículos. Porém, para receber o tão abrangente amor de Deus, devemos desistir da nossa obsessão por fórmulas e réguas. Mas como podemos fazer isso? A oração de Paulo revela um segredo importante: "a fim de... poderdes perfeitamente compreender... e *conhecer* o amor de Cristo, que excede todo entendimento" (ênfase minha).

A maravilhosa incongruência dessa declaração me espantou, há vários anos. "Espere, Senhor! Como posso conhecer algo que excede todo entendimento?", perguntei.

A sua resposta veio, doce e mansa, em meu espírito. *Você precisa deixar de tentar compreender, e começar a aceitar, Joanna. Apenas deixe que Eu a ame.*

A realidade é que não importa o quanto tentemos, nunca conseguiremos explicar ou merecer tão maravilhosa graça e tão incrível amor. Nem conseguimos escapar a esse amor.

Ele é simplesmente *largo* demais, como nos diz Efésios 3.18. Não conseguimos contorná-lo.

É simplesmente *alto* demais. Não conseguimos passar por cima.

É tão *comprido*, que nunca conseguiremos deixá-lo para trás.

E é tão *profundo* que nunca conseguiremos esgotá-lo.

Em resumo: Você não consegue escapar ao amor de Deus, não

importa o quanto tente. Porque Ele está buscando você, amiga. Talvez seja o momento de deixar de correr do amor, e começar a correr em direção a ele.

Mesmo que, às vezes, ele pareça bom demais para ser verdade.

A escolha do amor

Não sei por que Jesus me escolheu para amar. É verdade, eu não sei. Talvez você não entenda por que Ele escolheu você. Mas Ele escolheu. Escolheu, de verdade. Até que consigamos aceitar sua espantosa e imerecida benevolência e favor, temo que não consigamos perceber tudo o que significa, realmente, um relacionamento com Cristo.

Quando meu marido me propôs casamento, há muitos anos, eu não disse: "Espere um minuto, John. Você tem alguma ideia de onde está se envolvendo?" Não apresentei uma lista de razões pelas quais ele não poderia me amar, nem uma lista que detalhasse as minhas inadequações, para provar por que ele não deveria me amar — embora elas existissem, e fossem muitas.

De maneira alguma! Simplesmente abri os braços e aceitei o seu amor. Eu teria sido uma tola se recusasse uma oferta como essa.

Pergunto-me o que aconteceria em nossa vida se deixássemos de resistir ao amor de Deus e começássemos a recebê-lo. E se deixássemos de tentar lutar com a matemática, se deixássemos de lutar para conquistar sua benevolência e favor? E se simplesmente aceitássemos a boa notícia — boa demais para ser verdade — de que a régua foi quebrada e a cruz abriu uma porta para a intimidade com o nosso Criador?

Se queremos ser os seus amados, devemos estar dispostos a *ser* amados.

Simples, não é? E ainda assim, muito difícil. Como a minha amiga Lisa, muitas de nós estão atormentadas com a dúvida do amor. Temos sepulturas secretas que ainda precisam ser abertas. Segredos sombrios que nos mantêm recuando. Doenças de alma que nos deixaram aleijadas e amarguradas pela nossa incapacidade de perdoar ou esquecer. Bandagens que nos fazem tropeçar e medos que nos impedem de crer que as Boas-Novas possam ser verdade para pessoas como nós.

Eu me pergunto...

Talvez seja hora de começar a olhar no espelho e começar a dar testemunho a nós mesmas.

Talvez seja hora de deixar de viver segundo o que sentimos e começar a proclamar o que o nosso espírito já sabe: "Eu fui escolhida por Deus. Quer me sinta amada, quer não, acreditando que mereça isso ou não, a partir de agora decido ser amada".

Diga isso em voz alta: "Eu decido ser amada".

Pode ser que você precise se forçar a dizer essas palavras. Hoje, as suas emoções podem não corresponder ao que você acaba de declarar. É provável que você tenha que repetir as mesmas palavras amanhã. E fazer isso de novo no dia seguinte. E no dia seguinte.

Mas eu lhe prometo que, quando você começar a se apropriar do que Deus já declarou como sendo a verdade, algo irá mudar nas regiões celestiais. E, o mais importante, algo vai mudar em você.

Assim, diga essas palavras tantas vezes quanto precisar... até que a mensagem finalmente vá de sua cabeça até o coração, há pouco tempo enternecido. Até que você por fim acredite no que sempre foi verdade.

Shh... ouça. Você está ouvindo?

É Amor.

E Ele está chamando o seu nome.

2

SENHOR, EIS QUE ESTÁ ENFERMO AQUELE QUE TU AMAS

> Mandaram-lhe, pois, suas irmãs dizer: Senhor, eis que está enfermo aquele que tu amas. E Jesus, ouvindo isso, disse: Esta enfermidade não é para morte, mas para glória de Deus, para que o Filho de Deus seja glorificado por ela. Ora, Jesus amava a Marta, e a sua irmã, e a Lázaro. Ouvindo, pois, que estava enfermo, ficou ainda dois dias no lugar onde estava. Depois disso, disse aos seus discípulos: Vamos outra vez para a Judeia... Assim falou e, depois, disse-lhes: Lázaro, o nosso amigo, dorme, mas vou despertá-lo do sono.
>
> João 11.3-7,11

A mensagem foi curta, mas, quando Jesus a ouviu, deve ter sentido a dor por trás das palavras. Seu amigo, Lázaro, estava doente.

Sem fôlego, pela pressa, e empoeirado pela jornada, um mensageiro cansado esperava, diante dEle. Os discípulos também esperavam. O que Jesus iria dizer? Ou melhor, o que Jesus iria fazer? Eles tinham visto coisas maravilhosas e espantosas nos anos em que viajavam com o homem da Galileia. Mancos andaram. Cegos puderam ver. Até mesmo leprosos ficaram completamente sãos. Com certeza Jesus agiria rapidamente a favor desse homem, que não era um estranho.

Mas eles estavam a mais de 30 quilômetros de Betânia, do outro lado do rio Jordão, longe da Judeia — uma dura viagem de um dia, até chegar à casa da família que Jesus amava. Havia inimigos nas proximidades de Jerusalém, e até mesmo boatos de uma ordem de execução, e

Jesus tinha que considerar tudo isso. Ainda assim, sabendo o que Jesus sentia a respeito de Lázaro, os discípulos devem ter se preparado para partir imediatamente. Então, Jesus rompeu o silêncio, com o que decerto lhes pareceu uma notícia inacreditavelmente boa.

"Esta enfermidade não é para morte", declarou Jesus aos homens à sua volta, "mas para glória de Deus, para que o Filho de Deus seja glorificado por ela" (Jo 11.4).

Realmente era uma boa notícia — em especial, para o mensageiro, que se apressou em voltar e contar às irmãs que esperavam. Que alívio, poder dizer que o irmão delas não iria morrer. Que Jesus viria e que tudo ficaria bem.

Todavia, mal sabia o homem que, quando chegasse de volta a Betânia, encontraria duas irmãs alquebradas pela dor, e Lázaro, o amigo de Jesus, já morto.[1]

Quando a vida não faz sentido

Não era para ser desta maneira. Morte, tristeza e dor, nada disso fazia parte do plano original de Deus. Nós fomos criadas para a vida, para uma eternidade de íntima comunhão com o nosso Criador. Nós não fomos criadas para sofrer doenças ou para sentir a dor da perda inexplicável.

Você e eu fomos criadas para o Paraíso.

Mas, segundo o livro de Gênesis, a chegada do pecado modificou tudo isso. A rebelião de Adão e Eva abriu uma porta escura, e a morte entrou no mundo, como um conquistador, assolando indiscriminadamente a humanidade. Colocando uma pessoa contra outra, abatendo uma com enfermidades e outra com ódio. O pecado passou milênios assolando lares e corações, deixando um rastro de tristeza, lágrimas e angústias.

No entanto, de todos os maus resíduos do pecado, talvez nada nos atormente mais do que as perguntas que rodopiam em nossa mente.

Por quê?

Por que estou doente?

Por que o meu casamento acabou?

Por que não consigo encontrar alguém para amar?

Por que meu amigo teve que morrer?

Tenho certeza de que Marta e Maria também lutaram com algumas perguntas. Será que poderiam ter feito alguma outra coisa? Talvez elas devessem ter enviado a mensagem a Jesus tão logo os sintomas de Lázaro pioraram. Talvez devessem ter sido mais contundentes com as palavras de sua mensagem. Afinal, ela havia sido um pouco vaga: "Senhor, eis que está enfermo aquele que tu amas" (Jo 11.3). Talvez o seu amigo não tivesse compreendido quão grave era a situação.

Mas em algum lugar na mente das irmãs, como acontece na nossa própria mente em ocasiões como essa, duas perguntas terríveis devem ter lutado para prevalecer:

Talvez isso seja a punição por algo que fizemos. Talvez seja por nossa culpa que nosso irmão morreu.

Ou talvez, e ainda mais doloroso:

Talvez Jesus não nos ame tanto quanto nós o amamos.

Encontrando sentido em coisas sem sentido

Nós, seres humanos, somos ótimos com fórmulas. Precisamos que as coisas façam sentido, por isso estamos sempre inventando justificativas e razões para a maneira como o mundo funciona. E é importante que façamos isso, pois essa curiosidade ajuda a fazer com que as coisas à nossa volta façam sentido, abrindo portas para descobertas e inovações que não aconteceriam sem ela.

Mas, infelizmente, a nossa insistência de que a vida sempre deve fazer sentido, com frequência resulta em conclusões equivocadas. Em especial quando estamos tentando conciliar o problema da dor e do sofrimento com a crença em um Deus que ama, que se importa.

Um dos mais perigosos erros de percepção de muitos cristãos é o de que, se estamos andando com Deus, nada de errado poderá acontecer conosco. Embora não admitamos nem mesmo vejamos isso, "Abençoa-me, abençoa-me" tem sido grande parte do clamor e da expectativa da igreja, durante as últimas décadas. A tal ponto que eu temo que realmente tenhamos acreditado na mentira de que uma vida fácil e de óbvias bênçãos é sempre um sinal da benevolência e do favor de Deus.

Se boas coisas acontecem com você, é porque você está fazendo algo certo. Se está enfrentando dificuldades, é porque está fazendo algo errado.

Parece lógico, para nossa mente humana. Como também pareceu correto para as pessoas da Bíblia. Diante do sofrimento de Jó, seus amigos insistiram que deveria haver uma razão para as feridas dolorosas, a destruição do seu lar e a perda devastadora de sua família. "Ora, vamos Jó", instigavam eles. "Admita! Obviamente, você fez algo errado".

Nós vemos a mesma mentalidade no Novo Testamento, pois os escribas e fariseus também adoravam fórmulas. Eles haviam criado um conjunto de regras e diretrizes, do tamanho de uma enciclopédia, para assegurar o prazer de Deus e, assim, conquistar as suas bênçãos. Eles também tinham a tendência de crer que certa ausência de bênçãos indicava a ausência do prazer de Deus. Se, por alguma razão, alguém ficasse doente, eles raciocinavam que uma única coisa poderia explicar isso: ou a pessoa ou seus pais haviam pecado, e por isso a pessoa merecia a sua condição atual.[2]

Não é de admirar que, nos tempos de Jesus, os mancos e os leprosos, os cegos e os surdos fossem relegados à situação de rejeitados e mendigos. Como eles mereciam o seu destino, a única responsabilidade que a sociedade sentia era uma oferta ocasional, algumas esmolas, quando eles passavam, implorando, pelas ruas.

Era um sistema organizado... a menos, é claro, que você fosse um daqueles doentes, ou inválidos, ou aflitos. Alguém como Lázaro.

Doente e cansado de estar doente e cansado

Quando nos diz que Maria e Marta enviaram uma mensagem dizendo que seu irmão estava doente, a Bíblia usa a palavra grega *astheneo*. Segundo um autor, "esta palavra não significa apenas um vírus ou a bactéria de uma gripe; ela era usada para indicar uma doença prolongada. Lázaro estava 'enfraquecido pela doença'. Esta é a palavra usada para indicar impotência — falta de poder — uma doença ou fraqueza prolongada".[3]

Minha amiga Renee conhece um pouco daquilo que Lázaro pode ter sofrido. Um remédio que ela tomou, há muitos anos, prejudicou gravemente o seu coração, seus pulmões e seus nervos, órgãos que ainda continuam a se deteriorar. Muitos dias, Renee está confinada à sua cama. Em uma manhã agradável, tomar uma ducha requer uma hora, e a deixa sem fôlego. Minha amiga está fazendo o melhor que pode — comendo o que é saudável, tentando fazer exercícios. No entanto, os médicos pouco podem fazer, exceto tratar os sintomas. A menos que Jesus intervenha, minha amiga pode morrer por causa dessa doença.

Mas você nunca desconfiaria ao conhecê-la. Renee é uma das pessoas mais vibrantes e alegres que já conheci — é a felicidade de óculos. Em suas conversas, ela raramente menciona alguma queixa merecida de aúde. Em vez disso, quando atendo seus telefonemas, sou saudada com Joanna Glória! Como está você hoje?"

Eu adoro essa mulher! Ela é um presente para mim e para o Corpo de Cristo.

Renee dá graças a Deus todos os dias. Por cada instante. Pela vida que ela tem. Embora eu me maravilhe com a sua resistência e, em particular, a pacífica alegria que, literalmente, a rodeia, devo confessar que às vezes me pergunto "Por quê?". Por que a Renee? Por que não alguém que realmente merece uma sentença de uma morte dolorosa como esta?

Por outro lado, suponho que isso poderia me envolver, pois nenhum de nós merece ter saúde. Nenhum de nós merece este milagroso dom da vida. Tudo é graça, cada pedacinho. Até mesmo as partes difíceis. Até mesmo as partes que não entendemos.

Não acredito que Lázaro estivesse doente por causa de algum pecado em sua vida. E nem minha amiga Renee.

A vida simplesmente não é tão pré-determinada como muitos de nós gostaríamos que fosse. Não podemos apontar para um problema em particular e designar a culpa. Há muita coisa que não podemos ver e não entendemos.

Mas deixe-me ser clara. Da mesma maneira como seria errado supor que toda doença é causada por alguma falha por parte da má pessoa, também seria incorreto dizer que o pecado não tem consequências. Ou que a doença nunca tem suas raízes na desobediência.

Depois de curar um paralítico, junto ao tanque chamado Betesda, mais tarde Jesus procurou encontrar o homem no Templo. "Eis que já estás são", Jesus disse ao homem, "não peques mais, para que te não suceda alguma coisa pior" (Jo 5.14).

Existe uma doença muito mais prejudicial para a humanidade do que as comumente diagnosticadas pelos médicos. E Jesus sabia disso. É a maldição que atormenta nosso coração desde o momento em que os lábios de Eva tocaram o fruto proibido.

A mesma doença que Ele veio para curar.

Adoentado

Entre todos os males de todo o mundo, nenhuma doença causou tanta dor ou tanta destruição para nós, humanos, como a praga amplamente disseminada, mas quase sempre mal diagnosticada, chamada P-E-C-A-D-O.

Nessas letras, encontramos o DNA de um super vírus que destruiu mais carreiras, mais casamentos, mais famílias, mais igrejas, e mais homens, mulheres, meninos e meninas que todas as doenças da terra juntas. Essa doença retalhou mais reputações, partiu mais corações e destruiu mais mentes que qualquer pandemia.

Por mais que tentemos, não conseguimos escapar a ela, pois está contida no tecido de nossa humanidade. Transmitida de geração a geração, a homens bons e maus, a mães carinhosas e a lunáticos, a reis nobres e a perversos tiranos. Ela está dentro de mim, e também dentro de você. E a respeito de cada um de nós pode ser dito: "Senhor, eis que está enfermo aquele que tu amas".

Podemos não ser homicidas, no entanto, a calúnia que escapa facilmente de nossas línguas mata mais do que sabemos.

Podemos não ser viciados em anfetamina que invadem casas e aterrorizam senhoras idosas para obter dinheiro suficiente para mais uma dose, mas a nossa mentalidade escapista pode ser de igual modo perigosa — erodindo os nossos casamentos e os nossos lares, fazendo com que estejamos fisicamente presentes em nossos relacionamentos, mas emocionalmente indisponíveis.

Podemos não ser artistas fraudulentos, podemos não molestar crianças, podemos não ser prostitutas nem ladrões, mas a inveja, a luxúria, a ira e o orgulho que estão dentro de nós perturbam o coração de Deus tanto quanto qualquer dos nossos mais sombrios passatempos.

Porque o pecado — qualquer pecado — destrói. Ele mutila, e nos rouba a vida de que precisamos.

E, para sermos honestas, nós sabemos disso, nós sentimos isso. Nós estamos — cada uma de nós — doentes, pelo pecado; não há outra maneira de descrever isso. E as nossas transgressões, se não as confessarmos e tratarmos, nos separam de Deus, causando a dúvida de amor que assombra nossas noites e nublam nossos dias.

Mas não temos que viver dessa maneira. Porque se nós simplesmente concordarmos com o diagnóstico, Jesus já proporcionou a cura.

Sempre buscando — *encontrado para sempre*

Há dez anos, enquanto escrevia *Como Ter o Coração de Maria no Mundo de Marta*, eu tinha um estranho e recorrente sonho. Pelo menos uma vez por semana, eu sonhava que estava acordando em um quarto escuro, em uma casa estranha, mas, de alguma maneira, familiar. Em meu sonho, eu passava por um labirinto de corredores e salas, procurando algo que havia perdido. Tateando na escuridão, passava por intermináveis corredores.

A frustração da procura era superada apenas pela urgência que eu sentia de que tinha que encontrar "aquilo" — o que quer que fosse. Mas nunca encontrei, não importando quantas vezes tive o sonho ou quão diligentemente buscava. Ao despertar, a intensidade do sonho me perseguia por todo o dia. Ele parecia tão real que eu me flagrava fazendo uma observação mental de ir àquela casa (onde quer que fosse) e encontrar o tesouro que, de alguma maneira, havia perdido.

Um sonho estranho. E um sonho que não entendi por completo até cerca de um ano depois que aquele primeiro livro foi publicado. O esclarecimento finalmente veio na forma de uma carta de uma leitora, uma representante de um ministério a quem havíamos pedido que considerasse recomendar o livro.

O que Deus faz com os nossos pecados

Rosalind Goforth, conhecida missionária na China, lutou muitos anos com um opressivo sentimento de culpa e pecado que fez com que ela se sentisse um fracasso espiritual. Finalmente, desesperada, ela se sentou com a sua Bíblia e uma concordância, determinada a descobrir como Deus encara os erros de Seus filhos. No alto da página ela escreveu estas palavras: "O que Deus faz com os nossos pecados". A seguir, ela buscou nas Escrituras, e compilou esta lista de dezessete verdades:

1. Ele os coloca sobre o seu Filho — Jesus Cristo (Is 53.6).
2. Cristo os tira (Jo 1.29).
3. Eles são levados a uma distância incomensurável — tão longe quanto o oriente está do ocidente (Sl 103.12).
4. Quando buscados, não são achados (Jr 50.20).
5. O Senhor os perdoa (1 Jo 1.9; Ef 1.7; Sl 103.3).
6. Ele os purifica com o sangue do seu Filho (1 Jo 1.7).
7. Ele os torna brancos como a neve ou a lã (Is 1.18; Sl 51.7).
8. Ele os perdoa, abundantemente (Is 55.7).

> 9. Ele os subjuga (Mq 7.19).
> 10. Ele não mais se lembra deles (Hb 10.17; Ez 33.16).
> 11. Ele os lança para trás de suas costas (Is 38.17).
> 12. Ele os lança nas profundezas do mar (Mq 7.19).
> 13. Ele não nos imputa o pecado [nem nos acusa dele] (Rm 4.8).
> 14. Ele os cobre (Rm 4.7).
> 15. Ele os apaga (Is 43.25).
> 16. Ele os desfaz como uma névoa (Is 44.22).
> 17. Ele apaga até mesmo a prova que existe contra nós, pregando-a à cruz de seu Filho (Cl 2.14).[4]
>
> *Bem-aventurado aquele cuja transgressão é perdoada, e cujo pecado é coberto.*
> Salmos 32.1

A autora da carta foi muito simpática em seus comentários a respeito do livro, mas me informou, gentilmente, que o ministério que ela representava não poderia ter o livro em suas prateleiras. A sua política exigia que todos os livros recomendados incluíssem um claro plano de salvação. E o meu, ainda que bem escrito para cristãos estabelecidos, não havia feito isso.

"Você percebe, Joanna", escreveu ela, "eu tinha 42 anos de idade quando me disseram que poderia ter um relacionamento pessoal com Cristo. Embora eu tivesse frequentado a igreja desde criança, ninguém me dissera como aceitar a Jesus como meu Salvador pessoal. É por isso que é tão importante contar às pessoas que simplesmente crer em Deus não é suficiente — precisamos aceitar o presente que Cristo oferece".

E ela estava certa. A Bíblia ensina claramente que a crença na existência de Deus não salva nossa alma. "Também os demônios o creem e estremecem" (Tg 2.19). Se quisermos realmente encontrar o relacionamento íntimo e pessoal que Deus anseia ter conosco, existe um único caminho. Uma verdade e uma vida (Jo 14.6).

Você percebe, o tesouro que eu procurava no meu sonho é encontrado em um único lugar: na Pessoa do Deus Homem, Jesus Cristo. Ele é mais que uma *narrativa* — uma história emocionante que retrata uma verdade espiritual. Ele é o *antídoto* para o veneno do pecado e a cura singular para a doença do pecado, que infectou a humanidade desde aquele fatídico dia no jardim.

Somente Jesus pode proporcionar um despertar de Lázaro para o sono da alma que atormenta a todas nós.

Desperta, adormecido!

Dois dias haviam se passado desde que eles ouviram sobre a doença de Lázaro. Os discípulos devem ter se perguntado por que Jesus esperou tanto tempo para ir a Betânia, ou até mesmo se Ele realmente iria. Havia inúmeras razões para não ir, incluindo uma sentença de morte. Mas, então, o Mestre os reuniu e disse: "Vamos outra vez para a Judeia" (Jo 11.7).

Os discípulos tentaram dissuadi-lo, mencionando a multidão religiosa que havia tentado apedrejá-lo apenas algumas semanas antes. Mas Jesus não se comoveu com os seus argumentos, e disse-lhes: "Lázaro, o nosso amigo, dorme, mas vou despertá-lo do sono" (Jo 11.11).

Pare por um momento e leia outra vez essa última sentença.

"Ele dorme, mas vou *despertá-lo do sono*". Oh, quanta coisa essas palavras me dizem.

Por toda a Bíblia, "dormir" é sinônimo de morte. Ironicamente, como aconteceu com Branca de Neve, um fruto envenenado fez com que Adão e Eva caíssem em um estado de inconsciência espiritual que ainda afeta a você e a mim. Quando Deus disse ao primeiro casal que não deveriam comer da árvore proibida, não estava brincando ao declarar: "Certamente morrerás" (Gn 2.17). No momento em que desobedeceram, o âmago de seu ser adormeceu.

O Convite

Não existe uma pergunta mais importante do que aquela feita por um carcereiro filipense, há mais de dois mil anos: "Que é necessário que eu faça para me salvar?" (At 16.30).

Jesus respondeu a essa pergunta, de uma vez por todas — assumindo sobre si mesmo a punição pelos nossos pecados. Nós simplesmente temos que aceitar o dom gratuito da salvação que Ele oferece. Como fazemos isso? A Associação Evangelística Billy Graham esquematiza quatro etapas para receber a Cristo:

- Admita a sua necessidade (eu sou um pecador).
- Esteja disposto a se afastar dos seus pecados (arrepender-se).
- Creia que Jesus Cristo morreu por você na cruz, e ressuscitou do sepulcro.
- Faça uma oração como esta: Amado Senhor Jesus, sei que sou um pecador e peço o teu perdão. Creio que morreste pelos meus pecados, e ressuscitaste dos mortos. Eu me afasto dos meus pecados e te convido para que entres no meu coração e na minha vida. Quero confiar em ti e seguir-te como meu Senhor e Salvador. Em teu nome, amém.[5]

Mas a todos quantos o receberam deu-lhes o poder de serem feitos filhos de Deus: aos que creem no seu nome.
João 1.12

A parte deles que havia se comunicado melhor com o seu Criador — isto é, o espírito — morreu.[6]

Da mesma maneira, o nosso espírito permanece trancado no sono da morte, até que nos encontremos com Jesus Cristo, como nosso Salvador pessoal. Até que o Príncipe da Paz desperte nosso coração adormecido com um terno beijo e o espargir do seu sangue derramado, a parte mais importante do nosso ser permanecerá sem vida e morta. Somente Cristo pode realizar a ressuscitação espiritual de que tão desesperadamente precisamos.

Mas é importante perceber que, mesmo depois que entregamos a nossa vida a Jesus, o perigo do sono espiritual nunca está distante. Embora não estejamos mais mortas em nosso espírito, ainda é possível que sejamos embaladas de volta ao sono em nossa alma. Sofrendo de um tipo de narcolepsia espiritual e sonambulismo, por toda a vida, permanecemos amadas por Jesus — como Lázaro —, mas em uma desesperada necessidade de sermos despertadas por um encontro com o Deus vivo.

Como é possível que os cristãos possam cair nesse tipo de sono? Na maior parte dos casos, isso não acontece de repente. Adormecer para as coisas de Deus normalmente é um processo gradativo. Um lento adormecer do coração, juntamente com uma capacidade diminuída de ouvir a voz do Espírito. Um afastamento e um sonho de nossa mente ao buscar outros interesses.

No meu caso, esses cochilos aparentemente inocentes quase sempre começavam com uma canção de ninar. Uma cantiga comprometedora, que o Enganador cantarolou certo dia. Uma longa balada de autopiedade, entoada por Satanás no dia seguinte. Pensar que Lúcifer pudesse ter usado seus hinos profanos para nos acalmar e conduzir ao esquecimento espiritual faz sentido para mim. Afinal, ele parece ter um repertório musical bastante interessante.

Não é um problema grave, foi a serenata que ele fez ao rei Davi, quando o homem segundo o coração de Deus começou a buscar a esposa de outro homem (2 Sm 11.2-4).

Todo o mundo está fazendo isso, cantou ele suavemente para Sansão, quando atraiu o homem mais forte que já viveu e o convenceu a trocar o segredo da sua força por outra noite nos braços de uma beldade filisteia (Jz 16.15-17).

Ninguém se importa com você, cantarolou para um profeta cansado como Elias, sentado debaixo de um zimbro de desencorajamento (1 Rs 19.3,4).

Cânticos satânicos, cada um deles, e há tantas letras diferentes quantos ouvidos dispostos a ouvir. Música para nos fazer duvidar do amor de Deus. Melodias para fazer com que deixemos de nos importar. Canções de ninar que pretendem nos ninar até o ponto em que estamos cegos para os esquemas do Inimigo, e surdos para a voz do Espírito.

Profundamente adormecidos. Afastando-nos do Deus a quem servimos e de cujo amor necessitamos. E profundamente, desesperadamente, necessitando despertar.

Há alguns anos, eu estava hospedada em um hotel em Houston, no Estado do Texas. Quando liguei para a recepção, para pedir um chamado de despertar para o dia seguinte, eles prometeram fazer isso, e ainda mais.

"Se você não atender ao telefone, iremos bater à porta", disse o homem do outro lado da linha. "Se você não abrir a porta, entraremos e sacudiremos você, até você se levantar."

Isso é o que eu chamo de serviço! Um pouco assustador, mas, ainda assim, serviço!

Acredito que Deus adoraria fazer a mesma coisa conosco, se apenas lhe déssemos permissão. Ele sabe como temos dificuldade de acordar com os despertadores espirituais. Ele nos viu dar de ombros constantemente para os seus sinais, quando Ele tentou nos fazer reviver. Mas o nosso Pai celestial está disposto a fazer tudo isso, e ainda mais, se apenas o ouvirmos e respondermos a Ele.

Estamos adormecidas, Senhor Jesus. Desperta-nos! deve ser a nossa oração diária. *Desperta-nos para a tua amorosa misericórdia. Desperta-nos para a tua bondade e o teu poder de salvar.* Embora, como Maria e Marta, às vezes, nós nos perguntemos: *Talvez esta doença seja uma punição pelos meus pecados.* Ou: *Talvez Jesus não me ame tanto quanto eu o amo.*

Desperta-nos, Senhor Jesus, para a total confiabilidade dos teus caminhos, pois somente Tu podes retirar o que tem má intenção e converter isso em bem (Gn 50.20).

O nosso Grande Redentor

Entre todos os títulos de Jesus, acabei apreciando mais o de que Ele é o meu Redentor. Depois de andar, por tantos anos, com o Senhor, em meio a maus e bons momentos, eu posso declarar, com Jó: "Eu sei que o meu Redentor vive" (Jó 19.25). Pois Ele toma o que é sem valor e o torna precioso quando confiamos em suas mãos amorosas.

Quando Deus interrompeu a espiral descendente da humanidade, enviando o seu próprio Filho, Jesus veio a uma cultura que esperava que o Messias estabelecesse um reino livre de problemas, tristezas e dor. Até mesmo os seus próprios discípulos esperavam que Ele derrubasse Roma e estabelecesse um novo regime, completo, com posições especiais e bônus reservados para eles.

Aqueles que esperavam pelo Prometido sempre haviam crido que Ele reinventaria o mundo.

Em vez disso, Deus decidiu redimi-lo.

O que significa que o pecado ainda está presente e Satanás ainda está ativo. Assassinato e guerras violentas cobrem a terra. Doenças devastam corpos, mentes e corações. Com muita frequência, os inocentes morrem cedo. Certamente, pensamos, deve haver um meio melhor.

Afinal, Deus poderia ter apertado o botão para "reiniciar" há muito tempo, no princípio do tempo. Ele poderia ter visto a confusão que nós, humanos, havíamos feito — a nossa rebelião, o nosso ódio, a nossa imoralidade e idolatria — e decidido deletar tudo, com o apertar de um botão. Deus poderia ter reiniciado e começado tudo de novo.

Em vez disso, Ele se fez homem. E, na cruz, tomou sobre si o peso dos nossos erros. Todos os meus erros, todas as suas mágoas, toda a nossa devastação. Com um último suspiro, Ele redimiu tudo isso. "Está consumado", disse Jesus, pouco antes de morrer (Jo 19.30). E assim foi, pois com essas palavras veio a grande troca. A morte dEle se tornou nossa, para que a nossa vida pudesse se tornar dEle. E, três dias depois, a tragédia se converteu em triunfo, quando o Cordeiro irrompeu do sepulcro, como um Leão. Silenciando os risos do inferno, Jesus agarrou as chaves da morte e da sepultura, e despedaçou os esquemas de Satanás, redimindo a você e a mim, e fazendo com que toda a destruição que o Inimigo havia perpetrado contra nós retornasse sobre a sua cabeça enganadora, desonesta, causadora de problemas.

Cristo ainda hoje realiza a mesma obra de reciclagem, tirando o lixo da vida das pessoas e moldando com ele obras-primas de graça. Reivindicando prostitutas e assassinos, leprosos e mendigos, avarentos executivos e donas de casa desesperadas, e transformando a todos em troféus, em tamanho real, do seu amor.

Este é o poder do evangelho. Este é o centro das Boas-Novas!

"Cristo não veio para tornar bons os maus homens", destaca Ravi Zacharias, "mas para tornar vivos os homens mortos".[7] O nosso Pai celestial sabia que precisávamos de algo mais que uma renovação, nós precisávamos de uma ressurreição. E foi isso o que Jesus veio trazer.

"Esta enfermidade não é para morte", assegurou Jesus aos discípulos em João 11.4, e Ele sussurra a mesma esperança, hoje, para você e para mim.

Vá em frente, e preencha a lacuna com a sua situação. "Senhor, Senhor, eis que está _____ aquela que Tu amas" — diagnosticada com câncer, enfrentando falência, perdendo um casamento... a lista pode seguir, indefinidamente. Mas nenhum desses problemas é grande demais para Deus.

Esta doença, este sofrimento, esta situação alteradora de vida, não é para morte, Jesus promete. Em vez disso, se respondermos ao seu convite e deixarmos as sepulturas do nosso pecado, e até mesmo a nossa dúvida, a nossa vida declarará a verdade do que Ele declara a seguir: "É para glória de Deus".

Porque, como Irineu disse certa vez, "A glória de Deus é o homem, plenamente vivo".[8]

Assim, cura a minha narcolepsia espiritual, Senhor. Desperta-me de minha letargia. Sacode-me, se necessário, até que eu responda. Mas, a despeito do que quer que faças, amado Jesus, não me deixes da mesma maneira.

Afinal, boas coisas acontecem com aqueles que despertam!

3

O NOSSO AMIGO LÁZARO

> *Depois disso, disse aos seus discípulos: Vamos outra vez para a Judeia. [...]*
> *Assim falou e, depois, disse-lhes: Lázaro, o nosso amigo, dorme, mas*
> *vou despertá-lo do sono.*
>
> João 11.7,11

Ah, a alegria indescritível de ser amada! No momento atual, estou na desejável posição de ter dois homens absolutamente loucos por mim.

O primeiro, o meu maravilhoso marido, não é tão entusiasta como o segundo, embora John me mostre o seu amor em centenas de maneiras, todos os dias. Mas o segundo — bem, este pequeno Romeu parece nunca fazer o suficiente para me mostrar o quanto ele me adora. As suas atenções vêm completas, com florzinhas e figurinhas de álbuns, e muitas, muitas declarações verbais.

Não são apenas as palavras que fazem meu coração bater mais forte, pois eu fui afortunada e já ouvi "eu te amo" muitas vezes em minha vida. O que torna as palavras de Josh tão deliciosas é a *maneira* como ele as diz. Como se ele realmente sentisse o significado.

Ele não as lança descuidadamente por cima do ombro, quando sai para brincar. Nem usa a sua afeição para conseguir as coisas à sua maneira. Ou melhor, ainda não. Por enquanto, pelo menos, as suas declarações de amor são pura adoração. E, recentemente, por qualquer que seja o motivo, Josh infunde tal ardor e tal emoção a essas três palavrinhas, que elas tiram o meu fôlego.

"Mamãe", diz ele, de maneira um pouco solene, fazendo uma pausa, até ter toda a minha atenção. A seguir, em uma maneira arrastada de falar, marcada pelo seu defeito na fala, ele estende a última palavra, para lhe dar ênfase extra. "Eu te ammmmmmmmmo."

De repente, está tudo bem no meu mundo. Mais que bem — ele é maravilhoso. Joshua se atira em meus braços, e eu retribuo o seu amor, abraçando-o como se pudesse abraçá-lo para sempre.

Naturalmente, depois de algum tempo — às vezes, depois de um intervalo mais longo, se eu tiver sorte — Josh se solta. Ele me brinda com um abraço superapertado, e então, com um beijo lambuzado de geleia, sai do meu colo e vai brincar.

Mas antes de fazer isso, enquanto ainda estamos abraçados, o meu coração capta uma espécie de fotografia, com uma legenda que descreve a alegria de ser amada. Não pelo que eu já fiz, nem mesmo por eu ser quem sou. Mas simplesmente porque o mero fato de me ver provoca uma emoção tão intensa que exige as palavras — não apenas uma vez, mas várias, todos os dias.

Sei que é apenas uma fase. Sei que Joshua vai crescer e se apaixonar por muito mais que eu. Oh, ele ainda irá expressar o seu amor — ele é esse tipo de menino —, mas não o fará com tanta frequência ou tão intensamente. Assim, por enquanto, estou decidida a aproveitar cada minuto. Sempre que Josh se atira em minha direção, eu interrompo o que estiver fazendo, para beber da preciosa doçura do momento. Há uma alegria indescritível em ser amada assim, e eu não quero perder isso.

Por que estou lhe contando isso? Para fazer com que você desejasse ter tido uma gravidez inesperada, aos quarenta anos, que resultou em um maravilhoso menininho, como o meu?

Não, embora eu não pudesse desejar presente melhor para ninguém.

Estou lhe contando isso porque Joshua está me ensinando sobre o tipo de relacionamento que Cristo anseia ter comigo. O caso de amor que tenho com meu filho de 6 anos é o tipo de caso de amor que Deus quer ter, com todos os seus filhos. A mescla de corações que Ele desejou desde a fundação do mundo.

A solidão de Deus

Os anjos nunca haviam pensado que Deus fosse solitário. Todo-poderoso, onisciente, o Princípio eterno e o Fim eterno, a Divindade três-em-um — como o Todo-Poderoso poderia sentir falta de algo? No entanto, houve uma tranquila inquietude com Yahweh, durante algum tempo. Um olhar distante, aqui e ali, revelava um anseio, um desejo. Quase uma tristeza. Talvez, então, não tenha sido tanta surpresa quando aquEle que não foi criado declarou o seu desejo de criar.

Depois de testemunhar cinco dias de trabalho extraordinário, observando Deus colocar um pequeno globo verde e azul no espaço criado, e então enchê-lo com uma invenção maravilhosa após outra, os anjos devem ter ficado na ponta dos pés para ver o que Deus faria a seguir.

"Façamos o homem à nossa imagem", disse o Criador, curvando-se para encher as mãos de barro. Com grande cuidado, o Eterno moldou a sua obra. A seguir, inclinando-se, Ele soprou, gentilmente, no barro sem vida, e um homem foi criado... e a seguir, uma mulher. Os dois eram belos, pensaram os anjos, embora um pouco comuns, especialmente em comparação com tudo o que tinham visto. No entanto, Deus pareceu bastante satisfeito.

Talvez, ponderaram os anjos, essa criação tivesse algum talento especial de que eles não tinham conhecimento, alguma qualidade exclusiva que tornaria o homem e a mulher úteis para o reino. Assim, os anjos esperaram, para ver o que esses humanos fariam.

Mas logo ficou evidente que toda a obra anterior de Deus — os elevados montes, os exuberantes verdes vales, as gloriosas alvoradas, e os multicoloridos crepúsculos — havia sido criada para o prazer e o deleite do homem e da mulher, as suas mais recentes criações.

Mas não apenas para o seu prazer. Era também para algo mais. O mundo cintilante, logo perceberam os anjos, era simplesmente um pano de fundo. Um palco sobre o qual eles observariam o desdobrar do verdadeiro propósito da criação, pois tudo havia sido feito para facilitar a apaixonada busca de Deus de um relacionamento com a humanidade.

Para quê fomos criados

Talvez você nunca tenha considerado o quanto o seu Pai celestial anseia por conhecê-la e ser conhecido por você. Foi-nos dito que nascemos com uma espécie de buraco, com forma de Deus — um vácuo espiritual, que não pode ser preenchido por nada nem ninguém, exceto o próprio Deus. Mas você já considerou que Deus pode ter um buraco com a *sua* forma, um vazio, que somente você pode preencher?

Esta é a implicação abrangente da mensagem universal. Desde o livro de Gênesis até Cantares, de Eclesiastes a Malaquias, do Evangelho de Mateus ao livro do Apocalipse, toda a Bíblia registra uma história épica do amor obstinadamente terno de Deus, que sempre busca, que sempre procura. Adoro a maneira como a mensagem se expressa em Efésios 1.4-6:

> Também [Deus] nos elegeu nele antes da fundação do mundo, para que fôssemos santos e irrepreensíveis diante dele em caridade, e nos predestinou para filhos de adoção por Jesus Cristo, para si mesmo, segundo o beneplácito de sua vontade, para louvor e glória da sua graça, pela qual nos fez agradáveis a si no Amado.

Você percebe o que eu quero dizer? A Bíblia é clara. Nós temos um Deus que nos ama intensamente.

A pergunta é: Também o amamos assim?

Quero estar completamente apaixonada por Deus, mas o problema é que nem sempre sei como fazer isso. No entanto, estou aprendendo muito com o meu filho sobre a grandiosidade do amor, e estou aprendendo melhor como amar Jesus com um homem, na Bíblia, cujas palavras nem mesmo estão registradas. Embora não tenhamos grande quantidade de informação com base na qual especular, e não tenhamos nenhuma descrição física de Lázaro, ainda assim aprendemos algumas coisas importantes nas Escrituras sobre este homem.

Em primeiro lugar, Jesus amava Lázaro.

Em segundo lugar, esse amor se traduzia em um íntimo relacionamento entre Jesus e Lázaro.

O primeiro ponto pode parecer óbvio e relativamente sem importância. Afinal, Jesus ama a todos. No entanto, o narrador do relato bíblico enfatiza essa intimidade várias vezes, para ter certeza de que saibamos que este não era meramente um relacionamento genérico.

Em João 11.3, por exemplo, as irmãs de Lázaro enviam a mensagem: "Senhor, eis que está enfermo aquele que tu *amas*".

Mais adiante, no versículo 5, João reitera: "Jesus *amava* a Marta, e a sua irmã, e a Lázaro".

Mesmo os judeus, que mais tarde se reuniram no funeral de Lázaro, devem ter sabido de um relacionamento muito especial entre Cristo e o homem que pranteavam, pois quando viram Jesus chorando junto à sepultura, disseram: "Vede como o *amava*" (v. 36).

Jesus amava a Lázaro. Amava também a Maria e Marta (v. 5). E eu acredito que os três irmãos retribuíam esse amor. As Escrituras nos contam que Cristo retornava frequentemente a Betânia. A família deve ter proporcionado a Ele grande alegria e consolação, oferecendo-lhe um lar onde era recebido com braços abertos, onde era aceito e verdadeiramente adorado.

Ouvir que Lázaro estava doente deve ter afligido o coração de Jesus, ainda que Ele soubesse como a história iria terminar. Quando Jesus chegou a Betânia, e viu Maria chorando, João 11.33 nos diz que Jesus "moveu-se muito em espírito e perturbou-se". Tão perturbado ficou, na verdade, que pode ter literalmente gemido em voz alta. A palavra grega para "moveu-se muito", *embrimaomai*, origina-se da raiz que significa "bufar com ira; sentir indignação".[1] Jesus não considerou com leviandade a dor da família, pois Lázaro era muito mais que um seguidor.

Quando se referiu ao irmão de Maria e Marta, Jesus usou uma palavra que parece superficialmente genérica, porém é muito mais íntima que isso — para não dizer, poderosa. E o nosso relacionamento com o nosso Criador poderá se modificar, se procurarmos ser chamados assim também.

Quando falou sobre Lázaro, Jesus o chamou de "amigo" (Jo 11.11).

Amigo de Deus

O que significa ser um amigo de Deus? Estou falando sobre um amigo de Deus completamente honesto, leal, aconteça o que acontecer.

Senti que o Senhor me desafiava com essa mesma pergunta. Eu gostaria de pensar que Jesus me considera uma amiga. Mas serei, realmente? Será que sou alguém com quem Ele pode se sentir seguro? Será que o meu coração é um lugar com bastante espaço para que Ele se estenda e relaxe? Será *mi casa* verdadeiramente *su casa*?

Não é fácil encontrar um amigo assim. Pergunte a qualquer celebridade de Hollywood que é perseguida por amigos que parecem sinceros, mas que na realidade buscam o que puderem lucrar com essa amizade.

Em seu livro sobre a psicologia da fama e os problemas da celebridade, o autor David Giles descreve a solidão que frequentemente persegue as pessoas famosas: "Ao fazer cada nova amizade, a pergunta não é tanto 'Será que esta pessoa gosta de mim por quem eu sou?', e sim 'Será que essa pessoa gosta de mim por *aquilo* que eu sou?"[2]

Segundo Giles, até mesmo Cícero, o filósofo grego, vivenciou isso. Já nos anos 60 a.C., ele "se queixou de que, apesar das 'multidões de amigos' que estavam à sua volta, ele não conseguia encontrar nem um de quem pudesse 'captar um suspiro privado'".[3]

Eu me pergunto se Deus já se sentiu assim. Será que o coração dEle é ferido quando percebe que muitas pessoas estão ao seu redor pelo que podem conseguir com isso?

Pelos contatos que podem fazer.

Pelo calor que sentem.

Pelos benefícios que acompanham o cristianismo — paz, alegria, provisão.

Ou pelas recompensas que esperam quando oferecem a Deus um presente calculado. Esse tipo de relacionamento egocêntrico, e que visa resultados, deve entristecer o coração do Todo-Poderoso. Certamente faz com que deixemos de ter a intimidade que Ele tenciona.

Ajuda-me a amar-te mais!

Em seu livro *Crazy Love* (Louco Amor), Francis Chan nos convida a convidar a Deus para que Ele nos ajude a amá-lo mais.

> Se você simplesmente finge que gosta de Deus ou o ama, Ele sabe. Você não consegue enganá-lo; nem tente fazer isso.
>
> Em vez disso, diga a Ele como você se sente. Diga-lhe que Ele não é o mais importante nesta vida, e que você sente muito por isso. Diga-lhe que você tem sido indiferente, que você preferiu _____ em vez dEle, repetidas vezes. Diga-lhe que você quer ser modificado por Ele, que você anseia por amá-lo genuinamente. Diga-lhe o quanto você deseja sentir a verdadeira satisfação, prazer e alegria no seu relacionamento com Ele. Diga-

lhe que você quer amá-lo mais que a qualquer coisa nesta terra. Diga-lhe que você quer apreciar o Reino dos céus de tal maneira, que, de bom grado, venderia tudo para poder obtê-lo. Diga-lhe o que você gosta a respeito dEle, o que você aprecia e o que lhe traz alegria.

Jesus, eu preciso abrir mão de mim. Não sou forte o suficiente para amar-te e andar contigo, por meus próprios meios. Não consigo fazer isso, e preciso de ti, preciso de ti profunda e desesperadamente. Eu creio que és digno, que és melhor que qualquer outra coisa que eu possa ter, nesta vida ou na próxima. Eu te quero. E quando não te quero, eu quero querer-te. Sê tudo em mim. Toma tudo de mim. Faze o que quiseres comigo.[4]

Quando tu disseste: Buscai o meu rosto, o meu coração te disse a ti: O teu rosto, Senhor, buscarei.
Salmos 27.8

Em *The Divine Romance* (O Romance Divino), uma narrativa imaginativa da história bíblica do êxodo, Gene Edwards apresenta um retrato comovedor do coração de Deus a nosso respeito. Uma cena, em particular, se destaca em minha mente. Ela retrata Deus observando, quando o povo tirado da servidão no Egito, jura servi-lo para sempre. Prometendo obedecer a Yahweh, em todas as coisas, eles trazem todos os seus tesouros, e se prostram em adoração. E enquanto Deus continua olhando, "sem que ninguém o visse", Ele é atingido por uma "profunda tristeza". Edwards escreve:

Um longo e profundo gemido de tristeza, inaudível aos ouvidos humanos, mas que rompeu a tranquilidade de todo o exército celestial, irrompeu, de suas profundezas.

Eu não te pedi
a tua riqueza, nem as tuas moedas de ouro.
O que eu preciso ter de ti?
Eu não te pedi
que me servisses.
Eu, o Todo-poderoso,
preciso ser servido?
Nem te pedi

*a tua adoração, nem as tuas orações
nem mesmo a tua obediência.*

Ele fez uma pausa. Uma vez mais, um longo e pesaroso gemido emergiu de seu peito.

*Eu te pedi apenas isto,
que me ames...
me ames...
me ames.*[5]

A linguagem de amor de Deus

Não acredito que nenhuma de nós pretenda deixar de lado um relacionamento verdadeiro com Deus em favor de algum tipo de façanha — seja prática, seja espiritual. A tendência de fazer isso, no entanto, parece determinada na parte decadente de nossa natureza. É como se, de volta no Éden, fosse feita uma troca defeituosa, substituindo o dom do relacionamento pela maldição das obras. O que, eu suponho, é exatamente o que aconteceu naquele dia, há tanto tempo.

"Porquanto... comeste da árvore de que te ordenei, dizendo: Não comerás dela, maldita é a terra por causa de ti; com dor comerás dela todos os dias da tua vida" (Gn 3.17).

Desde o momento em que Adão e Eva desobedeceram a Deus, o casal teve que trabalhar para obter seu alimento. Mas, por favor, observe: Deus nunca exigiu que eles elaborassem um plano para restaurar o seu relacionamento com Ele. Esse trabalho já havia começado, e era uma obra exclusiva de Deus.

"A cruz não foi um acidente", escreve Max Lucado em seu belo livro *God Came Near*. "... No momento em que o fruto proibido tocou os lábios de Eva, a sombra de uma cruz apareceu no horizonte".[6]

O brilhante plano de redenção foi posto em ação no momento em que o pecado entrou no mundo. E ele foi completamente orquestrado por Deus. Um relacionamento vivo e vibrante com o nosso Pai nunca pretendeu ser a obra de nossas mãos, não importa quão nobres possam ser os nossos esforços.

A história de Gene Edwards me persegue. *"Eu não te pedi que me servisses"*, clama Deus ao seu amado. *"Nem te pedi a tua adoração, nem as tuas orações"*.

Essas declarações são poderosas, porque se concentram nas duas maneiras pelas quais nós, cristãos, normalmente tentamos nos aproximar de Deus, pelo serviço e pela adoração, os mesmos métodos pelos quais as irmãs de Lázaro tentaram se relacionar com Jesus.

Marta, é claro, é a representante perfeita do serviço — a Martha Stewart original de Israel. A sua história, em Lucas 10.38-42, enfatiza as dificuldades que surgem quando nos vemos tão envolvidos em boas obras que deixamos de ver o nosso relacionamento com Deus. É fácil se enamorar tanto com a aprovação humana que resulta de entregar a nossa vida — oferecendo-se para trabalho voluntário em causas dignas, ensinando semanalmente na Escola Dominical, entregando refeições a presos, e assim por diante — que nunca conseguimos descansar na presença de Deus, beber da sua vida e derramar o nosso amor.

Embora os nossos atos de serviço sejam vitais para o nosso andar com Deus, e até mesmo comprovem a nossa fé, segundo Tiago 2.17, eles devem ser o transbordamento de um relacionamento com Deus — e não um substituto para tal relacionamento.

A história de Edwards me lembra do fato de que, embora Deus tenha escolhido nos envolver na sua obra de redimir o mundo, Ele não *precisava*, verdadeiramente, fazer isso. Na verdade, tudo o que Ele precisava fazer era falar — pois Ele é o Todo-poderoso. O que quer que precisasse, Ele poderia ter feito.

Deus não precisava de nós. Mas como Ele *queria* que nós fôssemos suas!

Esta é a liberdade que Jesus ofereceu a Marta. Liberdade do Deus que ela pensava que Ele era, sempre exigindo mais, sempre mais, e de um padrão elevado de qualidade, sempre mais elevado. Em Cristo, ela encontrou um Deus que queria compartilhar a sua vida, e não consumi-la. Um Pai que queria o seu amor, mais do que queria o seu atarefado serviço.

Mas e quanto à adoração? Afinal, é o que Maria parecia oferecer a Jesus, e Ele a elogiou por isso. Será possível que Deus deseje mais de nós?

Antes de nos aprofundarmos nessa pergunta, é importante perceber que Maria sabia o que era a verdadeira adoração. Ela sabia que a adoração tinha muito mais a ver com nutrir e alimentar um relacionamento do que ter a resposta apropriada a uma mensagem ou cantar a combinação exata de cânticos e hinos de louvor. Ela sabia que Jesus queria o seu coração mais do que a sua liturgia, por mais bela que tal liturgia pudesse ser. Ele queria torná-la sua. E por isso ela foi capaz de deixar de trabalhar e simplesmente se sentar aos seus pés. A sua disponibilidade era mais preciosa do que qualquer outra forma exterior de adoração.

Percebo que é quase sacrílego, em algumas áreas da cultura cristã de hoje, sugerir que Deus possa estar procurando mais do que o nosso louvor. Nós elevamos a adoração a um lugar em que ela se aproxima da idolatria. Nós dizemos que a adoração é o nosso mais nobre chamado — e realmente é importante.

Mas ouça! Os anjos já proporcionam louvor a Deus. Eles estão ao redor do trono de Deus 24 horas por dia, sete dias por semana. Você e eu não fomos criadas apenas para aumentar as vozes do coro angelical. Nós fomos criadas para ter um relacionamento íntimo com o Rei do Universo.

Por favor, saiba o quanto eu adoro louvar a Deus, e o quanto preciso disso! Há algo belo e profundo em expressar o meu amor a Deus por meio de palavras e cânticos. Há algo sagrado em erguer as mãos, unir a minha voz à sua, e exaltar a Jesus com os meus lábios. Eu não consigo viver sem isso!

Mas se é aqui que termina o meu relacionamento com Jesus, estou perdendo algo. Realmente perdendo! Porque é possível se viciar em louvor sem realmente se viciar em Deus.

E quando isso acontece, a nossa adoração deixa de ser adoração e passa a ser apenas outro ritual. Um ritual comovente e melodioso, talvez, mas, no final, apenas palavras religiosas e gestos vazios.

Em resumo: Se eu verdadeiramente quiser ser amiga de Deus, não será o meu serviço, nem o meu louvor, que lhe trará alegria. Em vez disso, o tipo de relacionamento que eu creio que Cristo mais anseia pode ser o que é exemplificado no irmão que menos disse e menos fez.

Na bela aceitação que Jesus ofereceu a Lázaro, e no amor que Lázaro lhe retribuiu, descobrimos as Boas-Novas do evangelho. Liberdade da tirania de obras e das contorções espirituais que usamos com frequência, em um esforço para agradar e/ou aplacar o nosso Deus. Na história de Lázaro, somos convidados a relaxar. A simplesmente gostar de ficar com Deus.

Porque Jesus não está procurando servos.

Ele não está procurando admiradores que o adorem.

Ele está procurando amigos.

E tudo indica que quanto mais improvável a amizade, melhor.

Amigos ou apenas membros de um mesmo grupo?

Do ponto de vista do mundo, Jesus não parecia muito exigente a respeito de suas amizades. Ele passava tempo com os mais humildes dos humildes — os desprezados, os esquecidos, e os despercebidos. Uma das acusações feitas contra o nosso Salvador foi a de que Ele era "amigo dos publicanos e dos pecadores" (Lc 7.34).

Em grande parte, essa acusação era verdadeira. Jesus parecia muito mais interessado na sinceridade de um coração do que na perfeição de uma vida, e encontrou muitas pessoas que o buscavam sinceramente entre aqueles a quem a elite religiosa rotulou como "pecadores". Mas Jesus não veio salvar apenas os pobres e os arruinados. Ele veio para as pessoas normais e para as extraordinárias.

"A todos quantos o receberam", proclama João em seu Evangelho, "deu-lhes o poder de serem feitos filhos de Deus: aos que creem no seu nome" (Jo 1.12). Você não tinha que fazer nenhuma proeza nem se equiparar a nenhum padrão religioso para ser amigo de Deus. Você simplesmente precisava que aceitar o que Ele tinha a oferecer. No entanto, a profundidade e o tipo de amizade dependiam completamente da resposta da pessoa a quem tal amizade era oferecida. E ainda é assim hoje.

Quando eu estava orando a respeito deste capítulo e o que o Espírito Santo quis dizer por meio dele, uma coisa ficou muito clara para mim. Rodeado por pessoas que clamam o seu nome, Cristo ainda anseia por um genuíno amigo. Um amigo verdadeiro, honesto, leal, aconteça o que acontecer. Um amigo que se importa a respeito daquilo com que Ele se importa. Um amigo que procure trazer alegria e consolação ao seu coração, sem segundas intenções. De maneira incondicional. Sem listas de desejos secretos.

Curiosamente, no idioma grego há duas palavras diferentes para "amigo" — *philos* e *hetaíros*. É uma infelicidade que a tradução das duas palavras ao idioma português seja a mesma, uma vez que as palavras gregas não poderiam ser mais diferentes.

A primeira palavra, *philos*, é a que Jesus empregou quando chamou Lázaro "nosso amigo", em João 11.11. O significado é alguém "amado, querido, protegido". É uma classificação íntima, reservada para as pessoas íntimas ao coração.

A segunda palavra usada no texto grego, *hetaíros*, pode ser traduzida como "camarada ou companheiro", mas se refere a um tipo mais sombrio de relacionamento. Segundo Spiros Zodhiates, *hetaíros* se refere a camaradas ou companheiros que eram, principalmente, seguidores de um chefe. Não eram, necessariamente, companheiros com a finalidade de ajudar o chefe, mas de obter qualquer benefício que pudessem... O verbo *hetaíré* significa, basicamente, fazer companhia ou estabelecer e manter uma amizade libertina, pretensiosa, pomposa, enganosa e ilusória.[7]

Parece a nossa sociedade de hoje, não é? Somos encorajados a suavizar as diferenças. Faça o que for preciso para alcançar o sucesso, é o que ouvimos. Seja superficialmente amistoso. Apenas se certifique de que essa amizade promove os seus interesses.

"A verdadeira amizade", por outro lado, como explica Zodhiates, "é expressa pelo verbo *phileo*... que significa buscar os interesses de outra pessoa de maneira altruísta".[8]

Na sua forma mais benigna, *hetaíros* era usada para descrever os pupilos ou discípulos de professores ou rabinos. Mas esta não foi a palavra que Jesus usou para falar dos seus próprios discípulos, em João 15.15 (ou, na verdade, em nenhuma passagem). "Já vos não chamarei servos", disse-lhes Jesus, "porque o servo não sabe o que faz o seu senhor, mas tenho-vos chamado amigos [*philous*][9] porque tudo quanto ouvi de meu Pai vos tenho feito conhecer".

Jesus não estava incentivando um relacionamento distante com aqueles que o seguiam. Ele buscava uma doce comunhão que tornasse os discípulos participantes da natureza divina (2 Pe 1.4). Jesus prometeu tomar tudo o que Deus lhe dera — a sabedoria, a autoridade, o próprio caráter de Deus — e partilhar gratuita e livremente com eles. Que presente incrível. Que oportunidade inimaginável.

Mas nem todos apreciaram a generosidade do Senhor. Pelo menos um dos discípulos quis o que *Ele não queria* — reconhecimento humano, poder, posição.

Quando Judas traiu Jesus, no Getsêmani, esperando forçar o Filho de Deus a fazer a sua vontade e se declarar Rei, Jesus respondeu com estas espantosas palavras: "Amigo, a que vieste?" (Mt 26.50).

Amigo? Esta palavra parece estranha para um traidor. A menos que você a lesse no idioma grego. Então você perceberia que Jesus estava chamando Judas exatamente do que ele havia provado ser.[10]

Hetaíros. Companheiro egoísta. Oportunista. Tiete. Amigo infiel e enganador.

Lázaro ou Judas? *Philos* ou *hetaíros*? Qual dessas palavras usaremos a nosso respeito?

No final, a decisão é nossa.

Que tipo de amiga eu sou?

Todas nós tivemos amigos necessitados e apegados, que tinham a tendência de receber mais do que davam no relacionamento. Embora isso possa ser um pouco doloroso, considere as seguintes qualidades de um bom amigo, no seu relacionamento com Deus. Como você se classificaria? Assinale cada característica com o número 5 (para "Sempre"), 4 ("Normalmente"), 3 ("Às vezes"), 2 ("Raramente") ou 1 ("Nunca").

– *Bom ouvinte:* Tem interesse em como está a pessoa. Faz boas perguntas. Ouve a outra pessoa; não interrompe. Preocupa-se com os sentimentos da pessoa. Fica à vontade em silêncio.

– *Baixa manutenção:* Não é extremamente necessitado. É seguro em si mesmo e na amizade, não é exigente. Não precisa de atenção constante. Não se sente ameaçado pelo tempo que passa longe da outra pessoa.

– *Não se ofende facilmente:* Paciente, quando as necessidades não são imediatamente satisfeitas. Crê no melhor, e não no pior, a respeito da outra pessoa. Não chega a conclusões precipitadas. Disposto a conversar sobre os problemas.

– *Disponível:* Sempre presente quando necessário. Disposto a deixar de lado os próprios planos para ajudar um amigo. Retorna telefonemas rapidamente e não ignora e-mails.

– *Não invejoso:* Não se irrita quando a pessoa passa algum tempo com outra pessoa, ou quando alguém ganha um presente de aniversário melhor. Não demonstra frieza nem deixa bilhetes grosseiros quando se aborrece.

– *Gentil:* Rápido em oferecer palavras genuínas de afeto e afirmação. Procura maneiras práticas de expressar amor. A gentil doçura cria um paraíso de segurança.

– *Digno de confiança:* Confiável para guardar informações delicadas e enfrentar situações difíceis. Não participa de mexericos. Não trai um amigo — é leal até a morte.

Agora, conte os seus pontos. Uma pontuação na faixa 29-35 sugere que você está bem encaminhada para se tornar uma verdadeira amiga de Deus; 22-28 significa que você gostaria de ser uma boa amiga, mas ainda precisa de um pouco de trabalho; 14-21 significa que você provavelmente não percebeu que deveria ser amiga de Deus; 7-13 significa que você simplesmente não se importa.

(Nota: Se a sua pontuação foi baixa, você poderá descobrir que os seus relacionamentos humanos também estão sofrendo. A maneira como expressamos o nosso amor por Deus afeta, diretamente, o nosso amor pelas pessoas — e vice-versa).

O que ama a pureza do coração e tem graça nos seus lábios terá por seu amigo o rei.
Provérbios 22.11

Amando a Ele ou amando a mim?

Eu penso comigo mesma. Apenas penso.

E se a dúvida do amor, a desconexão crônica, até mesmo a tendência *hetaíros* que atormenta a tantos de nós, como cristãos, e se tudo isso pudesse ser solucionado por uma simples mudança de mentalidade? Uma mudança de atitude? Um suavizar e abrir de um coração que ficou frio e insensível?

Conheço uma mulher que nunca conseguiu aceitar completamente o amor de seu marido. Por ter crescido em um lar imperfeito, ela nunca se sentiu merecedora nem muito segura. O seu marido faz tudo o que pode para convencê-la do seu amor, mas nada é suficiente.

"Eu simplesmente não acho que ele me ame", choraminga a mulher, listando todas as maneiras como ele a decepcionou, embora o homem tenha dois ou três empregos para poder lhe dar tudo o que ela deseja. Ela parece quase feliz em sua infelicidade, porque isso se tornou a sua identidade. Quanto ao pobre marido — bem, ele parece cansado. Muito cansado. Ele não irá deixá-la, nem abandonar o casamento; ele a ama muito. Mas vejo que ele está, lentamente, recuando, em vez de avançar. Dando de ombros diante do desprazer dela, com o cansaço que apenas a desesperança pode trazer.

Eles continuarão casados, mas a menos que essa mulher abra o seu coração para o amor de seu marido, eu temo que eles acabarão ficando cada vez mais distantes, como se fossem estranhos. Duas pessoas solitárias, dormindo em uma única cama, com amor suficiente para aplacar duas almas áridas, desde que uma delas, a esposa, abra o seu coração para o fluxo desse amor.

O marido dela não é o único que sofre com as críticas e exigências. O Pai celestial também recebe a sua cota. Ele a amou por muito tempo, e a amou bem, mas você não perceberia isso ao falar com ela. Na opinião dela, nada do que Ele faz é suficiente.

Quando um dos outros filhos de Deus recebe uma bênção, ela cruza os braços e torce o nariz. "Bem, acho que Deus ama você mais do que a mim", diz ela, fingindo que o seu sarcasmo é apenas fingimento. Quando as orações de outra pessoa são atendidas, ela comenta, cinicamente: "Acho que é melhor eu pedir para você orar. Ele certamente não ouve as minhas orações".

Ela não é sempre tão cínica. Às vezes, em especial quando (na opinião dela) Deus está se comportando bem, ela é bastante alegre. Mas quando as coisas não acontecem como ela quer, é rápida para criticar a Deus. Ela nunca admitirá isso, é claro. Ela acredita que está simplesmente declarando os fatos, mas eu já ouvi o seu amargo ressentimento, e outras pessoas também ouviram.

Embora eu saiba que Deus nunca a abandonará, não posso deixar de imaginar como Ele se sente quando a ouve caluniando o nome dEle. Cansado, tenho certeza. Desencorajado, talvez. Porque Deus sabe que não pode forçá-la a deixar que Ele a ame. Ele não pode exigir que ela retribua a sua amizade. Esta é uma escolha que somente ela pode fazer.

No entanto, diferentemente do marido dela, Deus não tolera divas mimadas e exigentes. Ele as disciplina, mesmo que as ame. Mas pode ser que elas nunca apreciem a sua devoção, e muito menos que a sintam, se continuarem insistindo (conscientemente ou não): "Ele não me ama da maneira como eu preciso ser amada".

Falando bem do nome dEle

Não é estranho que nós, humanos, tenhamos a tendência de considerar Deus como nosso servo, e não nosso Mestre? Insistindo que Ele deve fazer a nossa vontade, em vez de nos prontificarmos a fazer a sua? Não é de admirar que fracassemos com tanta frequência no santo esforço de ser seus amigos.

"Aqui está um pensamento solene para os que desejam ser amigos de Deus", escreveu certa vez Charles Haddon Spurgeon. "O amigo de um homem deve se mostrar amistoso, e se comportar com carinho terno pelo seu amigo".[11]

Deixe-me propor uma pergunta. Você fala bem de Deus? O nome dEle está a salvo na sua língua?

Ცada vez mais, ouço cristãos falando mal de Deus. Em vez de nos lembrarmos do que o nosso Pai celestial fez por nós no passado — a sua fidelidade e a sua bondade — nós nos fixamos nos problemas não solucionados do presente, reclamando e acusando Deus de abandono. Difamando o seu nome, em vez de invocá-lo. Afastando, em vez de avançar em direção ao amor que tão desesperadamente necessitamos.

Eu entendo como é fácil fazer isso. A amnésia espiritual é uma condição comum entre os cristãos. Todos nós sofremos de um esquecimento profano, às vezes, que eclipsa qualquer oração atendida ou bondade que tenhamos recebido no passado. Como os israelitas de antigamente, a nossa tendência é a lentidão em expressar gratidão quando as coisas estão bem, mas rapidez em reclamar quando as coisas estão mal. Mas se você e eu quisermos ser verdadeiras amigas de Deus, precisamos começar a agir como tal.

George Müller, um dos missionários mais importantes do século XIX, fundou centenas de orfanatos, abrigando as crianças indigentes da Inglaterra. Não foi um trabalho fácil. No entanto, no fim de sua vida ele escreveu: "Em meio às maiores dificuldades, nas mais duras provações, na mais profunda pobreza e necessidade, [Deus] nunca falhou comigo; mas como eu fui capacitado, pela sua graça, a confiar nEle, Ele sempre veio em meu auxílio. Eu me alegro em falar bem do seu nome".[12]

Oh, como eu quero que isso seja verdade na minha vida!

Na noite passada, depois de ter estado fora por alguns dias para escrever, voltei à cidade para passar a noite com John e Joshua.

Muitos meninos, em particular os muito pequenos, procuram castigar seus pais por terem estado fora. Quer isso seja algo consciente, quer inconsciente, eles se retraem um pouco, desejando que você perceba que eles estão zangados porque você os deixou. Mesmo que você os tenha deixado com o pai deles. Mesmo que o pai lhes tenha preparado sanduíches de manteiga de amendoim e geleia todos os dias, levado ao parque, e proposto boliche e pizza uma noite e um filme na noite seguinte.

Não, você certamente os abandonou. Assim, você precisa sentir a dor deles.

Sou extremamente afortunada. Josh não joga esse tipo de jogo. Em vez de ficar aborrecido, ele é o primeiro a me encontrar à porta.

"Mamãe!", grita ele, enquanto se aproxima e mergulha nos meus braços. "Senti a sua falta!" Então, puxando-me para a sala de estar, ele me conta sobre o seu dia, e a pizza e o boliche.

"Eu ammmmmmmmmmo você", diz ele, em seu doce, suave e apertado abraço. Um abraço tão apertado como ele é capaz, até que sejamos um único coração piegas, em um sofá, desfrutando do amor que compartilhamos.

Josh não me cumprimenta com frieza. Ele não espera até que eu estenda os braços para ele. Ele salta para junto de mim.

Este é o relacionamento, a amizade, que Jesus deseja ter com cada uma de nós. E, graças à cruz, abriu-se uma porta à presença de Deus, que nos permite correr diretamente para os seus braços, reivindicando alegremente o seu amor louco por nós. Cantando com confiança as palavras do maravilhoso cântico antigo:

> Amizade com Jesus,
> Companhia divina;
> Oh, que abençoada e doce comunhão,
> Jesus é meu amigo.[13]

Mas a verdadeira amizade deve ser recíproca — um dar e receber de amor, dos dois lados. Qualquer coisa inferior a isso leva somente a um relacionamento de meros conhecidos.

Embora eu esteja honrada e me sinta privilegiada por ter Jesus como meu amigo, o meu desejo mais profundo é ser também sua amiga. Proclamando o quanto eu o amo, e então, mostrando o meu amor, de maneiras práticas e visíveis. Apresentando os meus desejos de que eu possa amar o meu Salvador tendo em mente os seus melhores interesses.

Um verdadeiro *philos*. Um genuíno amigo. Leal e devotado.

Do princípio ao fim.

4

QUANDO O AMOR TARDA

> Jesus amava a Marta, e a sua irmã, e a Lázaro.
> Ouvindo, pois, que estava enfermo, ficou ainda dois dias no lugar onde estava...
> Chegando, pois, Jesus, achou que já havia quatro dias que estava na sepultura...
> Ouvindo, pois, Marta que Jesus vinha, saiu-lhe ao encontro; Maria,
> porém, ficou assentada em casa.
> Disse, pois, Marta a Jesus: Senhor, se tu estivesses aqui, meu irmão não teria morrido. Mas também, agora, sei que tudo quanto pedires a Deus, Deus to concederá... E disse [Jesus]: Onde o pusestes? Disseram-lhe: Senhor, vem e vê. Jesus chorou.
>
> João 11.5,6,17,20-22,34,35

Lembro-me de como fiquei emocionada na manhã do meu décimo segundo Natal. De todas as coisas que havia pedido, a única que eu realmente queria era a única de que realmente precisava (um advento de praticidade, que eu não sentiria novamente até pouco antes dos meus 40 anos, quando o meu único pedido de Natal foi uma boa poltrona para o escritório).

Naquele ano, tudo o que eu queria era um metrônomo — um equipamento mecânico que iria ajudar o meu ritmo, segundo o meu professor de piano. Embora eu estivesse tendo aulas de piano por seis anos, ainda tinha dificuldade com um dos mais importantes e fundamentais princípios da música. Marcar o tempo.

A composição diante de mim podia pedir *adagio*, que significa "lento", mas a minha tendência era tocar praticamente tudo como *allegro* — "rápido". Realmente rápido. Depois de ler as notas e os meus dedos terem aprendido o seu papel, eu tentava obedecer às indicações do compositor no topo da página. Tentava interpretar a sua visão da peça, mas, no final, não importavam as instruções, eu tocava tudo como *allegro*. Eu simplesmente não conseguia evitar. E embora tenha melhorado muito, desde os meus primeiros dias, ainda tenho a tendência de apressar o ritmo.

Em minha defesa, tenho que dizer que aquele presente de Natal, de tantos anos atrás, não foi uma grande ajuda. Em vez de produzir o rápido *tick, tick, tick* que o seu movimento de um lado a outro deveria proporcionar, o meu novo metrônomo tinha um pequeno problema. Um problema que era oposto ao meu. Em vez de apressar o ritmo, o metrônomo parecia fazer uma pequena pausa antes de soar o próximo *tick*. Isso realmente me irritava, e muito!

Pedi que a minha mãe levasse o metrônomo de volta à loja. Eu até mesmo reclamei com o meu professor. Mas as duas fontes me disseram que o metrônomo estava em ordem. Sim, a pausa era um pouco irritante, concordaram, mas a batida estava no tempo certo. Eu precisava me ajustar ao metrônomo, foi o que me disseram, em vez de exigir que ele se ajustasse a mim.

Este é um princípio fundamental da vida, que eu ainda estou tentando aprender — um princípio muito valioso. Porque, por algum motivo, Deus parece gostar muito de pausas. E em nenhuma passagem a sua propensão para a demora é mais evidente do que na história de Lázaro.

A paciência inconveniente do amor

"Você está vendo alguma coisa?" Eu imagino Marta perguntando em voz baixa, ao se unir à sua irmã, na varanda. "Jesus já deveria estar aqui, você não acha?"

Mas Maria não responde. Ela não consegue. Virando-se para o outro lado, para esconder as lágrimas, ela volta para dentro da casa, para ver como está o seu irmão.

"Onde estás, Senhor?", sussurra Marta, perscrutando a estrada poeirenta, procurando sombras no horizonte ou, pelo menos, uma figura solitária que voltasse, trazendo notícias da iminente chegada de Jesus. Mas não há nada — somente um pássaro chamando outro, ao longe, e o sol forte sobre a sua cabeça.

"Onde estás?", resmunga Marta, suavemente. De repente, um forte lamento vem da casa atrás dela, e Marta sabe que seu irmão se foi. Depois de um último olhar desesperado para a estrada, ela corre, para encontrar a irmã caída ao lado da cama de Lázaro, acariciando e beijando sua mão sem vida, com lágrimas correndo pelo rosto.

Por quê? A profunda tristeza nos olhos de Maria amplifica a dor da própria Marta, quando sua irmã pede ajuda para entender. "Por que Jesus não veio?", pergunta ela. "Por que Lázaro teve que morrer?"

Mas não há respostas — nenhuma que faça sentido. Assim, as duas irmãs encontram consolação onde podem. Nos braços uma da outra.

E, em sua dor, encontramos ecos de nossa própria confusão. Bem como perguntas — muitas perguntas!

O que devemos fazer quando Deus não se comporta da maneira como pensamos que Ele deveria se comportar, da maneira como fomos ensinadas que Ele se comportaria? O que devemos sentir quando o nosso Salvador, aparentemente, não aparece, deixando-nos lidar sozinhas com a dor?

Esses momentos difíceis — essas noites sombrias da alma — abalam as nossas convicções e as fundações de nossa fé. O autor Brian Jones escreve sobre esse tipo de crise em seu livro *Second Guessing God*:

> No ano anterior à minha formatura no seminário, eu perdi a minha fé em Deus. Isso não é algo inteligente, devo admitir. Não há muitas igrejas para pastores que são ateus. Mas não pude evitar. A vida estava ficando dolorosa demais. A verdade havia se tornado aberta demais à interpretação... As minhas dúvidas pareciam se empilhar, uma sobre a outra, exigindo minha atenção. Antes que eu soubesse o que havia acontecido, o cheiro de carro novo da minha fé se havia acabado, e me encontrei lutando para resistir.[1]

Depois de ler todos os livros que pôde encontrar sobre a existência de Deus e depois de suportar meses de noites sem dormir, Jones chegou ao ponto de crises de pânico e profunda depressão, tendo até mesmo ideias de suicídio. Certa noite, desvairado, ele telefonou para um ex-professor, que havia sido seu mentor.

"Nos últimos seis meses, a dúvida começou a me paralisar", disse ao homem mais velho. "É como a ocasião em que a água volta ao oceano. A dúvida está solapando a areia debaixo de mim, e os meus pés estão afundando cada vez mais. Se continuar assim, não sobrará nada em que me apoiar".[2]

Em vez de reagir com um sermão sobre a necessidade da fé, o sábio professor reconheceu a luta de Brian, compartilhando até mesmo a sua própria batalha contra a incredulidade. Mas acrescentou estas palavras: "Brian, ouça o que eu digo. Quando o último grão de areia desaparecer, você descobrirá que está apoiado sobre uma rocha".[3]

"Essa única sentença me salvou", escreve Jones. Ela me ajudou a resistir pelo tempo suficiente para acabar redescobrindo a esperança.[4]

Não, as suas dúvidas não foram esquecidas da noite para o dia, mas as palavras do professor proporcionaram luz suficiente para que Jones começasse o caminho de volta para casa, deixando o deserto das perguntas e das peregrinações, e voltando para o único lugar que é verdadeiramente seguro.

O coração de Deus.

Ele me ama?

Em João 11.5,6 vemos este estranho paradoxo: "Jesus *amava* a Marta, e a sua irmã, e a Lázaro. Ouvindo, pois, que estava enfermo, *ficou ainda* dois dias no lugar onde estava" (ênfase minha).

Jesus amava... mas permaneceu onde estava.

Ele amava... mas não apareceu quando era esperado.

Como isso é possível? clama o nosso coração. Isso não faz sentido.

E este é o centro do problema, não é? Porque grande parte da dúvida de amor que sentimos pode ser devida a contradições perturbadoras, nada diferentes da que vemos na história de Lázaro. Inconsistências como as que vivenciou Brian Jones. Dúvidas que corroem os alicerces da nossa fé, e nos deixam em dificuldades, procurando respirar enquanto tentamos manter nossa cabeça espiritual fora d'água.

Tenho certeza de que a tristeza que Maria e Marta sentiram deve ter ameaçado destruir tudo o que elas sabiam e criam a respeito de Jesus. Certamente, isso as abalou.

João 11.20 nos diz: "Ouvindo, pois, Marta que Jesus vinha, saiu-lhe ao encontro; Maria, porém, ficou assentada em casa".

Duas reações diferentes de duas irmãs muito diferentes — e inesperadas. Estranhamente, foi a irmã que antes havia questionado o amor de Jesus ("Senhor, não te importas?", Lc 10.40) que agora foi correndo para encontrá-lo, ao passo que a irmã que se havia sentado aos pés do Mestre, em doce comunhão, permaneceu dentro de casa, paralisada pelo pesar.

Por que você supõe que elas reagiram de maneira tão diferente? Não tenho como ter certeza, mas creio que isso aconteceu porque Marta já havia passado por um teste de fé, ao passo que Maria estava apenas iniciando esse difícil processo (como, em algum momento, todas nós passaremos).

Por mais estranho que possa parecer, pode ter sido o fato de que o Senhor negou tudo o que Marta havia desejado antes no seu relacionamento que permitiu que ela encontrasse aquilo que o seu coração mais necessitava, naquele dia cheio de tristeza.

Em vez de responder com ajuda prática, quando ela pediu mais ajuda na cozinha, Jesus havia simplesmente respondido: "Marta, Marta, estás ansiosa e afadigada com muitas coisas, mas uma só é necessária" (Lc 10.41,42). Com essas palavras, Ele havia exposto o maior problema de Marta — e a sua mais profunda necessidade.

Ela não precisava de mais ajuda na cozinha. Ela precisava de "uma só" coisa — o próprio Jesus. Embora a repreensão dEle deva tê-la magoado, creio que Marta levou a sério as suas palavras. Quando ela se humilhou e aceitou a correção do Senhor, o seu coração pôde aceitar o seu amor. Não é de admirar que ela fosse a irmã que correu pela estrada para encontrar Jesus, depois da morte de seu irmão.

Em algum ponto daquele período anterior de teste, acredito que Marta descobriu três verdades maravilhosas e invencíveis que todas nós precisamos saber. Três fatos sólidos como uma rocha, sobre os quais nós também podemos repousar o nosso coração:

1. Deus é *amor* — portanto, sou amada.
2. Deus é *bom* — portanto, estou salva.
3. Deus é *fiel* — portanto, tudo vai dar certo. Afinal, Deus é incapaz de fazer qualquer coisa que não seja algo maravilhoso.[5]

Marta decidiu confiar no amor de Deus e na sua fiel bondade. Por causa disso, quando vieram momentos difíceis, ela pôde confiar também na sua soberania — no seu direito de fazer o que Ele considerasse melhor, quando e como Ele quisesse fazer.

Foi por isso que ela pôde correr até Jesus, cair aos seus pés e derramar o seu coração, com dor e doce abandono. "Senhor", disse ela, "se tu estivesses aqui, meu irmão não teria morrido. Mas também, agora, sei que tudo quanto pedires a Deus, Deus to concederá" (Jo 11.21,22).

Aqui está a pena da minha vontade, Senhor, era o que Marta estava dizendo. *Escreve o fim da história, pois Tu fazes bem todas as coisas.*

Entregar a pena da minha vontade sempre foi um processo difícil para mim. Sabe, tenho ideias muito boas sobre como deveria ser escrita a minha história, para não mencionar as histórias das pessoas que eu amo. A pequena ajuda do Papai, sempre presente. Ofereço rapidamente a Deus listas de ideias alternativas, caso o meu plano A não esteja de acordo com o dEle. "Não gostas desse, Senhor? Bem, e que tal os planos B, C, D e E? Ora, eu tenho até mesmo um plano Z, se quiseres saber mais detalhes".

Infelizmente, nenhum dos meus planos me levou para mais perto de Deus. Na verdade, sempre aconteceu o contrário.

Enquanto estou ocupada, planejando, o meu Pai pode prosseguir, deixando-me acertar os detalhes sozinha. *Este não era o meu plano, Joanna,* Ele sussurra gentilmente, quando eu por fim clamo o seu nome. *Se quiseres andar comigo, terás que abrir mão do teu itinerário, e confiar no meu.*

Abrir mão — foi a chave para a assombrosa transformação de Marta, e também é a chave para a nossa transformação. Sempre que decidirmos abrir mão de nosso plano e nos submeter ao plano de Deus, permitimos que Ele realize o seu plano em nossa vida. E, o que é mais importante, quando decidimos buscar aquela "uma só coisa", que é conhecer a Cristo, em vez de continuamente decidir fazer as coisas "da nossa maneira", descobrimos as grandes profundezas do seu amor, como Marta descobriu.

Infelizmente, é fácil falar sobre esses conceitos, mas é muito difícil colocá-los em prática.

Em especial quando o cronograma de Deus parece contrário ao nosso.

Quem está seguindo quem?

O meu filho Joshua adora música. De vez em quando, eu o flagro mexendo a cabeça ou se agitando em sua cadeira. "O que você está fazendo, querido?", pergunto.

"Oh, estou só dançando com a música na minha cabeça", responde ele, com um sorriso encabulado.

Que passatempo adorável — para um garotinho. Mas não é um costume tão bom para uma adulta como eu. Porque, como mencionei, a música na minha cabeça com frequência é defeituosa, especialmente no que diz respeito ao ritmo.

Já faz algum tempo desde que toquei piano com um grupo musical de adoração. Essa foi uma experiência traumática para todos os envolvidos, especialmente os pobres bateristas. A minha antecipação da batida tende a converter os músicos mais melodiosos em bombas relógio que fazem *tick, tick, tick* em pura frustração. Assim, na maior parte do tempo, com o desejo de não provocar o pecado nas pessoas, prefiro não participar.

Mas o novo sistema de som da nossa igreja tem engenhosos fones de ouvido que permitem que o baterista bloqueie o som do piano, se necessário, e o pianista aumente o som da bateria, se preferir. Assim, nestes dias, com a ajuda do grupo musical, às vezes eu tento tocar com eles.

A minha tendência de antecipar a batida é tão forte como sempre foi, mas estou aprendendo a tocar respeitando o ritmo, em vez de lutar contra ele,

- aumentando a batida, em meus fones de ouvido,
- entregando o controle para o baterista,
- relaxando no ritmo da música que ele estabelece.

Porque esse é o acordo. Joe, o nosso baterista, tem ritmo. Eu não tenho — a menos que decida seguir a liderança dele.

Estou tentando aprender isso também no meu andar cristão. Se eu acompanhar a batida do Espírito e entregar a Ele o controle da minha vida, conseguirei dançar acompanhando a música que Deus está tocando na cabeça *dEle*, em vez de me mover com as sugestivas melodias que tenho sozinha. Quando permito que o Senhor proporcione o acompanhamento para a minha vida, descubro uma trilha sonora rica e muito mais bonita do que qualquer coisa que eu pudesse compor.

Mas acompanhar o ritmo de Deus, dançar segundo o seu ritmo, confiar na sua soberania — tudo isso pode ser difícil para uma pessoa imperfeita em termos de ritmo, e que adora o controle — como eu. Porque, em resumo, sou uma menina teimosa, que quer fazer as coisas da sua maneira em praticamente todas as áreas da sua vida.

Felizmente, tenho um Pai que me ama, apesar disso. Mas embora Ele me ame como eu sou, também me ama demais para permitir que eu continue sendo assim. Por isso, Ele insiste que eu siga a sua liderança, para "crescer" na minha salvação (1 Pe 2.2), tornando-me mais parecida com Jesus, e menos parecida comigo mesma.

> ## A arte de esperar
>
> Você já sentiu a necessidade de correr à frente de Deus? Ao longo das Escrituras, somos encorajadas a desenvolver a tão importante — e realmente difícil — arte de esperar. Warren Wiersbe partilha conosco três declarações nas Escrituras que o ajudaram a aperfeiçoar a paciência piedosa na sua própria vida — princípios que ele aplica sempre que se sente nervoso a respeito de uma situação e se vê tentado a apressar Deus.
>
> 1. "*Estai quietos* e vede o livramento do Senhor" (Êx 14.13).
> 2. "*Sossega...* até que saibas como irá o caso" (Rt 3.18).
> 3. "*Aquietai-vos* e sabei que eu sou Deus" (Sl 46.10).
>
> "Quando você espera o Senhor, em oração", escreve Wiersbe, "você não está desperdiçando o seu tempo, mas investindo-o. Deus está preparando, você e as suas circunstâncias, para que os propósitos dEle se realizem. No entanto, quando chegar o momento adequado para agirmos pela fé, não devemos ousar demorar".[6]
>
> *Mas os que esperam no Senhor renovarão as suas forças e subirão com asas como águias; correrão e não se cansarão; caminharão e não se fatigarão.*
> Isaías 40.31

E aí há outro problema, porque crescer, minha amiga, pode ser algo difícil.

Ser uma menina crescida

Desde o momento em que nascemos, a nossa tendência é associar o amor com o que outras pessoas fazem (ou não) por nós, e a rapidez com que fazem. Nós aprendemos a nos sentir amadss quando nossas necessidades são satisfeitas — rapidamente.

E isso é apropriado... para os bebês.

Infelizmente, muitas de nós nunca superam essa visão do amor.

Quando clamamos (ou choramingamos criativamente, como eu gosto de dizer), esperamos uma resposta imediata.

"Estou morrendo de sede", digo ao meu marido, concentrado no destino, quando viajamos pela rodovia interestadual em nossas férias.

"Você não está morrendo", responde ele, calmamente (embora, depois de tantos anos de casamento, você imaginaria que ele deve saber que essa não é a resposta que estou procurando).

O que eu quero é que John imediatamente procure a próxima saída e a loja de conveniência mais próxima. *Se ele realmente me amasse,* eu penso (e de vez em quando, comento em voz alta), *ele telefonaria para o lugar, antes de lá chegar, para se certificar de que eles têm o refrigerante diet que eu prefiro, bem como um banheiro quatro estrelas para acomodar a última coisa que engoli.*

Bem, não costumo ser assim tão má... Todavia, infelizmente, às vezes trago o mesmo espírito infantil e exigente para o meu relacionamento com Deus. No entanto, não com tanta frequência como era costumeiro, porque, como o meu marido, o meu Pai celestial provou ser difícil de manipular.

A bênção da dificuldade

De todas as passagens duras da Bíblia, talvez nenhuma seja tão difícil de entender como a reação de Jesus à morte de Lázaro, em João 11.15. "Folgo, por amor de vós, de que eu lá não estivesse", diz Jesus aos discípulos. Mas Ele acrescenta a razão: "para que acrediteis". Jesus sabe que alguns dos maiores e melhores dons da vida vêm embrulhados em desapontamentos, e a fé frequentemente é aprendida melhor no auge da dor. Ouça os pensamentos de Charles Haddon Spurgeon sobre esse versículo:

> Se você quiser arruinar o seu filho, nunca permita que ele conheça uma dificuldade. Enquanto ele for uma criança, carregue-o em seus braços; quando ele se tornar um jovem, ainda continue embalando-o, e quando ele se tornar um homem, ainda cuide dele, sem amamentá-lo, e você conseguirá produzir um tolo completo. Se você quiser impedir que ele seja útil ao mundo, proteja-o de cada tipo de esforço.

> Não permita que ele lute ou tenha dificuldades. Enxugue o suor de seu rosto delicado, e diga: "Querido filho, nunca terás outra tarefa tão árdua". Apiede-se quando ele deveria ser punido; atenda a todos os seus desejos; desvie todos os desapontamentos; evite todos os problemas, e certamente o ensinará a ser um rapaz perverso e a partir o seu coração. Mas coloque-o onde ele deve trabalhar, exponha-o a dificuldades, apresente-o propositadamente a perigos, e, desta maneira, fará dele um homem; e quando ele tiver que realizar o trabalho de um homem e suportar as provações de um homem, estará capacitado para as duas coisas. O meu Mestre não nina delicadamente os Seus filhos, quando eles devem andar sozinhos. E quando eles começam a correr, Ele não está sempre estendendo o dedo para que se apoiem nele, mas deixa que eles caiam de joelhos, porque, então, andarão com mais cuidado, e aprenderão a ficar em pé pela força que a fé lhes confere.
>
> Vocês veem, queridos amigos, que Jesus Cristo se alegrava — alegrava porque os seus discípulos eram abençoados pelas dificuldades. Pense nisso, você que está tão perturbado esta manhã. Jesus Cristo se solidariza com você, mas ainda assim, Ele o faz de maneira sensata, e diz: "folgo, por amor de vós, de que eu lá não estivesse".[7]
>
> *E, na verdade, toda correção, ao presente, não parece ser de gozo, senão de tristeza, mas, depois, produz um fruto pacífico de justiça nos exercitados por ela.*
> Hebreus 12.11

Você percebe, Deus sabe que, se satisfizesse o meu insaciável desejo de ter ajuda instantânea a cada problema que surgisse, eu nunca cresceria. Não verdadeiramente. Em vez disso, eu ficaria emocionalmente inválida, incapaz de ficar em pé sozinha, e muito menos andar.

Amadurecer significa aceitar a gratificação tardia. Tanto crianças como adultos precisam aprender a

- adaptar-se a situações pouco perfeitas,
- esperar pela satisfação de suas necessidades,
- aceitar não apenas atrasos, mas também a recusa daquilo que desejam.

Qualquer coisa aquém disso resultará em divas exigentes e terroristas ainda aprendendo a andar.

"Quando eu era menino", escreve Paulo em 1 Coríntios 13.11, "falava como menino, sentia como menino, discorria como menino, mas, logo que cheguei a ser homem, acabei com as coisas de menino". Deixar a infância para trás, em termos espirituais, envolve, em parte, deixar de lado o nosso conceito equivocado de que, se Deus nos ama, deve agir de acordo com as nossas especificações, os nossos roteiros, e, em particular, os nossos cronogramas.

Por que isso é importante? Considere as palavras de Paulo no versículo 12: "Porque, agora, vemos por espelho em enigma; mas, então, veremos face a face; agora, conheço em parte, mas, então, conhecerei como também sou conhecido".

Quer nos demos conta disso quer não, vemos apenas uma pequena parte de um quadro muito maior. Deus, por outro lado, vê tudo. É por isso que Ele se recusa a operar unicamente de acordo com as nossas recomendações. Embora sejamos encorajados a trazer as nossas necessidades, e até mesmo os nossos caprichos criativos, diante dEle — "cheguemos, pois, com confiança ao trono da graça", com total certeza de que Ele ouve e atende as nossas orações (Hb 4.16) — devemos deixar aos seus cuidados a resposta aos nossos pedidos.

Se quisermos vencer a nossa dúvida de amor, devemos aceitar a realidade de que as respostas de Deus nem sempre são as respostas que estamos procurando. Em vez de dizer "sim" a todos os nossos pedidos, como um pai sensato, Deus com frequência prefere dizer "não".

E, às vezes, como no caso de Lázaro, a sua resposta é... espere um pouco.

Um longo período de espera

Segundo a Bíblia, quando Jesus chegou a Betânia, Lázaro já estava morto havia quatro dias. Por que Jesus decidiu esperar tanto tempo, antes de ressuscitar seu amigo? Alguns estudiosos dizem que Ele fez isso para neutralizar a crença dos judeus de que a alma paira sobre o corpo durante três dias antes de partir.[8] Isso explica por que as famílias enlutadas costumavam postergar o sepultamento — para evitar a improvável, porém trágica, possibilidade de sepultar alguém vivo. Dentro de três dias, a alma talvez ainda pudesse voltar a entrar no corpo. Mas quatro?

Bem, quatro dias significava que não havia mais esperança. Era a hora de seguir adiante.

Assim, a demora de Jesus faz sentido, eu suponho. Mas confesso que me pergunto se realmente era necessário que Jesus submetesse seus amigos a tão dolorosa espera. Será que Ele não poderia ter agido de maneira diferente?

Você poderia fazer a mesma pergunta a respeito de muitas histórias da Bíblia.

Será que era realmente necessário deixar José apodrecendo em uma cela de prisão no Egito por tão longo período? Era mesmo importante que os israelitas peregrinassem no deserto durante quarenta anos, e que Noé ficasse à deriva em meio a um dilúvio, durante meses em um barco que talvez tenha levado um século para construir? Será que eram realmente necessários vinte anos para que Abraão pudesse chegar da promessa às fraldas? Certamente deveria haver métodos mais simples, para não dizer mais rápidos, de cumprir os propósitos de Deus.

Alguém poderia argumentar que muitos dos longos períodos de demora apresentados acima foram provocados pelas próprias pessoas. Se José não tivesse se vangloriado diante de seus irmãos, e se os israelitas tivessem crido em Deus em vez de crer em seus olhos incrédulos, e se Abraão não tivesse tido Ismael, quem sabe como teria sido a trajetória da jornada deles? Afinal, a arca realmente exigiu cem anos para ser construída, ou Noé era apenas um preguiçoso, como eu, com a tendência de considerar uma ordem de Deus mais como um *hobby* do que uma verdadeira carreira?

Não sabemos. Mas a boa notícia que eu encontro, em todas essas histórias, é a verdade espantosa de que, não importa o que aconteça, os planos de Deus sempre acabam dando certo. Apesar de nossos tropeços e trapalhadas, e nossa rebelião direta, o nosso Deus poderoso realizará a sua obra, um dia ou outro.

Embora me pareça que Ele poderia encontrar recursos melhores, Deus decide fazer as coisas, de modo coerente, por seu ou por meu intermédio. Quer obedeçamos de bom grado (ainda que de maneira imperfeita), quer sejamos arrastadas, nos debatendo e gritando, à nossa Nínive particular, por um proverbial peixe grande, "o conselho do Senhor permanecerá" (Pv 19.21).

Mas, por favor, saiba que, embora Deus esteja concentrado nos seus planos, Ele não é insensível à nossa dor. Nós não somos apenas peões em alguma partida celestial de xadrez; nós somos suas filhas... eleitas e amadas (Cl 3.12).

Amadas, na verdade, até as lágrimas.

Lembre-se, Jesus chorou quando estava diante da sepultura de Lázaro (Jo 11.35). Embora os teólogos tenham divergências a respeito do que pode ter causado as lágrimas de Jesus — alguns as atribuem à raiva pelo que o pecado havia causado ao mundo, e outros à falta de fé das pessoas à sua volta — acredito que foi o amor que fez Jesus chorar. Embora Ele soubesse que, em breve, o seu amigo logo andaria para fora da sepultura, perfeitamente bem, completamente vivo, o Senhor ainda pranteou com a família que tanto amava.

Ele sentiu a dor deles, mas o seu próprio coração também estava partido.

O *amor que permanece*

Quando o autor de João 11.6 nos diz que Jesus ficou onde estava, por dois dias, ele usa a palavra grega *meno*. "Essa palavra não apenas significa que Ele ficou — ou tardou — dois dias mais", escreve Jerry Goebel, "mas também significa que Ele *resistiu* dois dias mais. Isso acrescenta grande significado a esse versículo, e nos diz como foi difícil, para Jesus, conter-se e não correr para junto de Lázaro".[9]

Ah, o grande poder de contenção de Deus. Raramente pensamos em como deve ser difícil, para um Pai que tanto ama, refrear-se de correr constantemente em nosso socorro. No entanto, em sua misericordiosa sabedoria, Ele o faz, porque sabe que há um bem maior e um plano melhor em ação.

O próprio Jesus constantemente resistia aos apelos de acelerar o seu trabalho, decidindo, em vez disso, viver de acordo com o metrônomo celestial. Ele se recusou a ser forçado por sua mãe a realizar um milagre (Jo 2.4), e não permitiu que os seus irmãos o convencessem a ir a Jerusalém antes do seu tempo (Jo 7.6-10). Embora o nosso Senhor acabasse fazendo as duas coisas, Ele as fez em conformidade com o cronograma fornecido por seu Pai, e não para atender as vozes incentivadoras e exigentes à sua volta.

Assim, quando Jesus disse aos discípulos: "Lázaro está morto, e folgo, por amor de vós, de que eu lá não estivesse, para que acrediteis" (Jo 11.14,15), Ele estava declarando os seus propósitos, bem como o seu amor. Não é que Ele não se importasse. Ele estava simplesmente mostrando que havia muito mais em jogo do que os seus amigos sabiam. O palco estava sendo preparado para que Jesus fosse crucificado e Deus fosse glorificado. E tudo isso — a tragédia e o triunfo, a tristeza e a alegria — fazia parte do que se tornaria a fundação da sua fé e também da minha.[10]

"*A seu tempo*", escreve Paulo, em Romanos 5.6, "Cristo, estando nós ainda fracos, morreu... pelos ímpios" (ênfase minha). Os eventos que conduziram à cruz não aconteceram cedo demais, nem tarde demais.

A mesma coisa é válida para os eventos da nossa vida, não importando o que possa parecer. Se confiarmos na bondade de Deus e no seu cronograma perfeito e soberano, poderemos dizer, como Davi, "Os meus tempos estão nas tuas mãos" (Sl 31.15). Até mesmo quando a ampulheta parece estar se esgotando, e a espera for nossa maior dificuldade.

Você não pode apressar uma ressurreição, nem pode apressar Deus. Ele tem o seu próprio velocímetro interno, e, por mais que quiséssemos que houvesse, não existe nenhum pedal no qual pisar quando desejamos que Ele se apresse.

No entanto, podemos ter certeza disto: Deus está em ação. Embora tenhamos a impressão de que estamos andando em direção a um funeral, algo maravilhoso está à nossa espera, do outro lado.

Uma vida nova, a quatro dias de sua criação.

Cristo revelado, em você e em mim, e para que todo o mundo possa ver.

Indo além do "por quê"

Um dos mais poderosos testemunhos que já ouvi veio de um homem que nasceu com paralisia cerebral. David Ring é um evangelista e um poderoso comunicador, embora, a princípio, suas palavras sejam difíceis de entender. Quando o ouve atentamente, no entanto, você é atraída a uma mensagem que não é nada menos que transformadora.

"Por quê, mamãe?", David costumava perguntar à sua mãe quando os colegas da escola zombavam dele.

"Por que eu tive que nascer assim?" Embora excepcionalmente brilhante, ele estava preso em um corpo que não lhe obedecia, e era constantemente enganado por uma língua que o fazia gaguejar.

Deus deu a essa doce mãe uma incrível sabedoria, quando ela ensinou ao seu filho que, talvez, *por que* não fosse a melhor pergunta.

"Perguntar 'por que' sempre será como ir até um poço com um balde e voltar com o balde vazio, todas as vezes", respondeu a mãe. Em vez disso, disse ela, a pergunta deveria ser "O que posso me tornar?"[11]

Que conceito poderoso e transformador, para todas nós, especialmente quando caímos nas ciladas da vida e tropeçamos nos seus "por quês". Porque, na verdade, a vida é cheia de perguntas que não têm respostas adequadas.

Por que algumas crianças nascem saudáveis, e outras não?

Por que algumas mães têm que mendigar comida na África subsaariana, ao passo que outras mães, como eu, têm dificuldades para escolher entre prateleiras cheias de comida, nos mercados que há em cada esquina?

Porque algumas pessoas boas e piedosas têm mortes lentas e dolorosas, ao passo que outras, depravadas e indiferentes, desfrutam de vida longa, e acolchoadas com gordas contas bancárias e várias casas para férias?

Por que, às vezes, parece que Deus nos esqueceu?

Essas perguntas atormentaram os autores do Antigo Testamento. "Por que me desamparaste?", clamou o salmista (Sl 22.1). "Por que prospera o caminho dos ímpios?", perguntou o profeta Jeremias (Jr 12.1). E, novamente, "Por que saí da madre para ver trabalho e tristeza e para que se consumam os meus dias na confusão?" (Jr 20.18).

Essas perguntas também atormentavam meu amigo Tom.[12] Tom era um garoto doce, que começou a frequentar a nossa igreja aos 11 anos de idade. A sua mãe, que era viciada, costumava gastar todo o dinheiro do aluguel em bebidas, e Tom vivia com medo de que eles pudessem ser despejados. Durante a sua adolescência, ele ficava conosco de vez em quando.

Embora Tom amasse Jesus, ele lutava com as suas próprias tentações, especialmente com os "por quês" de sua vida difícil. Mas eu nunca me esquecerei daquela manhã em que ele veio subindo as escadas, com seu rosto de 16 anos sorrindo, como somente Tom pode sorrir: "Eu descobri, mama Jo!", disse ele. "Agora eu sei por que a minha vida é como é".

Com um sorriso imenso, ele me estendeu a sua Bíblia e me mostrou o ponto que estivera lendo. Era a história de João 9, em que Jesus curou um homem cego de nascença. Os discípulos (e praticamente todos os demais) supuseram que o pecado — fosse o pecado desse homem cego ou o de seus pais — era o culpado pela deficiência desse homem. Mas Jesus disse outra coisa, e foi isso o que deixou Tom tão entusiasmado.

"Olhe, mama", disse ele, apontando para o versículo, e então apontando para si mesmo, com um sorriso, enquanto líamos juntos o versículo.

"Foi assim para que se manifestem nele as obras de Deus" (Jo 9.3).

Oh, se todas nós tivéssemos a visão para enxergar além do mistério do que somos, para conseguir ver o milagre daquilo que podemos nos tornar. Mas esse tipo de visão vem somente com a entrega. Deixando de lado os nossos desejos e vontades para que possamos viver somente para Deus.

Enquanto isso

Quatro dias é um longo período para esperar uma ressurreição, especialmente quando você sente que não há mais esperanças. Em sentido figurado, você pode estar vivendo naquelas sombrias 96 horas antes do amanhecer, perguntando-se se os 5.760 minutos irão terminar algum dia. Cada um dos 345.600 segundos que constituem a sua espera parece prender o fôlego interminavelmente, como o meu metrônomo defeituoso, deixando você em suspenso, entre a fé e a dúvida. Perguntando a si mesma se a situação da corda dissonante que paira sobre a sua vida será resolvida, algum dia.

Quatro dias é um longo período para esperar, você sabe. Eu suportei essa incessante espera.

Mas acredite, não é tempo perdido.

Embora possamos estar "em tudo atribuladas", Paulo nos lembra, em 2 Coríntios 4.8,9, que não estamos angustiadas. Embora possamos nos sentir "perplexas", não estamos desanimadas. Ainda que sejamos "perseguidas", não estamos desamparadas. Ainda que "abatidas", não estamos destruídas.

Na verdade, o apóstolo — espancado e apedrejado, sobrevivente a três naufrágios — nos lembra de que trazemos "sempre por toda parte a mortificação do Senhor Jesus no nosso corpo, para que a vida de Jesus se manifeste também em nossos corpos" (v. 10).

Você não adora a ironia criativa de Deus? Paulo está nos dizendo que as próprias circunstâncias e eventos que acreditamos que irão nos destruir, aquelas que geram tantos dos nossos "por quês", podem, na realidade, servir como catalisadores para a completa manifestação de Cristo em nossa vida — Jesus revelado mais precisamente em você e em mim. Afinal, como nos lembra 1 Pedro 1.7, essas coisas acontecem "para que a prova da vossa fé, muito mais preciosa do que o ouro que perece e é provado pelo fogo, se ache em louvor, e honra, e glória *na revelação de Jesus Cristo*" (ênfase minha).

Em outras palavras, não se concentre tanto no que acontece com você para não deixar de perceber o que realmente está acontecendo.[13] Se ouvirmos o som de um Baterista diferente e entregarmos o controle de nossa vida à sua amorosa e soberana liderança, nada será desperdiçado.

Nem a espera, nem as nossas perguntas, e nem mesmo a nossa dor, pois quando você não consegue entender a mão de Deus, você pode confiar no coração dEle.

5

Morando em um Sepulcro

> Chegando, pois, Jesus, achou que já havia quatro dias que estava na sepultura. (Ora, Betânia distava de Jerusalém quase quinze estádios.) E muitos dos judeus tinham ido consolar a Marta e a Maria, acerca de seu irmão. Ouvindo, pois, Marta que Jesus vinha, saiu-lhe ao encontro; Maria, porém, ficou assentada em casa. Disse, pois, Marta a Jesus: Senhor, se tu estivesses aqui, meu irmão não teria morrido. Mas também, agora, sei que tudo quanto pedires a Deus, Deus to concederá... Jesus, pois, quando a viu chorar [a Maria] e também chorando os judeus que com ela vinham, moveu-se muito em espírito e perturbou-se. E [Jesus] disse: Onde o pusestes? Disseram-lhe: Senhor, vem e vê. Jesus chorou.
>
> João 11.17-22, 33-35

Nunca esquecerei a minha primeira visita a Nova Orleans, há mais de dez anos. Foi antes da tragédia do furacão Katrina, e a cidade que encontrei estava cheia de vida. Comi beignets (uma espécie de bolinhos fritos) cobertos de açúcar no Café Du Monde, visitei fantásticas lojas de antiguidades, e ouvi músicos tocando na rua todos os tipos de jazz imagináveis. Mas dentre tudo o que eu vi — as mansões anteriores à Guerra Civil, as carruagens puxadas por cavalos, os barcos movidos à roda, com suas gigantescas rodas pacientemente pisando o rio Mississippi — é dos cemitérios que mais me lembro.

Como a cidade está abaixo do nível do mar, sepultamentos normais são impossíveis, na maior parte de Nova Orleans. "Os caixões acabariam voltando à superfície", explicou o guia de turismo, quando passamos por um gigantesco cemitério. "Esta é a razão para os mausoléus, tanto individuais como os maiores, que abrigam famílias inteiras."

Embora o motorista conduzisse o ônibus rapidamente pelo cemitério, a visão foi impressionante, e um pouco perturbadora. Eu não conseguia esquecer a solidão e a tristeza melancólica que pareciam envolver o cemitério, como o musgo espanhol que caía das árvores. E estávamos em plena luz do dia.

Não consigo sequer imaginar como seria visitar um lugar como esse à noite... e muito menos, morar ali.

Morando entre sepulturas

Uma das coisas que mais amo a respeito de Jesus é o fato de que Ele nos busca, onde quer que estejamos. Ele nunca se cansa de se esforçar para nos encontrar, cruzando mares tempestuosos, bem como uma eternidade, para nos tornar seus.

Lucas 8.22 nos diz: "E aconteceu que, num daqueles dias, entrou num barco com seus discípulos e disse-lhes: Passemos para a outra banda do lago". Segundo a narrativa paralela apresentada no Evangelho de Mateus, Ele havia concluído algumas semanas bastante atarefadas. Depois de pregar o Sermão da Montanha para milhares de pessoas (Mt 5—7), Jesus curou um leproso, depois viajou a Cafarnaum, para curar um paralítico e a sogra de Pedro (8.1-15). Naquela mesma tarde, segundo Mateus, "trouxeram-lhe muitos endemoninhados, e ele, com a sua palavra, expulsou deles os espíritos e curou todos os que estavam enfermos" (Mt 8.16).

Foi depois desse cronograma exaustivo que Jesus deu a ordem para atravessar para o outro lado do lago. Mas o que poderia parecer, à primeira vista, uma tentativa de um homem exausto para se afastar de uma multidão que o solicitava, na realidade não era nada disso. Jesus não estava sugerindo uma rota de escape. Ele estava simplesmente prosseguindo e passando para o próximo destino que Deus havia registrado no guia do seu ministério, desde o princípio dos tempos.

Embora uma multidão de pessoas necessitadas continuasse de um lado do lago, Jesus as deixou para atender às necessidades de um indivíduo do outro lado. Uma alma solitária e atormentada, que vivia à margem da civilização. Em um cemitério.

Ouça como Marcos 5.2-5 descreve a cena:

> E, saindo ele do barco, lhe saiu logo ao seu encontro, dos sepulcros, um homem com espírito imundo, o qual tinha a sua morada

nos sepulcros, e nem ainda com cadeias o podia alguém prender. Porque, tendo sido muitas vezes preso com grilhões e cadeias, as cadeias foram por ele feitas em pedaços, e os grilhões, em migalhas, e ninguém o podia amansar. E andava sempre, de dia e de noite, clamando pelos montes e pelos sepulcros e ferindo-se com pedras.

Que retrato triste e lúgubre de uma vida atormentada. E quando o homem viu Jesus, correu e caiu aos seus pés. "Que tenho eu contigo, Jesus, Filho do Deus Altíssimo?", gritou o mais alto que podia. "Conjuro-te por Deus que não me atormentes" (v. 7).

Não é interessante que aquilo que necessitamos é, com frequência, a última coisa que queremos? Aqui estava um homem que vivia rodeado pela morte. No entanto, quando encontrou o Senhor da vida, a Única Pessoa que poderia libertá-lo, não pediu ajuda. Em vez disso, a autopreservação foi a sua primeira reação. "Que tenho eu contigo? Não me atormentes."

Agora eu percebo que foram os demônios que estavam no homem que disseram essas palavras. No entanto, penso que é importante perceber que Satanás frequentemente usa os mesmos argumentos para impedir que nos rendamos à obra de Deus em nossa vida. *Será doloroso demais*, sussurra ele. *Por que Ele não deixa você em paz? Você é um caso sem esperança.*

É muito mais fácil continuar na sua servidão, sugere ele. *Você passeia pelo cemitério do seu passado, noite e dia, tentando encontrar respostas. A sua mente é atormentada, enquanto você se mutila, tentando esquecer a dor. Você não consegue dormir, e às vezes chora, incontrolavelmente. Mas é muito menos doloroso do que aquilo que Deus tem reservado para você*, insinua o Enganador. *Quem sabe o que Deus poderia obrigar você a fazer, se você permitisse que Ele o libertasse?*

Isso parece familiar? Sei que é familiar para mim, pois muitos de nós passamos mais tempo entre as sepulturas do que nos preocupamos em admitir.

Preso entre a vida e a morte

Segundo estudiosos, não era incomum que os pobres ou os loucos morassem nas sepulturas em Israel. Os cemitérios eram, às vezes, os únicos lugares em que os excluídos poderiam encontrar abrigo.[1]

Escavadas em colinas ou diretamente no chão, muitas sepulturas, na época de Jesus, consistiam de duas câmaras. A primeira, às vezes chamada vestíbulo, tinha um assento simples de pedra, ao passo que a câmara interior continha um ou mais nichos escavados onde o corpo era colocado.² Depois de um ano, esperando o processo de decomposição do corpo, os ossos seriam colocados em um ossuário, uma caixa de pedra, desta maneira deixando a sepultura disponível para quando falecesse outro membro da família.³

Suponho que os excluídos deviam fazer o seu lar no vestíbulo. Ele servia como um tipo de meio termo — um lugar protegido dos elementos e ainda não o lugar da morte.

Mágoas, preocupações e hábitos

O programa Celebrate Recovery cunhou a expressão "mágoas, preocupações e hábitos" para descrever as coisas que nos afastam da verdadeira liberdade.

Considere estas três categorias (as definições são minhas). Peça que o Espírito Santo revele qualquer coisa que possa estar agindo como uma fortaleza na sua vida.⁴

Mágoas
(coisas dolorosas que nos aconteceram)

São eventos que continuamos revivendo, situações que nos definiram. O que quer que nos tenha magoado tem a capacidade de nos manter presos. (Exemplos: traumas, maus tratos, abandono, luto, fracasso)

Preocupações
(bloqueios mentais e barreiras emocionais que provocam atitudes e padrões de comportamento pouco saudáveis)

Essas coisas afetam a maneira como respondemos a experiências e como agimos com as pessoas. Frequentemente são motivadas pela ira. (Exemplos: tendência passivo-agressiva, mania de agradar outras pessoas, raiva, intolerância)

> **Hábitos**
> (vícios e comportamentos compulsivos que procuramos tão com tanta frequência que passam a ser parte de nós)
>
> Quer o hábito seja basicamente *físico*, quer *emocional*, ficamos impregnados com ele, por meio da repetição e sujeitos a um controle que nos julgamos impotentes para vencer. (Exemplos: alcoolismo, vício em drogas, distúrbios alimentares, gastos excessivos, pornografia)
>
> *Porque restaurarei a tua saúde e sararei as tuas chagas, diz o Senhor.*
> Jeremias 30.17

Infelizmente, essa "câmara intermediária" descreve o lugar onde muitos moram, metaforicamente falando. Pairando entre a morte e a vida, aceitamos o Senhor como nosso Salvador, mas ainda temos que entrar na plenitude da vida que Cristo veio nos dar. Em vez disso, estamos hibernando no escuro, presos por nossas mágoas, preocupações e hábitos.[5] As dolorosas lembranças das quais não conseguimos nos livrar. As atitudes que nos limitam. Os mecanismos de cópia a que continuamente recorremos, embora nos levem a qualquer lugar, exceto o coração de Deus.

"Fortalezas", é como a Bíblia os chama (2 Co 10.4). E é um bom nome, pois verdadeiramente exercem forte controle sobre nós.

O que pode explicar a inércia espiritual que aparentemente muitos cristãos sentem. Segundo a pesquisa REVEAL realizada em igrejas pela Willow Creek Association, mais de 20% dos entrevistados foram honestos o suficiente para admitir que se sentiam "empacados" em seu andar com Deus. Embora eles não estejam necessariamente recuando de sua fé, percebem que não estão progredindo. E isso os preocupa. E realmente deveria preocupar.[6]

Se desejamos receber vida abundante em Jesus, devemos dar a Deus o acesso a toda e qualquer coisa que nos mantém afastados, incluindo os esqueletos em nossos armários e os cantos escuros de nossa mente. Afinal, Ele quer nos ajudar com a "destruição das fortalezas... e toda altivez que se levanta contra o conhecimento de Deus" (2 Co 10.4,5).

Nós somos sepulturas

Pode parecer um pouco estranho pensar que os crentes podem ainda habitar sepulturas. Mas eu penso que todos nós já sentimos a intensa dificuldade de nos livrar do nosso "velho homem" para podermos receber o "novo homem" de que Paulo fala em Efésios 4.22-24. Fortalezas são simplesmente aqueles lugares em nós em que o pecado e o "velho homem" estabeleceram uma base de tal poder que nos sentimos impotentes para escapar ao seu controle. Amamos Jesus, mas permanecemos enfiados em nossas câmaras intermediárias, incapazes de viver livres.

Assim, onde você se sente estagnado, em seu andar cristão?

Qual é a mágoa que a mantém emocionalmente limitada, congelada em um ponto além do fracasso ou da dor?

Qual é a preocupação que continua enganando você, e capturando-a na cilada repetidas vezes?

Qual é o hábito ou comportamento que a controla, fazendo com que se sinta perpetuamente derrotada e continuamente destruída? (Veja o Apêndice D: "Identificando Fortalezas").

Acho interessante que, em grego, a raiz da palavra para "sepulturas" significa "relembrar".[7] E não é verdade que a maioria de nossas fortalezas tem origem em nosso passado? Quer seja por causa de uma experiência muito antiga ou um arrependimento da tarde de ontem, muitas de nós passamos pela vida com dor e raiva ou culpa e condenação pairando sobre cada movimento.

De certa forma, somos como o homem atormentado de Marcos 5. Nós vivemos em cemitérios cheios de lembranças. Peregrinando pela vida, em luto perpétuo pelas coisas que fizemos e pelas coisas que foram feitas a nós. Podemos nos esforçar ao máximo para superar os enganos e arrependimentos, as mágoas e os desapontamentos, mas, sem Deus, é difícil escapar ao ciclo de vergonha e autodepreciação que deixa o nosso "pecado... sempre diante" de nós (Sl 51.3). Infelizmente, o mecanismo de cópia que adotamos para administrar a nossa dor somente reforça as fortalezas em nossa alma.

Por isso Paulo orou para que pudéssemos ser santificados e conservados irrepreensíveis "plenamente" — espírito, alma e corpo (1 Ts 5.23). Embora Cristo tenha sido entronizado em nosso espírito, há reinos em nossa alma que ainda não receberam as Boas-Novas. Lugares em nossa mente, vontades e emoções que devem ser trazidos sob o controle do Senhor.

Porque qualquer lugar de nossa vidas em que Satanás se sinta relativamente confortável é uma fortaleza da qual precisamos nos libertar. Uma sepultura que Deus quer abrir.

Quer você lute para escapar de uma sepultura que você mesma criou ou uma que lhe foi imposta por forças externas, posso lhe dizer que toda e qualquer fortaleza em sua vida se originou do próprio inferno. Não é o fato de que Satanás não goste de você. Ele simplesmente despreza Deus. Ele fará qualquer esforço para ferir, magoar e entristecer o coração do Pai. Porque você, amada irmã, é a menina do olho de Deus (Zc 2.8). É o seu reflexo que Satanás vê todas as vezes que olha para o coração de Deus. Não é de admirar que, no momento em que você nasceu, ele estudou você, para determinar — e mirar — seus pontos fracos.

Você é tímida, por natureza? Bem, então, o inferno se certificará de que você seja regularmente humilhada, para reforçar o seu medo das pessoas. Você tem tendência à preocupação e à ansiedade? O inferno se certificará de que tudo e todos pareçam estar contra você. Você luta contra o orgulho e a ira? O inferno se certificará de que as pessoas saibam como afetá-la — e farão isso, com grande frequência.

Você pergunta por que o Inimigo da sua alma faria todo esse esforço? Como escrevi em um livro anterior, estou convencida de que Satanás não está, de maneira alguma, tão preocupado em perder você do seu reino como está empenhado em impedir que você seja eficaz no Reino de Deus. Ele tem tantos métodos diferentes quanto há indivíduos, mas o seu único objetivo é conter e restringir você. Sepultá-la, para que possa consumir você. Encarcerá-la com tantas mentiras, inseguranças e sentimentos de culpa por não ser aquilo que Deus, em suas dádivas e bondade, pretendeu para a sua vida, e que permanece como algo que ainda não foi descoberto. Bem envolvido em bandagens e esquecido, em um canto.

Como ele faz isso? De dúvida em dúvida, de insulto a insulto, Satanás coloca binóculos ao contrário, diante de nossos olhos, e distorce o nosso valor e o nosso potencial, até que nos esqueçamos de incluir Deus em nossa vida, e em cada uma de nossas situações. A situação permanecerá a mesma até que, como os israelitas, digamos, "éramos aos nossos olhos como gafanhotos e assim também éramos aos seus olhos" (Nm 13.33), em uma menção aos olhos dos inimigos.

Alegremente, o Acusador faz costuras apertadas em nossa alma, tentando nos redefinir, circundando-nos com pontos tão pequenos e apertados que diminuem nossa vida e desmantelam a nossa fé. *Isto é o que você é,* sussurra ele, ao cortar a linha. *Isto é tudo o que você poderá ser,* é o que ele diz, virando-nos do avesso para esconder alguma sobra de tecido, enquanto cria nossa mortalha. Fazendo o melhor que pode para nos convencer de quão pequenos ele diz que somos.

Lutando pela vida

Não faz muito tempo, recebi uma carta de uma leitora preocupada. Embora gostasse dos meus livros, ela achava que eu dava crédito excessivo ao Diabo. Será que eu não sabia que Jesus havia vencido Satanás quando ressuscitou dos mortos?

Eu escrevi a ela e lhe assegurei que, sim, eu sabia. Na verdade, o triunfo de Jesus sobre Satanás é a pedra fundamental da minha fé. Sei que Cristo não venceu apenas a morte com a sua ressurreição. Ele também demoliu as obras de Satanás e o humilhou completamente no processo. A versão Almeida Revista e Corrigida descreve o evento vitorioso de uma maneira extremamente bela: "Despojando os principados e potestades, [Cristo] os expôs publicamente e deles triunfou em si mesmo" (Cl 2.15).

Em outras palavras, Satanás não tem poder algum sobre você ou sobre mim.

Mas, por favor, querida amiga, não se surpreenda quando ele tentar convencê-la do contrário.

Embora o destino supremo do Diabo e a sua destruição final tenham sido pré-determinados, ele ainda está fazendo todo o possível para provocar problemas. Em 1 Pedro 5.8 lemos: "... o diabo, vosso adversário, anda em derredor, bramando como leão, buscando a quem possa tragar". A obra de Cristo na cruz tirou os dentes e as garras desse leão, mas ele ainda urra e ronda por essa terra, procurando maneiras de intimidar os filhos de Deus.

Rick Renner assim descreve isso, em seu excelente livro devocional *Sparkling Gems from the Greek* (Pedras Preciosas do Grego).

> Devido à morte de Jesus na cruz, e à sua ressurreição, as forças do inferno *já* foram derrotadas. No entanto, embora elas tenham sido legalmente despidas de sua autoridade e poder, continuam a pe-

rambular por esta terra, realizando obras perversas, como criminosos, bandidos, vândalos, desordeiros e assassinos. E, como criminosos que se recusam a obedecer à lei, esses maus espíritos continuarão a operar neste mundo, até que algum crente use a sua autoridade, dada por Deus, para impor a sua derrota![8]

Quero aprender como usar essa autoridade. Não quero viver como escrava de um tirano que não mais tem o direito de me menosprezar e aterrorizar, atormentando-me com a culpa e a dúvida em mim mesma. Estou cansada de dar ao Diabo mais tempo na programação da minha mente do que dou ao Espírito Santo.

Minha amiga Kathy deixou de dar ouvidos a Satanás há muitos anos, e a mudança em sua vida tem sido maravilhosa. Relativamente tímida, por natureza, quando criança ela havia deixado que a zombaria dos colegas de escola a convencessem de que era melhor que ela ficasse quieta. Realmente quieta. A tal ponto que Kathy se tornou um papel de parede profissional. Sempre parecendo introspectiva, ela mal falava e raramente participava na escola. Mesmo depois de dedicar a sua vida a Cristo e se envolver em um ministério, ela estava sempre nos bastidores. Ela era a abelha operária. Alguma outra pessoa poderia ser a rainha.

Mas quando Kathy começou a estudar a Palavra, o Espírito Santo começou a iluminar a sua vida, ajudando-a a enxergar a si mesma de maneira diferente. Ela acabou percebendo que estava vivendo pela metade desde a tenra infância, estagnada durante décadas em uma câmara de medo e rejeição. Quando Kathy reconheceu a necessidade que tinha de uma cura, Deus começou a criar uma coragem dentro dela que criou uma pequena corrente de esperança. Talvez, apenas talvez, pudesse haver vida além da sepultura em que ela se havia alojado.

Tem sido a minha alegria pessoal observar minha amiga sair da sua sepultura, como uma bela borboleta deixa um casulo. Não mais nas sombras, Kathy ministra estudos bíblicos para mulheres, e serviu como diretora do ministério feminino para a nossa antiga igreja, como coordenadora e mestre de cerimônias em vários eventos importantes.

Tudo porque ela deixou de cooperar com os esforços de Satanás de envolvê-la em bandagens, encerrá-la e tirá-la da vida que Deus tencionou que ela vivesse.

A vida em uma sepultura — o que há nela para você?

Ao escrever estas palavras, tenho uma caixa de madeira diante de mim. Aproximadamente 18 centímetros de altura e 33 centímetros de lado, ela tem uma bela cor de avelã. É muito bonita. O mero fato de olhar para ela me lembra de uma epifania que eu tive, quando a usava em uma conferência para esposas de pastores há muitos anos.

"Cada uma de nós tem tanto potencial", eu disse às mulheres, segurando a caixa, "muitos dons que Deus quer partilhar com o mundo. Quando lhe damos acesso a cada parte do nosso coração, o Espírito Santo faz com que nossa vida se abra a todas as possibilidades que Deus colocou dentro de nós". Para mostrar essa verdade, projetei a caixa de maneira que os lados se abrissem. Eu mostrei a caixa para as mulheres, completamente aberta e disponível, pronta para exibir qualquer tesouro que estivesse colocado no seu interior.

"Mas Satanás também está ciente do nosso potencial", acrescentei. "Ele não mede esforços para impedir que nos abramos. Na verdade, ele fará o que for necessário para destruir os planos de Deus e obscurecer os propósitos dEle para nós".

Com essas palavras, comecei a fechar a caixa que estava aberta diante de mim.

"Satanás quer prender vocês...". Puxei dois lados para cima. O som de madeira contra madeira percorreu a sala.

"Ele quer excluir vocês...". Coloquei dois outros lados no lugar.

Então, tomando a tampa, fechei a caixa com estrondo. "Ele quer trancar vocês".

Com a força da tampa que caía, um pequeno tremor percorreu a sala — e também nosso coração. Cada uma de nós havia sentido o impacto dos esquemas de Satanás em alguma ocasião.

O som era particularmente familiar para mim, porque eu havia acabado de atravessar um período difícil no ministério. Um período marcado por dolorosos mal entendidos e sentimentos de profunda traição. Eu conhecia a sensação de estar excluída, fechada no interior da minha sepultura.

Mas, no fim daquela noite, quando olhei para a caixa, no meu quarto de hotel, repentinamente percebi outra coisa.

Havia uma parte de mim que *gostava* da sepultura.

Eu me sentia segura ali, cercada por paredes de autopiedade. A tampa da ofensa prometia me proteger de tudo o que havia causado a dor. Embora eu tivesse me esforçado para perdoar e seguir em frente, ainda havia momentos em que preferia o abrigo da sepultura à plena luz do dia.

Destronando mentiras

Muitos acreditam na mentira de que somos impotentes para encontrar a verdadeira liberdade. A nossa escravidão parece forte demais, e as mentiras, intensas demais. No entanto, o emprego regular destes quatro princípios poderosos traz a presença do Espírito Santo para *nos* libertar:

Revele. Peça que Deus lhe mostra a área (ou as áreas) em que você está presa. Qual é a fortaleza que está impedindo você de vivenciar a liberdade? Qual mentira se exaltou acima do conhecimento de Deus? Não tente entender isso sozinha. Peça a ajuda do Espírito.

Arrependa-se. Peça que Deus perdoe as ocasiões em que você buscou refúgio na sua fortaleza, e não nEle. Peça que o Espírito Santo tome o seu pecado e as mentiras que o acompanham e remova tudo isso de você, "quanto está longe o Oriente do Ocidente" (Sl 103.12).

Renuncie. Renuncie reverentemente a qualquer autoridade que você possa ter recebido de Satanás, aceitando a sua fortaleza em vez de Deus. Mencionando cada pecado em voz alta, renuncie à sua ligação com a mentira ou o comportamento, devolvendo a autoridade nessa área a Jesus Cristo.

Substitua. Procure passagens nas Escrituras que dizem respeito à sua fortaleza ou à mentira em que você acreditou. Escreva-as e coloque-as onde você possa lê-las várias vezes por dia. Memorize e cite esses versículos sempre que você sentir que a mentira está tentando retomar o poder.

Por favor, perceba que não estou esquematizando quatro passos fáceis para curar as suas mágoas, preocupações e hábitos. As fortalezas podem ter um componente físico ou espiritual, de modo que o processo de libertação pode ser extenso e complicado. Alguns (em

> particular, os vícios) podem exigir um período significativo de tempo para a recuperação, bem como ajuda externa, como aconselhamento profissional, grupos de apoio, oração de intercessão e outros.
>
> *As armas da nossa milícia não são carnais, mas, sim, poderosas em Deus, para destruição das fortalezas.*
> 2 Coríntios 10.4

É isso o que torna as sepulturas tão atraentes. Elas deixam do lado de fora tudo aquilo com que não queremos lidar. Elas nos isolam da dor.

Ou assim pensamos.

E isso é o que o Enganador promete, iludindo-nos e levando-nos a crer que as nossas sepulturas nos oferecem duas coisas vitalmente importantes, sem as quais não podemos viver:

1. *Identidade* — um endereço que define quem somos e o que aconteceu conosco.
2. *Segurança* — uma sensação de proteção de forças externas.

Que bobagem! Qualquer identidade ou segurança que possamos encontrar em nossas fortalezas é uma ilusão — e perigosa. Embora possa ser assustador pensar em viver fora de nossas sepulturas, se quisermos a liberdade que Jesus nos oferece, é um risco que temos que correr.

O que nos traz de volta ao ponto em que começamos este capítulo.

A história do homem possuído por demônios, que morava em um cemitério.

O que Jesus pode fazer com as nossas sepulturas

Você não se sente feliz porque Jesus não é ameaçado pelas nossas sepulturas? Na verdade, Ele parece não medir esforços para encontrá-las. O que foi exatamente o que aconteceu, quando Ele se afastou da multidão que estava na margem do mar da Galileia. Depois de entrar em um barco, Ele e os seus discípulos começaram a cruzar o lago que os separava de um homem em desesperada necessidade.

No caminho, foram surpreendidos por uma violenta tempestade, que ameaçou suas vidas. (Não é interessante como todo o inferno tenta se soltar pouco antes de um dos maiores progressos de Deus?) Mas o mesmo poder que acalmou a tempestade logo acalmaria um homem atormentado.

Veja o que aconteceu quando Jesus chegou à praia, pois o encontro que se seguiu pode nos ensinar algumas coisas sobre o que Deus é capaz de fazer quando lhe damos acesso às nossas vidas que habitam em sepulturas.

A primeira coisa que aprendemos com a narrativa do Evangelho é que o homem endemoninhado saiu ao encontro de Jesus e "prostrou-se diante dEle" (Lc 8.28). Embora os demônios dentro dele devessem estar gritando para que o homem fugisse do Filho de Deus, ainda assim, ele foi ao encontro de Jesus; isso realmente é uma boa notícia. Isso nos diz que, ainda que o Inimigo de nossa alma possa fazer enormes esforços para nos separar de Jesus, ele é impotente para nos manter afastados se decidirmos vir até Ele.

Na verdade, a partir desse versículo, podemos concluir que, quando nos inclinamos diante de Cristo, Satanás também é forçado a se inclinar. Você não gosta disso?

Em segundo lugar, essa história esmaga o mito de que as nossas sepulturas — as fortalezas que o demônio usa para nos manter cativas — oferece qualquer coisa remotamente parecida com a nossa verdadeira identidade.

Quando Jesus perguntou ao homem: "Qual é o teu nome?" (Lc 8.30), os demônios foram os primeiros a falar, identificando-se, em vez de permitir que o homem falasse. Foi como se o pobre homem nem existisse.

Não é isso o que acontece com as nossas fortalezas? Em algum lugar, no nosso cativeiro, nós deixamos de ser nós mesmas e passamos a ser apenas os nossos problemas. Definidas apenas por nossas mágoas, preocupações e hábitos, nós usamos uma lápide como um crachá.

Adúltera! grita a lápide. *Glutona!* triunfa ela. *Maltratada, traída e abandonada,* declara.

Mas acima da cacofonia de vozes condenadoras e degradantes, por favor, ouça o que o nosso Pai celestial diz, a respeito de você e de mim: "Não temas, porque eu te remi", diz o Senhor, em Isaías 43.1. "Chamei-te pelo teu *nome;* tu és meu."

Em outras palavras, não dê ouvidos a rótulos. Ouça o seu Deus. Você é sua filha. Ele conhece de memória o seu nome: "Eu, todavia, me não esquecerei de ti. Eis que, na palma das minhas mãos, te tenho gravado" (Is 49.15,16).

Não é o seu pecado, mas o amor de Deus, que marca e define você aos olhos dEle.

E não é a sua sepultura, mas o lugar que Deus preparou para você, no coração dEle, que oferece a verdadeira segurança.

O supremo sistema de segurança

"Quando passares pelas águas, estarei contigo", promete o Senhor, em Isaías 43.2,5. "Quando passares pelo fogo, não te queimarás... Não temas, pois, porque estou contigo."

Isso é o que eu chamo de proteção! E isso é o que encontramos quando trocamos a nossa existência de sepultura por uma morada no coração de Deus. Embora Satanás possa bufar e espumar de raiva, e tentar destruir nossa vida, não terá sucesso, pois habitamos "no esconderijo do Altíssimo" (Sl 91.1).

Segundo os Evangelhos, o homem atormentado que correu ao encontro de Jesus não tinha vivido uma vida normal por muito tempo. Lucas nos diz que ele havia deixado de usar roupas e corria nu, entre os sepulcros. Marcos escreve que o homem se cortava com pedras, clamava dia e noite, e escapava de todos os esforços para confiná-lo com correntes.

Esse é o maravilhoso sistema de segurança de Satanás. Parece segurança para você? É claro que não. No entanto, muitas de nós acreditamos nos astutos anúncios do Inimigo, que nos dizem que estaríamos em melhor condição se ficássemos em nossas sepulturas sombrias e malcheirosas do que confiando em Deus e saindo para a luz. Algumas de nós estão tão acostumadas a morar em sepulturas que fizemos grandes esforços para torná-las confortáveis.

Instalando televisões de plasma de 60 polegadas e internet de banda larga, para fingir que não estamos sozinhos.

Não podemos sequer imaginar deixar nossas fortalezas, e muito menos demoli-las. Todavia, quanto mais ficamos presas à sepultura, mais estagnadas nos tornamos.

Já aconselhei um número suficiente de pessoas magoadas para ver, em primeira mão, o cruel tormento mental que acontece quando amamos nossas sepulturas mais do que desejamos a nossa liberdade. Também já vi a ineficácia de confiar totalmente no esforço humano para acorrentar e conter a nossa dor. A nossa natureza inferior inevitavelmente encontra uma maneira de superar todos os esforços para restringir a nossa tendência autodestrutiva. Tanto os nossos próprios esforços como os de outras pessoas.

A verdade é que precisamos de algo mais que restrição; precisamos de uma ressurreição. Não mais correntes para controlar nossa natureza inferior. Não mais listas de "faça-não faça" para nos adequar à sociedade. Embora elas ainda possam nos subjugar, por algum tempo, do que realmente necessitamos é de uma verdadeira transformação, de alto a baixo! E, para isso, precisamos de Jesus. "Se, pois, o Filho vos libertar", promete João 8.36, "verdadeiramente, sereis livres".

Adoro a maneira como Lucas descreve o resultado da obra do Senhor, naquele dia, no cemitério. Depois de lançar os espíritos malignos sobre uma manada de porcos, repentinamente suicidas, as pessoas das redondezas vieram para ver o que havia acontecido. Elas encontraram o homem, Lucas 8.35 nos diz, "vestido e em seu juízo, assentado aos pés de Jesus".

Isso não é maravilhoso? O homem nu e descontrolado que antes era temido agora estava sentado, calma e pacificamente, aos pés de Jesus, completamente vestido. Não mais insano e sem demonstrar o menor desejo de continuar convivendo com os mortos. Esperando, em vez disso, seguir Jesus todos os dias de sua vida (v. 38).

Esse é o tipo de mudança de vida que eu quero, o tipo de identidade e segurança que desejo. Quero ser tão transformada pelo meu Salvador que a minha nudez se vista e a minha mente se torne completamente sã. Quero que a minha vida seja um testemunho, tão cheia de Jesus, que eu esteja completamente deslocada entre as sepulturas.

"Torna para tua casa", Jesus disse ao homem, "e conta quão grandes coisas te fez Deus" (v. 39).

O que foi exatamente o que fez esse homem, antes possuído, e agora obcecado por Cristo! Ele não somente foi para a sua própria cidade, como também visitou Decápolis (Mc 5.20), levando as Boas-Novas do evangelho a uma região em que havia muitas cidades, uma região de gentios, muito afastados das coisas de Deus.

Um encontro com Jesus havia transformado a sua lápide em uma pedra erigida de graça — como as pedras memoriais que o povo de Israel erigiu depois de cruzar o rio Jordão (Js 4.8,9). Um testemunho visível do poder de Deus de salvar, curar e libertar.

Esse tipo de testemunho pode também ser meu, e seu, se apenas decidirmos correr ao encontro de Jesus, em vez de nos deter e nos esconder em nossas sepulturas.

Vem e vê

"Onde o pusestes?", perguntou Jesus a Marta e Maria, em meio às suas lágrimas (Jo 11.34).

"Senhor, vem e vê", foi a resposta. Então, juntos, foram à sepultura de Lázaro.

Ou, como eu gostaria que pudéssemos captar a imensidão e emoção desse terno diálogo, e o que ele significa para nós hoje.

Onde pudeste a tua dor? Jesus nos pergunta ternamente. *Onde guardas todas as tuas esperanças e sonhos despedaçados? Onde colocaste aquela tua parte que morreu, quando fracassaste ou foste abandonada, esquecida, traída? Onde estás sepultada, escravizada, trancada e isolada?*

Senhor, vem e vê.

Esta é a única resposta que precisamos dar. Vem e vê.

Com o convite, Jesus desce e entra na nossa dor, e nos toma em seus braços. Ele não nos critica por aquilo que enfrentamos, nem insiste que expliquemos a morte que agora lamentamos. Ele nos abraça e chora pelo que o pecado e a morte fizeram a nós, suas amadas.

Ele não olha com altivez para a nossa nudez, porque Jesus entende. Ele andou onde nós andamos, e sentiu o que sentimos.

"Porque não temos um sumo sacerdote que não possa compadecer-se das nossas fraquezas", nos diz Hebreus 4.15. Nós temos um terno Salvador, com um coração grande o bastante para lidar com a nossa tristeza, e mãos gentis, capazes de carregar a nossa dor. "Não esmagará a cana quebrada", promete Mateus 12.20, "e não apagará o morrão que fumega".

Assim, não precisamos nos deter. Podemos correr ao encontro dEle, como fez o homem que vivia entre as sepulturas. Não precisamos superproteger nem pesar nossas palavras. Podemos ser corajosas — até mesmo desesperadas, como Maria e Marta — e derramar o nosso temor e desapontamento diante dEle. "Senhor, vem e vê", podemos dizer, sabendo, com total certeza, que Ele virá e verá.

E, por causa disso, todo o inferno treme. Satanás e os seus demônios veem o que nós não vemos, e eles sabem o que nós ainda não podemos perceber completamente: A vitória já foi conquistada. A pedra foi rolada, e o sepulcro está vazio — não somente o de Cristo, mas também o nosso. Pois o pecado não terá domínio sobre nós (Rm 6.14).

Mas ainda temos que decidir onde iremos morar. Será a familiaridade do cemitério, ou uma nova vida em Cristo, por mais assustadora que possa parecer? Escolheremos a servidão ou a liberdade?

De certa forma, a decisão é nossa, pois a obra de ressurreição já foi concluída. "[Sou] o que vive", declara Jesus, em Apocalipse 1.18. "Fui morto, mas eis aqui estou vivo para todo o sempre. Amém! E tenho as chaves da morte e do inferno."

O que significa, é claro, que Ele tem a capacidade de abrir a sua sepultura e a minha. Agora mesmo, Ele está do lado de fora de nossas fortalezas, as nossas sombrias e solitárias câmaras. Chamando com uma voz que é como um terno trovão, Ele desafia, a você e a mim.

"Lázaro, vem para fora... e vive!"

6

Tirai a Pedra

Ouvindo, pois, Marta que Jesus vinha, saiu-lhe ao encontro; Maria, porém, ficou assentada em casa.
Disse, pois, Marta a Jesus: Senhor, se tu estivesses aqui, meu irmão não teria morrido.
Mas também, agora, sei que tudo quanto pedires a Deus, Deus to concederá.
Disse-lhe Jesus: Teu irmão há de ressuscitar.
Disse-lhe Marta: Eu sei que há de ressuscitar na ressurreição do último Dia.
Disse-lhe Jesus: Eu sou a ressurreição e a vida; quem crê em mim, ainda que esteja morto, viverá;
e todo aquele que vive e crê em mim nunca morrerá. Crês tu isso?
Disse-lhe ela: Sim, Senhor, creio que tu és o Cristo, o Filho de Deus, que havia de vir ao mundo...
Jesus, pois, movendo-se outra vez muito em si mesmo, foi ao sepulcro;
e era uma caverna e tinha uma pedra posta sobre ela.
Disse Jesus: Tirai a pedra. Marta, irmã do defunto, disse-lhe: Senhor,
já cheira mal, porque é já de quatro dias.
Disse-lhe Jesus: Não te hei dito que, se creres, verás a glória de Deus?

João 11.20-27, 38-40

Mal posso imaginar como isso deve ter sido. Diante da sepultura, esperando o melhor, mas temendo o pior, Maria e Marta deviam estar de mãos dadas e olhando, uma para outra, com uma mistura de medo e espanto.

"Tirai a pedra", Jesus havia ordenado (Jo 11.39). Embora Marta desejasse obedecer, o seu lado prático não pôde impedir que ela apontasse um problema com o plano. "Já cheira mal", disse ela. A versão King James é ainda mais direta: "Já fede". Depois de quatro dias de calor da Judeia e a decomposição natural do corpo humano — bem, abrir a sepultura não prometia ser uma experiência agradável.

Por que Jesus desejaria fazer isso? ela deve ter se perguntado. Talvez Ele desejasse prestar suas últimas homenagens. Talvez Ele quisesse ver seu querido amigo uma última vez, mesmo na morte.

Mais cedo, no mesmo dia, quando eles haviam conversado na estrada, Jesus havia prometido que o seu irmão ressuscitaria. Mas Ele não quis dizer que isso aconteceria hoje, não é?

Agora mesmo?

Mas era exatamente isso o que o Senhor tinha em mente no versículo 40. "*Não te hei dito que, se creres, verás a glória de Deus?*", perguntou Jesus a Marta, olhando intensamente em seus olhos. E, naquele momento, era necessário tomar uma decisão.

Marta obedeceria a Jesus?

Ou o risco de revelar o que estava por trás da pedra seria grande demais para suportar?

O papel que temos de desempenhar

Obedecer ou não obedecer — esta é a questão que enfrentamos continuamente em nossa caminhada cristã. Alguns dias é fácil obedecer; mas, em outros, é praticamente impossível. Em especial quando Deus nos pede que façamos algo que não faz sentido para nós.

Algo como abrir uma sepultura.

Jesus não tinha que esperar que os que estavam à sua volta obedecessem. Afinal, Ele era (e é) o Deus Todo-poderoso. Com uma palavra apenas, Ele poderia ter quebrado a pedra que fechava a sepultura de Lázaro. Isso teria sido incrível.

"Por que não fazer um milagre instantâneo como esse na minha vida, Senhor?", perguntamos. "É o que eu preferiria."

Melhor ainda, Jesus poderia ter deixado a pedra no lugar e então — para verdadeiramente mostrar o seu poder — apenas fazer um aceno com a mão, e *puf!* Lázaro poderia ter aparecido repentinamente, do lado de fora da sepultura, com roupas completamente novas, reluzindo em saúde. Isso teria sido impressionante.

"Faze isso em mim, ó Deus", clamamos.

Em vez disso, Jesus deixou o trabalho de remover a pedra aos que estavam à sua volta. O milagre iminente dependia, pelo menos em parte, da boa vontade da família pesarosa em dar a Jesus acesso à sua dor.

E isso é verdade também no que diz respeito à nossa ressurreição. Embora somente Cristo possa fazer viver pessoas mortas, somente nós podemos remover os obstáculos que se encontram entre nós e o nosso Salvador.

Todas nós, você percebe, temos obstáculos em nossa alma, obstáculos que permitimos e talvez até mesmo nutrimos. Falsas crenças que interiorizamos como verdades, a ponto de crermos nelas antes de crermos em Deus. Como resultado, muitas de nós nos tornamos, como explica Craig Groeschel, ateias cristãs — "crendo em Deus, mas vivendo como se Ele não existisse".[1]

Identifiquei três "obstáculos" específicos com que eu acredito que muitos cristãos lutem. Três obstáculos que devemos examinar e aos quais devemos renunciar, para que Deus possa realizar o trabalho que Ele tanto deseja fazer. Embora Lázaro fosse impotente para remover a pedra que selava a sua sepultura, nós não somos. As nossas escolhas e atitudes realmente fazem a diferença na nossa capacidade de aceitar a oferta de liberdade de Cristo.

Assim, quais pedras devem ser removidas?

A primeira delas é a pedra do desmerecimento — a mentira de que não somos amadas, de que somos impossíveis de amar.

A segunda é a pedra da falta de perdão — a mentira de que devemos nos apegar às mágoas do passado.

E a terceira é a pedra da descrença — a mentira de que Deus não pode ou não quer nos ajudar, e por isso devemos fazer tudo nós mesmas.

Falta de merecimento, de perdão, descrença — são obstáculos que amedrontam e intimidam, que nos trancafiam e nos isolam do exterior. Mas nenhum deles é impossível de remover. Não quando colocamos mãos à obra e clamamos, pedindo a ajuda de Deus.

A pedra da falta de merecimento

Você se lembra de minha amiga Lisa, a quem conheceu no capítulo 1? A vibrante cristã que veio falar comigo, depois do estudo bíblico, e confessou que conseguia dizer aos outros que Jesus os amava, mas não conseguia se convencer de que ela mesma era aceita por Deus?

Quando passamos algum tempo juntas, naquele dia, pedimos que o Espírito Santo revelasse o que impedia que o coração dela recebesse verdadeiramente as Boas-Novas do amor de Deus. Depois da nossa oração, Lisa começou a me contar a história da sua conversão — uma história verdadeiramente bela. Mas uma coisa a atormentava, disse Lisa. Um segredo que ela nunca havia contado a ninguém, nem mesmo ao seu marido.

Com lágrimas correndo pelo rosto, ela confessou a sua vergonha. "Quando estava cursando o Ensino Médio, eu fiz um aborto. E não foi só um, Joanna, eu fiz vários abortos." Soluços sacudiam o corpo de minha amiga, pois a imensidão de suas palavras a oprimia.

"Como poderia Deus me perdoar?", perguntou ela, finalmente expressando o desmerecimento cheio de temor que a havia sepultado durante a maior parte da sua vida. "Como Deus poderia me amar depois do que eu fiz?"

Eu abracei minha amiga, enquanto ela chorava e derramava a sua tristeza — não somente pelo seu pecado, mas também pelas crianças que ela nunca conheceu. A sua tristeza era profunda e desoladora, mas também transformadora. Para nós duas.

"Você não sabe, Lisa?", sussurrei junto ao seu cabelo, quando a revelação chegou ao meu coração. "Você não sabe que foi por isso que Jesus teve que vir? Foi por isso que Ele teve que morrer."

Todas nós pecamos. Todas nós estamos aquém do que é melhor, e bom, e correto. Todas nós preferimos atalhos de conveniência, decidindo ignorar a lei de Deus e invocando as consequências.

O meu passado supostamente justo era e é tão sombrio e cheio de pecado como os anos loucos de Lisa. Os seus pecados podem ter sido externos, mas os meus pecados internos eram igualmente prejudiciais. O meu orgulho, a minha insegurança, a minha idolatria em relação à aprovação dos outros. A vontade de ser bem-sucedida e a necessidade de ser apreciada. Tudo isso estava diante de mim naquele dia, tão errado como qualquer outro pecado. Igualmente necessitado de um Salvador.

"Ele não nos perdoa porque merecemos", eu disse a ela, e também a mim. "Deus nos perdoa porque nós precisamos disso, desesperadamente."

E isso é o que torna as Boas-Novas tão boas! O preço foi pago. Nós apenas temos que aceitar o presente que Cristo nos oferece. O nosso pecado pode ser merecedor de punição. Ele pode até mesmo ter resultado em algum tipo de morte — morte da esperança, morte da confiança, morte de qualquer felicidade futura. Mas Jesus levou todos sobre si, na cruz.

E, nesse processo, Ele quebrou a régua — a condenação que pairava sobre a nossa vida, e nos declarava não merecedoras.

O seu sacrifício tem a capacidade de remover a nossa vergonha, se assim permitirmos. Pela morte de Cristo, fomos aceitas nas fileiras dos justos. Os nossos registros não têm nada a ver com isso — precisamos aceitar esse fato, para sempre. A única coisa que nos salva é a cruz, e nada além da cruz. Nada podemos acrescentar a ela, nem remover dela. Simplesmente temos que aceitá-la. E, quando o fizermos, a pedra do desmerecimento será removida.

Foi emocionante ver Lisa ressuscitar! Embora ela tivesse se arrependido de seus pecados, muitos anos antes, somente quando ela revelou o seu segredo a outra pessoa, por mais assustador que deva ter sido, ela pôde vivenciar um progresso em seu relacionamento com o Senhor.

Talvez seja por isso que o Espírito Santo inspirou Tiago, o irmão de Jesus, a escrever: "Confessai as vossas culpas uns aos outros e orai uns pelos outros, para que sareis" (Tg 5.16). Embora não tenha acontecido da noite para o dia, a cura de Lisa chegou. Hoje em dia, ela narra a sua história a estudantes dos últimos anos do Ensino Fundamental e alunos do Ensino Médio, incentivando-os para que se comprometam com a pureza sexual, mas lembrando-os também de que existe o perdão e o recomeço em Jesus Cristo.

Aquilo que, antes, trouxera a Lisa uma grande vergonha, agora é usado por Deus para trazer a Ele maior glória. Mas tudo começou com uma corajosa decisão de remover a sua pedra.

A pedra da falta de perdão

A pedra de Lisa era uma sensação de desmerecimento, juntamente com uma culpa debilitante e vergonha pelo que ela havia feito. Mas, para muitas de nós, os nossos obstáculos espirituais resultam daquilo que nos fizeram — e as nossas atitudes a respeito. Nós fomos magoadas. Fomos acusadas falsamente, ou mal interpretadas, tratadas com crueldade ou traídas. E não conseguimos superar a nossa ira, ressentimento, rancor ou amargura.

Nós *queremos* perdoar — bem, na maioria das vezes. O problema é que não temos certeza de que conseguimos perdoar. A ferida foi tão profunda que a dor parece continuar brotando para sempre. Como se livrar de algo que tem tal poder sobre você?

Este foi o meu dilema, há muitos anos. "Eu tenho que ficar sozinha com Deus", disse ao meu marido, John. "Estou em uma situação muito ruim."

Como mencionei no capítulo anterior, nós havíamos passado por um período difícil no ministério, e, na maior parte do tempo, eu havia lidado bastante bem com o problema. Milagrosamente bem, na verdade. Um espaço de graça se abriu para que eu atravessasse a dificuldade sem sentir a intensa necessidade de consertar a situação ou substituir as pessoas envolvidas. (Eu lhe disse que foi algo milagroso.)

Mas em algum momento, próximo ao aniversário da ferida, eu relembrei uma ofensa feita por alguém naquela situação. Lembranças cheias de dor começaram a me perturbar e me incomodar. Oportunidades para autopiedade haviam inundado a minha mente antes, mas até aquele ponto eu não lhes dera atenção. Em vez disso, estava vivenciando o também milagroso fenômeno de uma mente disciplinada.

Eu havia aprendido que simplesmente porque uma recordação dolorosa vinha à minha lembrança, eu não tinha que aceitá-la — uma descoberta revolucionária, para lhe dizer a verdade. Em vez de nutrir e reviver o passado, com a ajuda do Espírito Santo, eu estava aprendendo a dispersá-lo, recusando a entrada da ofensa no meu coração e, o mais importante, impedindo que ela ocupasse a minha mente.

No entanto, essa lembrança, em particular, tinha invadido por uma entrada lateral. A princípio, era algo tão pequeno que mal pude perceber. Mas como eu permiti que a minha mágoa alcançasse uma plataforma para declarar suas dores, ela começou a crescer, e uma pedra de falta de perdão começou a agitar a minha alma. Como resultado, quase sem perceber, comecei a me afastar das pessoas — e não apenas daquelas que me haviam ferido.

Não fui rude nem desdenhosa, mas me flagrei fugindo dos cultos na igreja o mais rapidamente possível, feliz por ter um filho pequeno que precisava da minha atenção. Os convites para almoçar com amigas foram ignorados. As conversas se tornaram mais polidas que pessoais, quando eu me enfiei no mundinho seguro. A minha pequena e escura sepultura.

Disciplinando a sua mente

"O campo de batalha é a mente", no que diz respeito aos esforços do Inimigo de sabotar o nosso cristianismo. Mas a melhor defesa sempre foi um bom ataque, por isso estou aprendendo a treinar a minha mente para a batalha disciplinando o meu modo de pensar. Nem sempre consigo, mas sou muito mais eficaz em afastar minhas pedras quando pratico as seguintes disciplinas:

1. Levar cativo todo entendimento (2 Co 10.5). Ou, como explica Joyce Meyer, "Pense sobre aquilo em que você está pensando".[2] Tente não permitir que a sua mente vague indiscriminadamente. Em vez disso, considere para onde os seus pensamentos podem levá-la. Se o pensamento a afasta de Deus, extirpe-o. (Você realmente pode fazer isso!) Conscientemente, traga o seu pensamento a Jesus e deixe-o aí.

2. Resistir à vã imaginação (Rm 1.21) — você sabe, aqueles labirintos de fuga "e se", "se apenas" e "gostaria-poderia-deveria". Quando sentir que está entrando em um ciclo de medo, preocupação ou arrependimento, pare! De modo consciente, freie a sua imaginação e mude o foco para Cristo, como a fonte da sua paz (Is 26.3).

3. Recusar-se a concordar com o Diabo. Quando vierem à mente pensamentos de condenação ou temor, lembre-se de que são mentiras, de que Deus é maior do que o seu maior problema, e mais forte do que a sua maior fraqueza (Fp 4.13), e de que Ele cuidou das acusações do Acusador, de uma vez por todas (Ap 12.10,11).

4. Bendizer os que lhe maldizem (Lc 6.28). Se você carregar um ressentimento em seu coração, ele consumirá a sua mente. Quando surgirem ressentimentos ou rancores contra alguém, comece a orar *por*, e não *contra* essa pessoa. Peça que Deus a abençoe e se revele a ela... e que ajude você a superar o seu ressentimento. (Pode ser necessário algum tempo para você realmente *sentir* que perdoou.)

5. Renovar o entendimento com a Palavra de Deus (Rm 12.2; Ef 5.26). Estude a Palavra diariamente e permita que ela transforme o seu modo de pensar. Encontre uma passagem que se refira à sua situação, em particular, e memorize-a, tornando-a parte do seu arsenal mental contra as mentiras do Inimigo.

6. Falar a verdade a si mesma (Jo 8.32). Muitas de nós vivem repetindo palavras de automenosprezo e outras ideias negativas que são contrárias ao que Deus disse. Inverta conscientemente essa tendência, repetindo a verdade de Deus a si mesma. Declare aquilo que você sabe que é maior do que o que você sente, proclamando o que Deus diz, a seu respeito e sobre o poder que Ele tem de salvar.

7. Desenvolva uma atitude de gratidão. Propositadamente, pense em coisas que têm "boa fama" (Fp 4.8). Faça uma lista,

> se precisar. Não expresse negativismo — interior ou exteriormente. Em vez disso, declare, em voz alta, a sua gratidão a Deus (1 Ts 5.18).
>
> *Quanto ao mais, irmãos, tudo o que é verdadeiro, tudo o que é honesto, tudo o que é justo, tudo o que é puro, tudo o que é amável, tudo o que é de boa fama, se há alguma virtude, e se há algum louvor, nisso pensai.*
> Filipenses 4.8

Finalmente, o calafrio da amargura entrou, de modo tão profundo, que eu não conseguia encontrar a vontade de perdoar. Isso me aterrorizou.

E assim, com a bênção de John, eu me enfiei na cabana de um amigo e derramei o meu coração diante do Senhor. A princípio, isso começou devagar. As minhas emoções estavam endurecidas, mas quando modelei a obediência para perdoar, a pedra lentamente começou a se mover.

Com a sugestão do Espírito Santo, escrevi uma carta para a pessoa que me havia ferido. Não medi minhas palavras; apenas expressei a minha dor. Foi difícil permitir-me expressá-la, por medo de não conseguir parar, mas eu sabia que tinha que ser honesta, perante Deus, a respeito do que eu estava sentindo. Afinal, como alguém disse, certa vez, "Apegar-se à amargura é como beber veneno e esperar que outra pessoa morra".

É curioso como a dor tende a aterrissar sobre um único bode expiatório. Depois de apresentar a minha dor diante do Senhor, fui subitamente capaz de ver que havia outras pessoas que eu estava mantendo na masmorra da minha desaprovação. Pessoas às quais eu também precisava escrever.

Nenhuma das cartas jamais foi enviada, no entanto. Eu não estava escrevendo a ninguém, mas a mim mesma. Os meus amigos podem não ter sentido a asfixia do meu juízo, mas eu certamente senti.

Uma carta após outra, permiti que a dor tóxica drenasse de feridas infectadas, terminando cada carta com uma declaração de anistia e amor. Eu não queria conservar a minha mágoa com pessoas nem mais um dia. Finalmente, escrevi uma carta a Deus, renunciando a todos os direitos de ressentimento, e pedindo que Ele abençoasse as pessoas envolvidas.

Eu estava absolutamente exausta depois de escrever a última carta, mas, com a exaustão, veio o início de uma doce sensação de libertação.

Com a minha escolha de perdoar, com a mente acima das emoções, a minha pedra de falta de perdão começou a se mover. E em algum ponto daquele processo de liberar as pessoas que me haviam ferido, eu saí para a liberdade.

A maior de todas as pedras

Desmerecimento — contra isso lutava Lisa. A mentira de que ela não merecia o amor de Deus.

Falta de perdão — esse era o meu problema. A mentira de que as pessoas que me haviam ferido deveriam ser excluídas do meu amor.

Essas duas falsas crenças podem frustrar o nosso crescimento como cristãos, porque nos impedem de superar o nosso fracasso ou a nossa dor. Mas a razão por que as pedras apareceram não é a questão. O que deveria nos preocupar mais é o fato de que não vivemos livres.

O que me traz à terceira pedra: a descrença. Na minha mente, é a mais destruidora de todas, porque é a pedra fundamental sobre a qual se apoiam as outras duas.

Se nos esforçarmos para crer que aquilo que Jesus fez na cruz foi realmente suficiente para cancelar os nossos pecados, estaremos combatendo o desmerecimento.

Se duvidarmos constantemente que Deus faria resultar algo bom das nossas terríveis circunstâncias, nos agarraremos à falta de perdão como nosso único recurso.

Porém nada é mais prejudicial à nossa vida espiritual do que permitir que a pedra da descrença se aloje entre nós e o coração de Deus. Fazendo-nos crer na mentira do Acusador, de que o nosso Pai é impotente para nos socorrer — ou, pior ainda, que Ele simplesmente não se importa.

Aprecio a honestidade com que minha amiga Ann Spangler escreve sobre a sua luta para verdadeiramente crer no amor de Deus. Em *The Tender Words of God* (Ternas Palavras de Deus), ela detalha a sua jornada para encontrar seu lugar no coração dEle.

> Nunca achei fácil crer no amor de Deus por mim, exceto, talvez, nos primeiros dias e semanas da minha conversão. Não impor-

tava para onde eu me virasse naqueles dias brilhantes, encontrava evidências do cuidado e carinho misericordioso de Deus e no seu pronto perdão.

O deus de aparência severa da minha mocidade havia recuado, repentina e inesperadamente, e no seu lugar veio Jesus, trazendo presentes de amor e paz. Naqueles dias, praticamente todas as orações foram atendidas, às vezes de maneira fantástica. Lembro-me de pensar que o problema de muitas pessoas era o fato de que elas esperavam muito pouco de um Deus que estava preparado para dar muito.

Mas os anos se passaram, e algo aconteceu. Não foi uma coisa, mas muitas... Eram testes de fé. Algumas vezes eu fui aprovada, outras não. Eram pecados que se acumulavam. Eram escaramuças espirituais e batalhas. Eram desapontamentos, dificuldades e circunstâncias além da compreensão. Tudo isso se acumulava, como um grande monte negro, lançando uma sombra sobre a minha sensação de que Deus ainda me amava, ainda cuidava de mim tão ternamente como quando Ele me cortejou pela primeira vez e conquistou o meu coração.[3]

Em um esforço para recuperar aquela sensação do amor de Deus, Ann voltou ao único lugar que pode tranquilizar a nossa alma — as promessas da Bíblia — mas, mesmo então, ela se viu incapaz de se livrar da sua dúvida do amor. "Como muitas pessoas que tendem a ser autocríticas", escreve ela, "acho mais fácil absorver as passagens mais ásperas da Bíblia do que aquelas que falam da compaixão de Deus. De alguma maneira, as palavras ternas parecem passar por mim, como a água que passa por um automóvel bem polido".[4]

Mas Ann persistiu. No ano seguinte, ela mergulhou na Palavra de Deus, permitindo que a verdade a lavasse até que ela finalmente começou a se fixar, até que o amor de Deus deixou de ser um conceito e começou a parecer uma realidade. Isso não aconteceu de imediato, mas aconteceu, especialmente quando ela começou a exercitar a sua fé, em vez de depender exclusivamente de seus sentimentos. (Veja o Apêndice C: "Quem Sou eu em Cristo")

Mas a verdadeira mudança aconteceu quando Ann começou a aplicar algo que havia aprendido em uma conversa com sua amiga Joan. Quando perguntou a Joan como ela finalmente se havia convencido do amor de Deus, Ann esperava uma história dramática — algo sobre como Deus havia poupado sua amiga da tragédia ou a ajudara a passar por um período difícil. Em vez disso, Joan descreveu uma simples decisão de "separar um mês para agir como se Deus a amasse". Durante todo aquele mês, "sempre que ela se sentia tentada a duvidar do amor de Deus, simplesmente mudava seus pensamentos e colocava toda a sua força de pensamento em ação para crer que Ele a amava. E isso serviu, para ela — para sempre".⁵

Agir como se Deus a amasse.

Colocar *toda a força do seu pensamento* como um apoio à sua fé.

Afastar a pedra da descrença, *substituindo as mentiras* pela verdade eterna de Deus.

Que conceitos poderosos — conceitos que ecoam por todo o Antigo Testamento e o Novo.

"Espera em Deus", o salmista lembra a si mesmo, não uma, mas três vezes, ao refletir sobre suas dificuldades e se sentir desencorajado (Sl 42.5,11; 43.5).

"Pensai nas coisas que são de cima e não nas que são da terra", aconselha Paulo aos colossenses que estavam diante de uma filosofia moderna que procurava minar a pureza da sua doutrina (Cl 3.2).

"Andamos por fé e não por vista", acrescenta Paulo em 2 Coríntios 5.7, ainda preferindo crer em Deus, embora estivesse na prisão e sob ameaça de morte.

A Bíblia nos incentiva, repetidas vezes, a engajar mente, vontade e emoções na busca de verdades além de nossas sensações humanas. Isso porque quando escolhemos crer em Deus acima do que vemos ou sentimos, afastamos a pedra da descrença e descobrimos como pode ser a verdadeira vida.

Porque a fé faz mais que libertar o nosso coração aprisionado.

Ela também libera Deus para trabalhar.

O problema da incredulidade

Uma das passagens mais inquietantes das Escrituras é Marcos 6.5,6. Quando Jesus voltou a Nazaré, as pessoas não receberam bem o rapaz de volta à sua cidade natal. Elas não conseguiam acostumar a mente à ideia de que Deus pudesse usar alguém tão comum, alguém a quem elas haviam conhecido desde a infância. É verdade, Jesus pregava bem, e elas tinham ouvido sobre os seus milagres, mas em vez de se impressionar, elas se sentiram ofendidas.

"Elas não conseguiam explicá-lo", escreve Kenneth Wuest, "e por isso o rejeitaram".⁶

Como resultado, o Evangelho de Marcos nos diz: "[Ele] não podia fazer ali obras maravilhosas; somente curou alguns poucos enfermos, impondo-lhes as mãos" (v. 5). Perceba que Marcos diz "Ele *não podia* fazer ali obras maravilhosas". Alguma coisa restringia o seu poder. Jesus estava limitado pelo desdém das pessoas, e ainda mais, pela deliberada descrença delas.

Não é assustador pensar que as pessoas que deveriam conhecer Cristo melhor que as outras frequentemente confiam nEle menos do que as outras? E que, segundo esses versículos, uma falta de confiança pode, na realidade, limitar a obra de Deus em nossa vida?

Oh, como eu quero que a minha fé sirva de trampolim para o milagroso! Ainda que a minha fé não seja perfeita, quero crescer. Não quero atrapalhar a obra de Deus na minha vida, nem na vida dos que estão ao meu redor.

"Tudo é possível ao que crê", disse Jesus ao desesperado pai de um menino que estava endemoninhado. "E logo o pai do menino, clamando, com lágrimas, disse: Eu creio, Senhor! Ajuda a minha incredulidade" (Mc 9.23,24). Ainda que pequena e subdesenvolvida, tudo indica que a fé do homem era suficiente. Jesus pronunciou as palavras e fez o que somente Ele poderia fazer: curou o filho do homem e o libertou.

Exatamente o que Ele quer fazer por você e por mim.

Lutando com o silêncio

Dizem os editores que é melhor que os autores não incluam grande quantidade de informação sobre o processo de escrever um livro. Entendo a posição deles. Eu prefiro ler uma obra bem feita a ouvir um autor reclamar sobre como foi difícil escrever. No entanto, por algum motivo, a minha reclamação — quero dizer, o meu processo de escrita — foi incluída na maior parte dos meus livros. Basta dizer que eu não acho que escrever seja fácil. Na verdade, é a coisa mais difícil que eu faço.

Você imaginaria que a coisa ficaria mais fácil com o passar do tempo. Certamente, eu esperava que ficasse. Mas, em vez disso, cada livro apresentou um novo conjunto de dificuldades.

A escrita de *Como Ter o Coração de Maria no Mundo de Marta* envolveu uma crise de insônia de um ano inteiro, e viver 24 horas por dia em um túnel de vento, cheio de palavras e ideias. Escrever *Tendo um Espírito como o de Maria* foi como lutar com um animal. A ideia de cooperar com a santificação era um tópico tão imenso que tudo o que eu conseguia fazer era envolver a mensagem com os meus braços, sem conseguir captá-la plenamente em meu coração.

Mas com *O Despertar de Lázaro* a coisa tem sido completamente diferente. Escrever este livro tem sido como tentar agarrar-me à água, ou pegar areia fina — os conceitos me parecem extremamente etéreos e mutáveis. Mas ainda pior tem sido o perturbador silêncio de minha mente. Durante meses sem fim, tenho me sentido sepultada, trancafiada e isolada, sem uma sombra de ideia que me assegurasse que esse livro nasceria um dia.

Quando deixei de cumprir o prazo final de seis meses para a conclusão do livro, eu mal tinha os rascunhos de três capítulos. Estava muito longe dos dez capítulos que havia prometido entregar.

"Eu me sinto como se estivesse segurando um teste de gravidez, que me diz que estou esperando um livro", disse ao meu editor, "mas não tenho sintoma algum. Nenhum movimento, nem mesmo um chute no ventre que me diga que ele irá nascer".

A única certeza que eu tinha era que esse livro era ideia de Deus, e não minha. Embora os ecos fossem distantes, o sino que havia soado em minha alma, anos antes, ainda reverberava. E, o que é mais importante, eu podia ouvir que Deus me desafiava a crer, não importando como parecia a situação.

E daí, se parece impossível? Eu sentia o Espírito Santo sussurrando ao meu espírito. *E daí se parece que você nunca terminará o projeto?*

"Não te hei dito que, se creres, verás a glória de Deus?", perguntou Jesus a Marta, diante da sepultura de seu irmão (Jo 11.40). No limiar da minha impossibilidade, ouvi a mesma pergunta todos os dias, durante os últimos vinte e quatro meses.

Quatro dias é muito tempo a esperar por uma ressurreição. Dois anos parece uma eternidade para escrever um livro.

Mas se você crer, Joanna, verá.

"Confia no Senhor de todo o teu coração", nos relembra Provérbios 3.5,6. "Reconhece-o em todos os teus caminhos, e ele endireitará as tuas veredas."

Não olhes a distância que tens que percorrer, Deus parece sussurrar todos os dias, quando me sento para escrever. *Em vez disso, procura-me, na jornada. Reconhece a minha presença, mesmo em meio ao vazio. Não tentes desenvolver fé no resultado. Apenas crê em mim. Então, verás.*

É o que tenho tentado fazer. Bem aqui, agora mesmo, mal passando da metade do livro. Exercer a minha fé, em vez de ceder ao meu temor. E, finalmente, estou colocando palavras em uma página — algo que, às vezes, parece literalmente impossível.

Embora o medo do fracasso nunca esteja muito distante, estou determinada a "batalhar pela fé" (Jd 3). E embora a minha confiança em mim mesma constantemente esmoreça, não rejeitarei a [minha] confiança nEle (Hb 10.35).

Porque maior é o que está em mim do que o "eu" que está em mim (1 Jo 4.4, paráfrase de Weaver).

E assim, como Marta e como o pai daquele menino, e como todo aquele que já lutou para crer diante de circunstâncias opressoras, clamo: "Eu creio, Senhor! Ajuda a minha incredulidade."

Como eliminar os obstáculos

Não penso que nenhuma de nós decida se bloquear, deliberadamente, com pedras da falta de merecimento, falta de perdão e/ou descrença. Mas a vida é difícil, e com frequência as pedras cobrem as portas do nosso coração, de forma despercebida, bloqueando a luz gradual e imperceptivelmente. Em outras ocasiões, elas aparecem de forma repentina, inesperada e sem convite, como o deslizamento de terra que bloqueou a rodovia 93 de Montana, há muitos anos.

Nunca vou me esquecer de quando li sobre o incidente, no nosso jornal. Depois de dois anos de pesadas nevascas e sucessivas primaveras chuvosas, parte da colina ao lado da rodovia cedeu repentinamente, espalhando pedras maciças pela rodovia e impedindo as duas mãos do tráfego.

Milagrosamente, ninguém se feriu. Mas foram necessários vários dias até que os trabalhadores, trabalhando 24 horas por dia, abrissem a rodovia para o tráfego. O que não era necessariamente um grande problema, a menos que você trabalhasse ou morasse naquele lado de Flathead Lake. Para esses, foi feito um desvio. Um desvio de duas horas e 130 quilômetros ao redor do maior lago de água doce a oeste do rio Mississippi.

Tudo porque algumas pedras caíram no lugar errado.

Lápides. Barreiras. O que está agindo como uma barreira na sua vida hoje? O que a está isolando, trancando, causando intermináveis desvios e desconexões crônicas no livre fluxo do seu relacionamento com Deus?

Talvez seja chegada a hora de tirar o equipamento pesado e, com a ajuda do Espírito Santo, começar a remover os bloqueios da sua alma.

Para Lisa, a mentira do seu desmerecimento exigiu a explosão da confissão.

A fé que move pedras

Jesus disse: "Se tiverdes fé como um grão de mostarda, direis a este monte: Passa... — e há de passar; e nada vos será impossível" (Mt 17.20). Imagine o que esse tipo de fé poderia fazer, a respeito da remoção de nossas pedras! Não uma fé em fórmulas, nem uma fé na nossa fé, mas uma confiança do coração em nosso Deus. Estou pedindo que o Senhor me ajude a vencer a minha descrença e a substitua com três poderosos tipos de fé.

Uma fé do tipo *"e se..."*

Quero uma fé do tipo Sadraque/Mesaque/Abede-Nego, que se recusa a se inclinar diante de outros deuses ou se curvar por medo do desprazer de outras pessoas, ainda que essa recusa possa resultar na morte.

Eis que o nosso Deus, a quem nós servimos, é que nos pode livrar; ele nos livrará... E, se não, fica sabendo, ó rei, que não serviremos a teus deuses nem adoraremos a estátua de ouro que levantaste. (Dn 3.17,18)

Uma fé do tipo *ainda que...*

Quero uma fé que não dependa das circunstâncias nem seja abalada pelas dificuldades — o tipo de fé que decide louvar, mesmo em meio a dificuldades incessantes.

Ainda que a figueira não floresça, nem haja fruto na vide; o produto da oliveira minta, e os campos não produzam mantimento; as ovelhas da malhada sejam arrebatadas, e nos currais não haja vacas, todavia, eu me alegrarei no Senhor, exultarei no Deus da minha salvação. (Hc 3.17,18)

> **Uma fé do tipo *"todavia..."***
> Quero o tipo de fé que Jesus demonstrou no jardim do Getsêmani. Uma fé que diz: "Isto é o que eu gostaria que acontecesse..." mas que, no fim, quer o que Deus quer, acima de tudo.
>
> Meu Pai, se é possível, passa de mim este cálice; todavia, não seja como eu quero, mas como tu queres (Mt 26.39)
>
> *Ora, sem fé é impossível agradar-lhe, porque é necessário que aquele que se aproxima de Deus creia que ele existe e que é galardoador dos que o buscam.*
> Hebreus 11.6

Antes que pudesse viver livre, ela tinha que revelar o segredo sombrio que a havia mantido espiritualmente amordaçada e emocionalmente presa, na maior parte da sua vida adulta.

Para mim, uma perfuratriz de perdão foi necessária, para romper a pedra de rancor que se havia alojado à porta do meu coração. Tive que enfrentar a minha dor, mas abrir mão do meu direito de me sentir ofendida, para que pudesse, em vez disso, perdoar.

Para Ann, a pedra da descrença exigiu uma grande dose de *dunamis* — ou dinamite[7] — da Palavra de Deus. Depois que ela decidiu exaltar a verdade dEle acima dos seus sentimentos, a mentira de que ela não era amada pôde, finalmente, ser removida.

"Tirai a pedra", ordenou Jesus aos que estavam junto à sepultura de Lázaro, naquele dia tão distante, em Betânia (Jo 11.39). Embora Marta se sentisse claramente desconfortável com a ideia de afastar a única coisa que estava entre ela e a morte que ela pranteava, decidiu obedecer. Embora não compreendesse completamente por que Jesus pediu o que pediu, ela fez o que pôde, para que Jesus pudesse fazer o resto.

E, de certa forma, isso é tudo o que Cristo pede a você e a mim.

Tira a pedra, amado. Faça o que somente você pode fazer. Decida receber o meu amor... decida perdoar... decida confiar em mim, não importa o que aconteça. Então, veja o que Eu farei.

Se creres, promete o Salvador, *verás...* a glória de Deus liberada na sua vida, e na minha, para nos tirar de nossas sepulturas, completamente vivos e libertos.

7

Quando o Amor Chamar o seu Nome

Assim falou e, depois, disse-lhes: Lázaro, o nosso amigo, dorme, mas vou despertá-lo do sono...
Tiraram, pois, a pedra. E Jesus, levantando os olhos para o céu, disse:
Pai, graças te dou, por me haveres ouvido.
Eu bem sei que sempre me ouves, mas eu disse isso por causa da multidão
que está ao redor, para que creiam que tu me enviaste.
E, tendo dito isso, clamou com grande voz: Lázaro, vem para fora.

João 11.11,41-43

Atravessar o Estado de Montana é uma grande viagem. Mais de mil quilômetros, para ser exata. Sendo uma jovem esposa e mãe, e vivendo no extremo leste do Estado, eu costumava fazer a viagem para casa, no oeste de Montana, várias vezes por ano. Prendendo meu primogênito no banco de trás, eu colocava John Michael onde eu pudesse mexer nos dedinhos dos seus pés ou dar-lhe um brinquedo para entretê-lo, até que ele adormecesse. A seguir, esperando fazer que o tempo passasse mais depressa, eu ligava o rádio. Mas da mesma maneira como as cidades são poucas e espaçadas nas planícies do leste de Montana, também o são as estações de rádio.

Em vez de receber um sinal claro, normalmente eu captava muito ruído — longas sequências de estática, interrompidas, aqui e ali, por fragmentos de música, conforme eu passava por uma estação. Felizmente, a estrada seguia, ampla e reta, à minha frente, de modo que eu podia me concentrar em girar lentamente o botão da sintonia, tentando encontrar um sinal. Até que, por fim, sobre a estática eu conseguia ouvir uma voz, clara e forte.

Começo a crer que é preciso esse mesmo tipo de concentração para interromper o ruído de fundo deste mundo e ouvir a voz de Deus. Sintonizar propositadamente o nosso coração à voz do seu Espírito. Afinal, até que aprendamos a escutar de verdade, podemos nunca ouvir o Amor chamar o nosso nome.

Vem para fora

Eu me pergunto como foi, para Lázaro, quando ele ouviu a voz de Jesus, no interior da sua sepultura. Foi um eco distante que ele ouviu? Uma voz familiar, ainda que distante, que o chamava para que saísse da cela da morte?

Pergunto-me o que aconteceu no corpo de Lázaro ao som do seu nome. Será que o coração, repentinamente, começou a bater outra vez? Será que ele tomou grande fôlego, ao respirar pela primeira vez em dias? Será que acordou lentamente ou a energia lhe veio, como em um relâmpago, fazendo com que ele se sentasse antes de empurrá-lo para fora da sepultura?

Seja como for, ele estava plenamente consciente. Lázaro estava diante de uma escolha. Exatamente como nós. Voltar a dormir e ficar onde estava, ou levantar-se da sepultura, e sair para a nova vida.

Porque, quando o Amor chama o nosso nome, podemos ignorar a sua voz, ou podemos responder. Podemos voltar à escura familiaridade daquilo que conhecemos, ou podemos sair para a luz, talvez cambaleando, e piscando os olhos, para nos ajustar à claridade, mas prontas a aceitar o que Deus tem esperando por nós. Embora a sua voz possa parecer frágil e distante, Ele nos está chamando de nossas sepulturas, tão seguramente como chamou Lázaro.

Assim, o que devemos fazer quando o ouvirmos falar?

Uma única resposta me ajudou, e eu a ofereço a você: escolha aproximar-se. Responda ao chamado dEle com o seu. Vá em direção à luz, e encontrará o Senhor ficando mais brilhante. A sua voz, ficando mais alta. Suas palavras, mais claras.

Tudo porque você decidiu ouvir e responder, sintonizando o seu coração[1] à voz do seu Salvador.

Como aprender a ouvir

Lembro-me de que me ofendia, como uma jovem adulta cristã, quando as pessoas falavam sobre ouvir a voz de Deus. "Deus me disso isso...", diziam, ou "Deus me disse aquilo..." "É mesmo?", eu queria responder. "Quem você pensa que é? Como você *sabe* que Deus estava falando, e que isso não foi uma invenção da sua imaginação? Ou o guacamole que você acabou de comer?"

Afinal, eu era a esposa de um pastor, tinha 28 anos, havia sido criada na igreja e amava Jesus desde que era uma menininha. Mas eu nunca havia ouvido a voz de Deus — ou, pelo menos, assim pensava.

Vim a perceber, no entanto, que embora eu ainda não tivesse ouvido Deus falando de maneira audível, seria inverídico dizer que nunca tinha ouvido a sua voz. Na verdade, creio que o Senhor está falando comigo mais frequentemente do que percebo. O problema é que nem sempre estou ouvindo. E, quando ouço, o Inimigo faz tudo o que pode para me convencer de que aquilo que estou ouvindo é qualquer coisa, menos a voz de Deus.

Priscilla Shirer descreve esse problema em seu excelente livro *Discerning the Voice of God* (Como Discernir a Voz de Deus):

> Se Deus quer que ouçamos a sua voz, o pai da mentira fará tudo o que puder para pensarmos que *não estamos* ouvindo a voz de Deus. Quando ouvimos a voz de Deus, nós a chamamos de intuição, coincidência, ou até mesmo sorte — qualquer coisa, menos o que ela é: a voz de Deus. Estamos tão acostumados a descartar a sua voz, que nos convencemos de que Ele não mais fala com os seus filhos. Mas a Bíblia diz, repetidas vezes, que Deus realmente *fala* conosco. Nós *estamos* ouvindo a sua voz. Podemos apenas não saber que é Ele.[2]

Algumas pessoas chegaram à conclusão de que Deus fala somente por meio da Bíblia. Elas dizem que supor que Ele fala sem ser pelo texto sagrado não é apenas presunçoso, mas perigoso. Entendo essa preocupação. Afinal, afirmar ouvir a voz de Deus tem sido a desculpa para muita insanidade e perversidade, ao longo dos séculos — cruzadas assassinas desferidas sob bandeiras cristãs, mães mentalmente doentes afogando seus filhos, e pregadores lunáticos envenenando seus rebanhos, para mencionar apenas alguns casos.

Mas concluir, com base nesses casos de violência e má interpretação, que Deus *não fala* hoje, seria deixar de perceber uma parte preciosa do nosso andar com Ele, e um ingrediente essencial para a nossa liberdade. Se não ouvirmos Deus falar, não seremos capazes de obedecer. E se não obedecermos, nunca escaparemos de nossas sepulturas.

Como discernir a sua voz

Você já desejou que Deus falasse um pouco mais alto? Ou, melhor ainda, que Ele se sentasse ao seu lado, encarnado, para que você realmente pudesse ouvir o que Ele lhe diria? Você conseguiria ouvir melhor assim?

Não tenha tanta certeza!

No Antigo Testamento, Deus falou tão alto, algumas vezes, que a sua voz fez tremer montanhas e pessoas. Mas em vez de atrair os filhos de Israel para mais perto, a sua voz audível os fez recuar — de volta à segurança de suas tendas e para um relacionamento mais distante e mais confortável com seu Deus.

"Fala tu conosco, e ouviremos", disseram os filhos de Israel a Moisés, em Êxodo 20.19, "e não fale Deus conosco, para que não morramos".

Embora Moisés fizesse o seu máximo esforço para traduzir o coração de Deus para o povo, a familiaridade tende a gerar desrespeito. Embora ouvissem a voz de Deus e a temessem, escreve Philip Yancey, eles "logo aprenderam a ignorá-la".[3] Tão completamente que mal perceberam quando essa voz se silenciou, durante mais de quatrocentos anos.

No Novo Testamento, a voz de Deus soou outra vez — primeiramente, no choro de um bebê, e mais tarde, por meio de um homem completamente acessível, chamado Jesus Cristo. Sua voz parecia a nossa, mas Ele falava com uma autoridade e sabedoria nunca ouvidas antes. Sua voz podia ser terna e suave com crianças e mulheres adúlteras, exigente e áspera com hipócritas e os espiritualmente soberbos. Mas, embora Jesus vivesse conosco na terra, de maneira próxima e pessoal, essa mesma proximidade que nos cortejou nos permitiu crucificá-lo.

A história prova que não é uma voz mais alta que necessitamos. Nem é uma voz fisicamente encarnada e sentada ao nosso lado. O que necessitamos, acima de tudo, é aprender a ouvir. Talvez seja por isso que Jesus disse, muitas vezes — quatorze, no Novo Testamento:

"Quem tem ouvidos para ouvir ouça" (veja, por exemplo, Mt 11.15).

Como encontrar ouvidos para ouvir

Como isso funciona?, você pode se perguntar. Se Deus não vai falar de maneira audível, e se Ele não está fisicamente presente, como um ser humano que fala a nossa língua, como se espera que entendamos o que Ele está dizendo? Como podemos *conseguir* esses ouvidos para ouvir?

A arte de ouvir

"Antes que possamos ouvir Deus falando nos momentos cotidianos da nossa vida, o nosso coração precisa estar preparado para ouvir", escreve Ken Gire em sua obra *Reflections on Your Life Journal* (Diário de Reflexões sobre sua Vida). "Isso é mais arte que ciência. Pelo menos, assim tem sido para mim." Segundo Gire, a preparação do nosso coração na "arte de ouvir" envolve vários aspectos:

Em primeiro lugar, é preciso haver um sentido de antecipação de que Deus quer nos falar, e de que Ele *falará*. Essa antecipação se origina da crença de que Deus é amor, e de que a natureza do amor é se expressar. A forma dessa expressão, no entanto, é notavelmente variada. Às vezes, o amor se expressa em palavras. Em outras ocasiões, por meio de imagens ou gestos, ou uma variedade de outras maneiras, com frequência muito sutis, que somente a pessoa amada pode reconhecer. Esta é a natureza da comunicação íntima. Está claro para a pessoa amada, mas frequentemente é uma mensagem codificada para qualquer outra pessoa.

Em segundo lugar, é preciso haver uma humildade de coração, pois onde estamos dispostos a olhar, e o que estamos dispostos a ouvir, determinará, em grande parte, quantos desses momentos conseguiremos captar. Essa postura de coração se origina de uma crença de que as palavras de Deus, caracteristicamente, vêm envoltas nas mais humildes aparências, e que se não estivermos dispostos a nos curvar, é provável que deixaremos de perceber Deus em meio ao cheiro forte do estábulo e a suavidade da palha.

Em terceiro lugar, é preciso ter uma reação ao que se ouve. Uma vontade de seguir para onde estamos sendo guiados, aonde quer que seja. Uma prontidão em admitir onde estamos errados,

> e nos comportar de acordo com o que é justo, bom e verdadeiro. Um entusiasmo em entrar na alegria do momento, ou na tristeza do momento, se for o caso. É essa reação do coração que nos torna suscetíveis à graça do momento. E é o que nos prepara para receber qualquer graça que nos seja oferecida, no momento seguinte.[4]
>
> *... inclina-te mais a ouvir... Não te precipites com a tua boca, nem o teu coração se apresse a pronunciar palavra alguma diante de Deus; porque Deus está nos céus, e tu estás sobre a terra; pelo que sejam poucas as tuas palavras.*
> Eclesiastes 5.1,2

Os discípulos devem ter se perguntado a mesma coisa, quando Jesus lhes disse que estava partindo para retornar para junto de seu Pai. O que fariam eles, sem o Deus encarnado com quem haviam convivido diariamente nos três últimos anos? Sem Jesus ao lado deles, dizendo-lhes o que deviam fazer, como sobreviveriam, e como poderiam realizar a missão que Ele lhes dera?

Mas o Senhor lhes assegurou que não os deixaria sozinhos, nem deixaria de se comunicar com eles. "Aquele Consolador, o Espírito Santo, que o Pai enviará em meu nome, vos ensinará todas as coisas e vos fará lembrar de tudo quanto vos tenho dito" (Jo 14.26).

E foi exatamente isso o que aconteceu, dez dias depois que Jesus subiu aos céus. O Espírito de Deus veio, o fogo desceu, e as pessoas temerosas, que haviam se sentido tão perdidas depois da morte de Jesus, agora estavam, repentinamente, cheias de poder (At 1—2). E, o mais importante, estavam cheias do próprio Cristo.

Emanuel — "Deus *conosco*" — tinha enviado o Espírito Santo para ser "Deus *em nós*", e as coisas nunca mais seriam as mesmas. Não para eles. Nem para você, nem para mim.

O Espírito de Deus agora habita no coração de cada crente. Enchendo-nos, se assim permitirmos, de tudo o que necessitamos, para esta vida e a que virá. Guiando-nos e orientando-nos em toda a verdade (Jo 16.13). Confirmando que somos, verdadeiramente, filhos de Deus, e profundamente amados (Rm 8.15,16).

E, sim, falando conosco — embora nem sempre da maneira que poderíamos esperar.

"Ouça o seu coração", escreve Henri Nouwen. "É ali que Jesus fala mais intimamente com você... Ele não grita. Ele não se impõe a você. A voz dEle é uma voz modesta, quase um sussurro, a voz de um amor gentil".[5]

É uma voz que é fácil de entristecer e, infelizmente, ainda mais fácil de deixar de perceber ou descartar — a menos que ouçamos com atenção e treinemos nossos ouvidos espirituais para ouvir.

Sintonizadas no amor

Eu gostaria de poder esquematizar "Dez passos fáceis para ouvir Deus falar — garantido!". Isso agradaria o nosso anseio humano por fórmulas. Mas a comunicação de Deus é muito mais individualizada e íntima do que qualquer coisa que um bem-sucedido livro de autoajuda poderia ensinar.

O nosso Pai celestial sabe que o melhor tipo de comunicação flui do relacionamento. Qualquer coisa aquém disso é uma mera troca de informações. Uma vez que a intimidade conosco sempre foi o objetivo de Deus, faz sentido que ouvir a sua voz estivesse relacionado com isso. Em outras palavras, quanto melhor o conhecemos melhor o ouvimos.

Talvez esta seja uma das razões por que Deus mantém a voz do seu Espírito baixa e sutil — para que possamos nos inclinar e ouvir atentamente. E talvez seja por isso que Ele não se comunica conosco em cada momento de cada dia — para que valorizemos os momentos em que Ele o faz.

O Senhor deseja algo mais que meramente nos dizer aonde ir, o que fazer e quando fazer. Ele quer nos tomar pela mão e nos conduzir para fora de nossas sepulturas. Tirando-nos do nosso medo, com o seu terno amor. Chamando-nos para propósitos mais nobres e lugares mais profundos no nosso andar com Ele. Tudo conforme respondermos à sua voz.

Não sou uma especialista em ouvir Deus falar. Sob muitos aspectos, ainda estou aprendendo. No entanto, eu acredito, verdadeiramente, que Deus quer se aproximar de mim, e falar verdades sob medida para as minhas necessidades específicas. Mas para ter ouvidos para ouvir, preciso abrir o meu coração para a sua voz. E isso acontece melhor quando eu

- em oração, o convido para a minha vida diária,
- encho o meu coração e a minha mente com a sua Palavra,

- permaneço alerta às diferentes maneiras pelas quais Ele pode falar comigo,
- respondo com obediência.

Como afinar o nosso coração por meio da oração

Se tivermos "falta de sabedoria", Tiago 1.5 diz que devemos pedir "a Deus, que a todos dá liberalmente e não o lança em rosto". Em vez de nos preocuparmos com nossos problemas, as nossas petições devem ser "em tudo conhecidas diante de Deus, pela oração e súplicas, com ação de graças" (Fp 4.6),

Que convite maravilhoso! Nós temos um Pai que deseja atender às nossas necessidades. Porém, mais que isso, temos um Deus que ouve, verdadeiramente, os clamores do nosso coração.

Do lado de fora da sepultura de Lázaro, Jesus orou essas assombrosas palavras: "Pai, graças te dou, por me haveres ouvido. Eu bem sei que sempre me ouves" (Jo 11.41,42). Podemos orar com esse mesmo tipo de fé — tudo, por causa do que Jesus fez na cruz (Mt 27.51). Podemos ir corajosamente à sua presença, não apenas crendo, mas *sabendo* que nós também temos um Pai que ouve as nossas orações e se interessa pelas nossas necessidades. Incluindo a nossa necessidade de ouvir a sua voz.

Como Jesus, nós iniciamos a conversa com Deus por intermédio da oração. À medida que aprendi a "praticar a presença de Deus" — convidando Jesus para a minha vida diária, todas as manhãs, e conversando com Ele durante todo o dia, descobri um pouco mais do que Paulo deve ter tido em mente ao dizer: "Orai sem cessar" (1 Ts 5.17).

Eu sempre havia pensado que isso significaria passar horas de joelhos, mas, em vez disso, acabou sendo algo mais parecido com uma conversa contínua com um amigo. Conversar com o Senhor, enquanto dirijo ou lavo a louça. Comentando sobre a beleza que Ele criou. Agradecendo a Ele por uma casa que posso chamar de lar. Compartilhando minhas preocupações, e também minhas alegrias. Simplesmente conversando com o meu Salvador, todos os dias, todas as horas, e talvez todos os momentos. E, todo o tempo, ouvindo, caso Ele queira falar.

Esse tipo de oração fluida, livre, honesta, íntima, fez mais do que qualquer outra coisa para abrir a porta da minha comunicação com Deus. Mas registrar as minhas orações por escrito, durante o meu período regular de oração, também tem sido extremamente útil. Para mim, escrever o que está no meu coração me ajuda a vislumbrar o dEle. O registro por escrito parece expor todas as minhas fachadas, de modo que consigo ser honesta, diante dEle e comigo mesma. Também descobri que registrar por escrito os meus pedidos em oração — e as respostas de Deus — me ajuda a nutrir um espírito de gratidão. Porque, se eu não fizer isso, quando vier uma resposta, quase sempre já terei me esquecido do que pedi!⁶

Às vezes, preciso admitir, o diálogo de oração pode parecer um pouco unilateral, consistindo, em grande parte, do meu derramamento de minhas preocupações. Mas estou aprendendo a esperar um pouco, para dar a Deus a oportunidade de falar antes que eu apresente os meus pedidos, porque quero orar segundo a sua vontade, e não a minha. Depois disso, ainda tento acalmar o meu coração, e esperar, ouvindo por qualquer sabedoria que Ele possa querer me fornecer como resposta.

Para ser honesta, as respostas aos meus pedidos e a sabedoria de que preciso raramente vêm de imediato, mas se desenrolam durante um período de tempo. E é muito frequente que venham da Bíblia.

Como afinar o nosso coração para (e por meio da) Palavra de Deus

"Escondi a tua palavra no meu coração, para eu não pecar contra ti", escreveu Davi, em Salmos 119.11. Se quisermos *conhecer* e *fazer* a vontade de Deus, não há melhor lugar a ir que a sua Palavra. E se quisermos ouvi-lo falar, armazenar a verdade do que Ele já disse nas Escrituras é uma importante maneira de começar.

Quando Jesus disse aos seus discípulos que enviaria o Espírito Santo que "vos fará lembrar de tudo quanto vos tenho dito" (Jo 14.26), estava falando da mesma obra que o Espírito Santo quer fazer por nós hoje. Mas como Ele pode nos fazer lembrar de coisas que nunca ouvimos?

Estudar a Bíblia regularmente, memorizar passagens das Escrituras e aproveitar cada oportunidade para ouvir a Bíblia, ensinada e pregada — tudo isso ampliou o meu vocabulário espiritual e me ajudou a entender melhor os caminhos de Deus. Essas atitudes também me possibilitaram uma base preciosa de conhecimento, à qual o Espírito Santo pode recorrer quando tenho um problema específico ou quando Deus quer tratar de uma questão em minha vida.

Não consigo lhe dizer quão frequentemente recebi orientação por meio de um versículo que antes tinha ouvido ou memorizado. Sem que eu busque isso de modo consciente, um "pensamento de Deus" surge em minha mente, no momento exato — claramente, uma palavra do Senhor. Mas também Deus usa o poder da sua Palavra para falar comigo de forma direta, no meu momento de oração, com resultados transformadores de vida e destruidores de sepultura.

Nos meus primeiros anos de maternidade, por exemplo, eu tive dificuldades com uma fortaleza de raiva. Não há nada como ter crianças teimosas e obstinadas de três e cinco anos de idade para fazer aflorar a obstinada teimosia em uma mãe! Fiz o melhor que pude para modificar a minha raiva, mas não estava funcionando. Eu não conseguia deixar de me zangar com meus filhos. E, o que é ainda pior, eu me via racionalizando e justificando o meu comportamento como algo comum e quase esperado.

Mas então, certa manhã, a Bíblia desmantelou todas as minhas desculpas, quando o Espírito Santo falou claramente comigo por intermédio de Tiago 1.20. "Porque a ira do homem", eu li, "não opera a justiça de Deus".

Ainda me lembro de estar sentada ali, olhando para as palavras enquanto o Espírito falava ao meu coração. *A sua ira pode estar fazendo com que os seus filhos se comportem por medo,* Ele sussurrou, gentilmente, *mas não está operando a justiça que Deus deseja. Não neles. E, definitivamente, não em você.*

Essa repreensão foi o princípio da minha cura. À medida que permiti que o Senhor corrigisse o meu coração, para que eu verdadeiramente pudesse me arrepender — odiar, de fato, o meu pecado, e me afastar dele — Ele começou a reprogramar a minha alma.

Embora isso tenha levado algum tempo, posso dizer, honestamente, que a raiva na maternidade não mais é uma fortaleza para mim. Sou eternamente grata por isso, porque permitiu que eu relaxasse e desfrutasse de Josh, o nosso pequeno caçula. Mas também está me ajudando a ser mãe de meus filhos adultos com mais graça (assim espero!) e com menos necessidade de controle.

Como afinar o nosso coração reconhecendo a sua palavra

Embora as Escrituras sejam a principal maneira pela qual Deus fala comigo, não é a única. Na verdade, à medida que fui crescendo no meu andar com o Senhor, espantei-me com a sua criatividade e a variedade de experiências que Ele usa para se comunicar comigo. Estou aprendendo a observar, bem como ouvir, os quatro métodos seguintes que o Espírito parece empregar com frequência:

- *Temas repetidos.* Como qualquer pai sábio, Deus repete o que disse, quando não ouvimos da primeira vez![7] Assim, aprendi a estar atenta para mensagens similares, sobre assuntos similares, vindas de diferentes fontes. Se o mesmo assunto continua aparecendo, normalmente é porque Deus está tentando me dizer alguma coisa. (Quando o Espírito revelou o meu problema com a raiva, deparei-me com dois sermões, vários artigos e tive conversas com amigos sobre o mesmo tema!)

- *Impressões.* Essa sabedoria do Espírito normalmente envolve um estímulo interior para fazer alguma coisa ou ir em determinada direção. Às vezes, é algo bem específico — *Telefone para sua mãe* ou *Pare naquela loja.* Para ser honesta, costuma ser difícil dizer se o impulso é ideia de Deus ou minha. No entanto, depois que obedeço à cotovelada, quase sempre olho para trás e vejo que era, realmente, um impulso de Deus.

- *Confirmações.* Esse esclarecimento do Espírito Santo é especialmente importante quando não tenho certeza de que estou ouvindo Deus corretamente — se a impressão que senti ou o tema que pressenti foi mesmo para mim, naquela ocasião em particular. Às vezes, a confirmação vem por meio das Escrituras ou de outras pessoas, mas também pode vir de uma sensação de paz.

- *Verificações.* Às vezes, em vez de confirmações, posso sentir uma verificação, a respeito de certas decisões ou ações. Nem sempre consigo explicar isso, mas algo não parece bem no meu espírito. Pode não haver nada obviamente errado com a ação que tenho em mente, nada que incomode a minha consciência, mas não sinto paz a respeito dela. Nesses momentos, lembro-me das palavras da minha mãe: "Em dúvida, não faça". Mais tarde, pode ser (ou não) que eu venha a entender aquilo de que o Espírito me estava advertindo, mas isso não é tão importante quanto o fato de que obedeci.

Independentemente de qual desses métodos Deus usa para falar conosco, é importante que nos lembremos de que Ele nunca irá contra a sua Palavra. Portanto, verifico cada comunicação que eu acredite ter recebido dEle e a comparo com os princípios das Escrituras. Se ela não estiver de acordo com a Bíblia, devo deixá-la de lado, não importa quão genuinamente eu acredite tê-la ouvido de Deus.

É por isso que é tão importante que conheçamos a Palavra — e não apenas em nossa mente. "A lei do seu Deus está em seu coração", escreve o salmista, "os seus passos não resvalarão" (Sl 37.31).

Como afinar o nosso coração obedecendo à sua voz

"Atendei ao que ides ouvir", diz Jesus aos seus seguidores, em Marcos 4.24,25. "Com a medida com que medirdes vos medirão a vós, e ser-vos-á ainda acrescentada. Porque ao que tem, ser-lhe-á dado".

Em outras palavras, se eu quiser ouvir a Deus, tenho que aprender a responder ao que Ele diz. Não posso esperar que o Espírito Santo me dê novas instruções se não estiver disposta a obedecer àquilo que Ele já me disse. A obediência abre os ouvidos do meu coração e convida novas revelações (Jo 14.15,16). E quanto mais depressa eu obedecer, melhor. Pois a obediência postergada é apenas desobediência camuflada por uma promessa.

A desobediência, de qualquer forma, é um problema grave, porque insensibiliza a consciência — o caminho pelo qual o Espírito Santo costuma falar. Como a cera nos ouvidos, o nosso pecado pode prejudicar a nossa audição, abafando a voz de Deus. Como a nossa rebelião nos afastou de Deus, não mais ouvimos a voz atrás de nós, dizendo: "Este é o caminho; andai nele, sem vos desviardes nem para a direita nem para a esquerda" (Is 30.21). Em vez disso, nos encontramos percorrendo o caminho da concessão e do pecado. E é perigoso seguir por esse caminho.

Se permitirmos que o nosso coração se sintonize como quiser, ele acabará captando ruídos e fragmentos de sabedoria mundana, em vez do genuíno conselho de Deus. Inevitavelmente, acabaremos no caminho errado, que é aquilo de que adverte Provérbios 16.25: "Há caminho que parece direito ao homem, mas o seu fim são os caminhos da morte".

Mas, louvado seja Deus, não temos que acabar ali! Uma mudança de mentalidade, coração e direção pode ser nossa, se apenas deixarmos de fazer o que estamos fazendo e confessarmos, sinceramente, o nosso pecado. Arrependendo-nos de nossa apatia com relação às coisas que sabemos que Deus já nos disse, por intermédio da sua Palavra e no nosso espírito. Permitindo que o Pai purifique nosso coração e lave nossos ouvidos, para que possamos, uma vez mais, ouvir a sua voz. O suave som do nosso Pastor chamando: "Vinde após mim".

Como seguir a sua voz

Eu costumava me preocupar muito a respeito de não ouvir a voz de Deus. Tinha tanto medo de que, quando Ele realmente falasse, de alguma maneira eu não percebesse. E passagens das Escrituras, como João 10, somente aumentavam a minha preocupação.

"As minhas ovelhas ouvem a minha voz", diz Jesus em João 10.27. "Eu conheço-as, e elas me seguem". Como, naquela ocasião, eu estava convencida de que não ouvia Deus, tinha que me perguntar: Será que eu realmente pertencia ao seu rebanho? Será que eu realmente pertencia a Ele?

Mas encontrei a resposta a essas perguntas quando examinei novamente João 10.27: *"Eu conheço-as, e elas me seguem"*.

Você percebe, não é a minha busca de um relacionamento que me permite ouvir o Senhor. Não é a minha diligência em oração ou registro por escrito ou leitura da Bíblia. Não é a minha proficiência em apreender impressões ou a rapidez com que obedeço. É o fato de que Jesus me ama e continua chamando o meu nome. Sou sua ovelha escolhida, eu pertenço a Ele. Ele fará o que for necessário, não somente para chegar até mim, mas também para me ajudar a desenvolver ouvidos para ouvir. E, de modo surpreendente, Ele está disposto até mesmo a usar as minhas falhas para me ajudar a me aproximar dEle.

Priscilla Shirer explica da seguinte maneira: "Eu cometo erros, às vezes [ao ouvir a voz de Deus]? É claro que sim! Mas é assim que nos tornamos espiritualmente maduros — praticando a atitude de ouvi-lo falar e obedecendo às suas instruções... Deus honra, misericordiosamente, o desejo do nosso coração de obedecer, mesmo quando podemos estar errados".[8]

O melhor tipo de comunicação, lembre-se, flui do relacionamento. E relacionamentos não acontecem por acaso. A intimidade deve ser nutrida e deve ter tempo para crescer. É um processo gradual.

Em certo sentido, aprendemos a reconhecer a voz de Deus da mesma maneira como uma criança aprende a reconhecer a voz de sua mãe. Aconchegada dentro do útero, durante nove meses, a criança vive perto do coração da mãe, em total dependência. A seguir, embalada perto daquele mesmo coração durante anos, ela aprende a discernir a voz da mãe, acima de todo o resto.

Mesmo em uma sala cheia de pessoas e distrações e brinquedos, o meu pequeno Joshua sabe quando eu chamo o seu nome. E vem correndo — bem, na maior parte das vezes.

Digamos apenas que Josh está *aprendendo* a vir correndo.

Da mesma maneira como estou aprendendo a responder à voz do meu Pai... mesmo quando Ele parece muito distante.

A voz de Deus em meio às circunstâncias

Deus nunca fala conosco de maneira assustadora, mas de maneiras que são fáceis de serem mal interpretadas, e dizemos: "Eu me pergunto se isso é a voz de Deus?" Isaías disse que o Senhor falou com Ele "com uma forte mão", isto é, pela pressão das circunstâncias. Nada toca a nossa vida, a menos que o próprio Deus esteja falando. Nós discernimos a sua mão, ou é uma mera ocorrência?

Adquira o costume de dizer: "Fala, Senhor", e a vida se tornará um romance. Sempre que as circunstâncias pressionarem, diga: "Fala, Senhor"; consiga tempo para ouvir. A correção é mais que um método de disciplina, ela pretende me fazer chegar ao ponto de dizer: "Fala, Senhor". Lembre-se da ocasião em que Deus realmente falou com você. Você se esqueceu do que Ele disse? Foi Lucas 11.13, ou foi 1 Tessalonicenses 5.23? À medida que ouvimos, nossos ouvidos ficam mais apurados, e, como Jesus, ouviremos Deus todo o tempo.[9]

– Oswald Chambers

Assim diz o Senhor, o teu Redentor, o Santo de Israel: Eu sou o Senhor, o teu Deus, que te ensina o que é útil e te guia pelo caminho em que deves andar.

Isaías 48.17

À espera para ouvir

Eu gostaria de poder dizer que a minha vida com Cristo é agora uma longa e ininterrupta conversa. Para ser honesta, a minha recepção espiritual ainda não é tão boa assim. Mas está chegando lá, louvado seja Deus!

À medida que passo tempo em oração, desenvolvo o hábito de conversar com o Senhor. À medida que estudo a sua Palavra, armazeno ricos princípios que serão trazidos de volta à mente quando eu precisar deles. E à medida que presto atenção nas maneiras como o Espírito Santo pode desejar falar, e então obedeço ao que sinto que Ele está dizendo, eu me torno mais afinada com a sua voz e mais apta a ouvir quando Ele chamar.

No entanto, preciso lhe dizer, há ocasiões em que a conversa ainda parece mais um monólogo que um diálogo. Ocasiões em que parece que as minhas chamadas não chegam. Como se houvesse má recepção de celulares no céu.

"Alô? Estás aí, Deus?", eu pergunto. "Consegues me ouvir agora?" Às vezes, essas falhas da recepção se estendem durante longos e dolorosos períodos de silêncio. Embora eu esteja ouvindo com o máximo de atenção que consigo — ou, pelo menos, tentando fazer isso — eu simplesmente não ouço nada.

Estou convencida de que há momentos assim na vida de todo cristão. Momentos em que as Escrituras parecem não dizer nada, e todos os nossos esforços em comunhão e oração parecem ricochetear no teto e se esborrachar no chão. Momentos em que a escuridão da dificuldade não apenas nos ensurdece como também nos cega, deixando-nos tateando no escuro.

Em momentos como esses, acredito que devemos voltar ao que sabemos sobre Deus — e não o que estamos vivenciando momentaneamente. Porque, como um amigo me disse durante um período sombrio e silencioso que me aconteceu, "O professor sempre fica em silêncio durante uma prova".[10]

Com muita frequência, consideramos a voz de Deus como a benevolência de Deus. Quando Ele está falando, nós sentimos o seu amor. Quando Ele está em silêncio, nós combatemos o temor de tê-lo desapontado, ou lutamos contra a dúvida do amor, perguntando-nos se Ele verdadeiramente se importa. É sempre importante, naturalmente, examinar nosso coração e nos certificar de que o pecado não está bloqueando o nosso relacionamento. Mas o pecado não é a única razão para o silêncio. Pode haver mais coisas acontecendo do que sabemos.

Encontrei consolo em uma historieta que li, certa vez — uma história sobre uma mulher que sonhou que viu três pessoas orando. Quando elas se ajoelharam, a mulher viu Jesus se aproximar e abordar a primeira personagem, inclinando-se para ela com ternura, sorrindo e falando "em tons da mais pura e doce música". A seguir, Ele passou para a personagem seguinte, e colocou uma mão gentil sobre a sua cabeça, e fez um gesto de "amorosa aprovação". Mas o que aconteceu a seguir deixou a mulher que sonhava perplexa:

> Ele passou pela terceira mulher quase abruptamente, sem parar para lhe dirigir uma palavra ou um olhar. A mulher que sonhava disse a si mesma: "Quanto Ele deve amar a primeira; à segunda Ele deu a sua aprovação, mas nenhuma das demonstrações especiais de amor que deu à primeira. E a terceira deve tê-lo entristecido profundamente, pois Ele não lhe dirigiu nem uma palavra e nem mesmo um olhar de relance.
>
> "Eu me pergunto o que será que ela fez, e por que Ele fez tanta diferença entre elas?" Enquanto ela tentava explicar a ação do Senhor, Ele mesmo veio ao seu lado e disse: "Ó mulher! Como me interpretaste mal. A primeira mulher ajoelhada precisa de toda a minha ternura e atenção, para manter seus pés no meu caminho estreito. Ela precisa do meu amor, pensamento e ajuda em todos os momentos do dia. Sem isso, ela cairia e fracassaria.
>
> "A segunda tem fé mais forte e amor mais profundo, e tenho certeza de que ela confia em mim, não importa qual é a situação e o que as pessoas façam.
>
> "A terceira, a quem Eu pareci não notar, e até mesmo negligenciar, tem fé e amor da melhor qualidade, e Eu a estou treinando, por processos rápidos e drásticos, para o mais nobre e santo serviço".
>
> "Ela me conhece com tanta intimidade, e confia em mim tão completamente, que não depende de palavras ou olhares ou qualquer indicação exterior de minha aprovação... porque ela sabe que estou trabalhando nela para a eternidade, e que, o que faço, embora ela não conheça a explicação agora, entenderá no futuro".[11]

Querida amiga, não tema as ocasiões em que Cristo parecer "calar-se por seu amor" (Sf 3.17), quando Ele "não responder palavra" (Mt 15.23). Porque Deus está fazendo, na sua vida e na minha, algo além de simplesmente nos dar o consolo da sua voz.

Ele está trabalhando em nós para a eternidade. Ele quer poder dizer de nós: "Ela me conhece tão bem que posso confiar-lhe o meu silêncio".

Como explica L. B. Cowman, "Os silêncios de Jesus são tão eloquentes como as suas palavras, e podem ser um sinal, não da sua desaprovação, mas da sua aprovação e de um propósito profundo de bênção para você".[12]

Assim, naqueles momentos em que Deus estiver quieto, confie nEle e espere, pois no momento correto você o ouvirá outra vez.

O próprio ato de esperar, na verdade, pode nos ajudar a sintonizar na sua voz melhor do que qualquer outra disciplina espiritual. Porque eu descobri que Deus frequentemente fala no meio da noite. Quando estou em silêncio. Quando o meu coração está concentrado e meus ouvidos estão prontos para ouvir.

Dirigindo pelas escuras rodovias do Estado de Montana tarde da noite, posso captar estações de rádio de todo o país. Estações espanholas do Estado do Texas, programas de entrevistas sobre finanças de Nova York. Estações religiosas desconhecidas, não se sabe de onde.

Tantas vozes. Tantas opções. Mas se eu dedicar o tempo necessário para sintonizar, em meio a todo o ruído, vou encontrar a estação que estou procurando.

Espiritualmente, isso também é verdade. Quando eu, de modo consciente, sintonizar o meu coração no que é real, o falso fica menos nítido, até que tudo o que ouço é a voz de que necessito.

Amor. Chamando o meu nome.

E eu respondo.

8

DESATANDO MORTALHAS

> E, tendo dito isso, [Jesus] clamou com grande voz: Lázaro, vem para fora. E o defunto saiu, tendo as mãos e os pés ligados com faixas, e o seu rosto, envolto num lenço. Disse-lhes Jesus: Desligai-o e deixai-o ir.
>
> João 11.43,44

"Mestre, que farei para herdar a vida eterna?", perguntou um religioso a Jesus, certa tarde, no meio do seu ministério (Lc 10.25). Não que o homem realmente estivesse interessado em ouvir a resposta. Ele apenas fez a pergunta para submeter Jesus a um teste. Isso acontecia com frequência. Os líderes religiosos em Jerusalém estavam desesperados para desacreditar aquele novo profeta da Galileia — o herege que eles acreditavam que ameaçava tudo o que eles representavam, em especial a sua posição e poder.

Mas em vez de se envolver em um debate, Jesus devolveu a pergunta ao homem. "Que está escrito na lei? Como lês?" (v. 26).

Eu posso imaginar o homem arrumando seu manto de erudito à sua volta, quando começou a citar as Escrituras, em voz alta e piedosa. "Amarás ao Senhor, teu Deus, de todo o teu coração, e de toda a tua alma, e de todas as tuas forças, e de todo o teu entendimento e ao teu próximo como a ti mesmo" (v. 27).

Jesus deve ter sorrido para o homem, quando disse: "Respondeste bem; faze isso e viverás" (v. 28).

Não era bem a resposta que o agitador estava esperando. Subitamente inseguro, o religioso expressou o primeiro argumento que lhe veio à mente, embora deva ter parecido fraco até mesmo para os seus próprios ouvidos: "E quem é o meu próximo?" (v. 29).

Em resposta, Jesus contou uma história que certamente assustou o homem, e todos os que a ouviram, incentivando-os a ir além do fanatismo e da hipocrisia que costumava marcar a sua religião.

Da mesma maneira como a história do bom samaritano incentiva os seguidores de Cristo hoje. Porque esta simples palavra destrói muitas das desculpas e dos argumentos cuidadosamente formados que nós, cristãos, tendemos a usar quando tentamos escapar ao chamado de Deus para um tipo de amor prático, mas radical e participativo.

A história de um herói improvável

Provavelmente você conhece a história. Ela é encontrada em Lucas 10.30-35.

> E, respondendo Jesus, disse: Descia um homem de Jerusalém para Jericó, e caiu nas mãos dos salteadores, os quais o despojaram e, espancando-o, se retiraram, deixando-o meio morto. E, ocasionalmente, descia pelo mesmo caminho certo sacerdote; e, vendo-o, passou de largo. E, de igual modo, também um levita, chegando àquele lugar e vendo-o, passou de largo. Mas um samaritano que ia de viagem chegou ao pé dele e, vendo-o, moveu-se de íntima compaixão. E, aproximando-se, atou-lhe as feridas, aplicando-lhes azeite e vinho; e, pondo-o sobre a sua cavalgadura, levou-o para uma estalagem e cuidou dele; E, partindo ao outro dia, tirou dois dinheiros, e deu-os ao hospedeiro, e disse-lhe: Cuida dele, e tudo o que de mais gastares eu to pagarei, quando voltar.

O que havia nessa parábola que inquietou tanto a elite religiosa dos tempos de Jesus? O que há nessa história que captura a imaginação do mundo de hoje, analfabeto em relação ao Evangelho?

Talvez seja o conhecimento da nossa própria condição humana que mais repercute. Afinal, quem entre nós nunca se sentiu, em alguma ocasião, despida, espancada e deixada para morrer? A vida é difícil, e normalmente, injusta. Podemos estar cuidando da nossa vida em um momento e no seguinte, estar deitados, em coma, mal respirando. Machucadas, à margem da estrada, necessitando de ajuda, muitas de nós sentimos a fria sombra da indiferença quando as pessoas passam, percebendo nossa condição, mas nada fazendo para aliviá-la. Podemos até mesmo saber como é perceber um problema, mas ser incapaz de ajudar. Não é de admirar que a história aborrecesse as pessoas.

Mas acho que o que dá à história proporções míticas é o fato de ser absolutamente inesperada. Ela destaca a compaixão de um herói improvável — um samaritano, que os judeus da época em Jerusalém consideravam as pessoas mais baixas e vulgares — em comparação com a indiferença de indivíduos que, por suas funções, deveriam ter ajudado mais.

Deuteronômio 22.4 ordena: "O jumento que é de teu irmão ou o seu boi não verás caídos no caminho e deles te esconderás; com ele os levantarás, sem falta". Certamente, um homem ferido merecia tanto (ou mais) cuidado que um jumento caído. Todavia, na história de Jesus, tanto o sacerdote como o levita — servos de Deus, a quem foi confiado o ministério do seu povo — passaram pelo homem, sem parar.

Sem dúvida, eles tiveram suas razões. Eles "estavam com pressa", sugere Henry M. Grout.

Eles haviam estado durante um mês em Jerusalém, e eram esperados e necessários em casa. Suas esposas e filhos estavam esperando por eles ansiosamente. O sol logo iria se pôr, e esta era uma estrada solitária, mesmo durante o dia. Nenhum deles entendia de cirurgia, e não saberia enfaixar uma ferida para salvar suas vidas. Além disso, o pobre homem, já meio morto, provavelmente morreria em uma hora ou duas, e era uma pena desperdiçar tempo em uma situação sem esperanças. Os ladrões poderiam voltar. Então, o homem poderia morrer, e a pessoa encontrada ao lado do corpo poderia ser acusada de assassinato.[1]

Desculpas legítimas, cada uma delas. Mas como nos lembra David O. Meats: "Nem sempre é *conveniente* ser bom".[2] Em especial quando isso vai contra o nosso egocentrismo.

Amor inconveniente — é para isso que somos chamados, como cristãos. "Levai as cargas uns dos outros e assim cumprireis a lei de Cristo", como nos diz Gálatas 6.2.

Mas esse amor raramente é fácil. Na verdade, ele pode ser completamente desordenado. Principalmente quando Deus nos pede que desatemos mortalhas.

Desligai-o e deixai-o ir!

Não consigo imaginar como deve ter sido ver Lázaro sair da escuridão da sepultura, envolto em finas tiras de linho, segundo o costume da época. É provável que os braços e pernas tivessem sido enfaixados individualmente, o que deve ter lhe permitido algum movimento. Mas não dizer que o homem estivesse restrito seria uma meia verdade.

Beijos em sapos

A transformação sempre foi coisa de contos de fadas — os trapos de Cinderela se convertendo em um vestido deslumbrante, e o amor de Bela rompendo a maldição da Fera. No entanto, nenhum conto de fadas se compara com a história transformadora de vida que Jesus anseia para viver conosco. Estranhamente, embora façamos parte dessa história, também temos que ajudar a escrevê-la. Wes Seeliger explica muito bem, usando uma história familiar para descrever a importante obra de "desenfaixar" que os seguidores de Cristo têm que compartilhar:

> Você já se sentiu como um sapo? Os sapos se sentem lentos, vulgares, feios, inchados, fatigados. Eu sei. Um deles me contou. O sentimento de sapo surge quando você quer ser brilhante, mas se sente bobo, quando quer compartilhar, mas é egoísta, quando quer ser agradecido, mas sente ressentimento, quando quer ser grande, mas é pequeno, quando quer se importar, mas é indiferente.
>
> Sim, em uma ocasião ou outra, cada um de nós se encontrou em uma folha flutuando pelo grande rio da vida. Assustados e repugnantes, nós temos muita dificuldade para nos mover. Era uma vez um sapo. Mas não era realmente um sapo, era um príncipe, que se parecia com um sapo e se sentia como sapo. Uma perversa bruxa o havia enfeitiçado. Somente o beijo de uma bela donzela poderia salvá-lo. Mas

> desde quando belas jovens beijam sapos? Assim ele ficou, um príncipe sem beijo, em forma de sapo. Mas milagres acontecem. Certo dia, uma bela donzela o agarrou e lhe deu um grande beijo. Smack! Boom! Zap!! Ali estava ele, um elegante príncipe. E você conhece o resto da história. E eles viveram felizes para sempre. Assim, qual é a tarefa do cristão? Beijar sapos, é claro.[3]
>
> *Que andeis com toda a humildade e mansidão, com longanimidade, suportando-vos uns aos outros em amor.*
> Efésios 4.2

O cheiro forte da morte certamente permanecia nele. Dependendo da doença original, haveria manchas de sangue marcando a veste fúnebre, aqui e ali, em meio a manchas amareladas de infecções. Embora uma visão agradável para os que o amavam, o Lázaro ressuscitado também pode ter sido uma visão assustadora.

Eu me pergunto o que Maria e Marta pensaram quando Jesus disse: "Desligai-o e deixai-o ir" (Jo 11.44). Por mais feliz que eu pudesse estar, por ver meu irmão vivo, não desejaria tocar nas tiras daquele linho que ficaram presas à sua carne apodrecida. Afinal, quem sabe o que pode haver debaixo das faixas? Quão ressuscitado ele estava?

Desatar mortalhas. É um trabalho sujo. Mas alguém precisa fazê-lo. *Alguém precisa fazê-lo.* E esse é um dos fatores da história de Lázaro que mais me assombra, pois embora Jesus Cristo fizesse o que só Ele poderia fazer — trazer um morto de volta à vida —, Ele convidou os que estavam por perto para ajudá-lo no processo.

"Desligai-o e deixai-o ir." É a mesma instrução que Cristo dá à igreja hoje.

Adoro o que Jerry Goebel diz a respeito dessa passagem das Escrituras. "A obra de Jesus é trazer vida; a obra da congregação é desatar as pessoas das faixas da morte. As palavras que Cristo profere são completas e enfáticas; Ele diz, literalmente, à 'congregação': "Destruí o que o prende. Libertai-o'".[4]

Infelizmente, muitas de nós prefeririam observar uma ressurreição a participar ativamente de uma. Como o sacerdote e o levita, que passaram ao lado do homem ferido, nós nos esquivamos de nos envolver na obra de amar alguém e trazê-la de volta à vida. Algumas de nós podemos até mesmo preferir o papel de céticas, recusando-nos a crer que Deus realmente mudou uma pessoa ou que a mudança pode durar.

"Com muita frequência, nunca desatamos aqueles a quem Cristo ressuscitou", diz Goebel. "Preferimos continuar a vê-los com os olhos presunçosos do cético. Nós nos entusiasmamos mais pela sua queda do que pela sua mudança... [falando a respeito da sua experiência], 'Oh, sim, bem. Eu conheço este sentimento, e vai durar apenas um mês'."[5]

Uma atitude desse tipo parte do coração de Deus. E pode, na verdade, acrescentar outro nível de mortalhas a alguém que está tentando deixar a sepultura do seu passado. Goebel escreve:

> Nós amarramos as pessoas com nossas atitudes para com elas. Nós as amarramos quando nos apegamos aos seus erros em vez de exaltar e encorajar os seus esforços para mudar. Nós amarramos as pessoas quando não as perdoamos. Nós as amarramos quando fazemos mexericos com outras pessoas a respeito de seus erros. Sempre que tratamos as pessoas com a nossa pequenez, e não com a abundância do Senhor, nós as amarramos.
>
> Nós as soltamos quando nos determinamos a ver nova vida nelas. Nós as soltamos quando louvamos a Deus. Nós as soltamos quando as perdoamos. Nós as soltamos quando sorrimos e as acolhemos, dizendo: "Estou muito feliz porque você está aqui; com quem você vai se sentar hoje?" Nós as soltamos ainda mais quando as buscamos em suas sepulturas e, "bradando contra a morte", lhes ordenamos, em nome de Cristo, que venham para a nova vida.
>
> Sempre que tratamos outra pessoa com a grandeza de Cristo, e não com a nossa pequenez, nós as soltamos.[6]

Esta é a obra a que somos chamados, como irmãos e irmãs no Senhor — desatar, com aceitação, e amar àqueles a quem Jesus ressuscitou. No entanto, como já mencionei, ajudar as pessoas a sair para uma nova vida pode ser um processo complicado. Ainda que a pessoa tenha recebido Cristo como Salvador, pode ser necessário um longo período de tempo e muito esforço para que o ser exterior acompanhe a obra interior. Nenhum de nós nasce — ou renasce — neste mundo completamente limpo.

Mas se Deus não se sente ameaçado pelo mau cheiro,[7] por que é que nós nos sentiríamos assim?

O poder do amor

Desatar mortalhas — que maravilhoso chamado e privilégio. Mas o que é, e como o fazemos? Infelizmente, não há nenhum modelo disponível, nenhum guia tamanho único. Mas desfrutando o privilégio de ter sido criada por um homem que ama tanto a Jesus, que é apaixonado por ver as pessoas conhecerem o seu Senhor, assisti a algumas ressurreições na primeira fila.

Uma das maiores alegrias do meu pai é servir no presídio da região, nos últimos cinquenta anos. Todos os domingos, ele e uma equipe da sua igreja conduzem cultos vespertinos para homens e mulheres ali encarcerados. Com cânticos e pregando a Palavra, e com testemunhos pessoais, eles testemunharam alguns maravilhosos atos de Deus na vida de prisioneiros que entregaram a vida a Ele.

No entanto, papai percebeu, há algum tempo, que a sua responsabilidade não terminava ao ver alguém salvo. Assim, ele faz o melhor que pode para ensinar e ajudar novos convertidos, chegando ao ponto, às vezes, de ajudá-los a encontrar um trabalho, uma igreja e um lugar onde morar depois que saem da prisão.

De vez em quando, quando eu era criança, esse lugar era o nosso porão. Não era raro que tivéssemos pessoas morando conosco por alguns dias ou semanas. Minha irmã e eu costumávamos chamar nossa casa de "Lar Gustafson para rapazes e garotas desobedientes".

Suponho que hoje em dia esse tipo de hospitalidade seria considerado perigoso demais, até mesmo pensar na possibilidade. Mas naquela época? Bem, parecia quase um milagre.

Desatar mortalhas — isso é o que Cliff e Annette Gustafson faziam regularmente. Os braços abertos de mamãe mostravam aceitação, desatando lentamente faixas apertadas de rejeição que haviam constrangido seus corações durante anos. A paixão de papai pelo Senhor e o seu compromisso com a família demonstravam um modo de vida que alguns nunca tinham visto. Nem sempre era um processo tranquilo, mas sempre era precioso. Embora muitos dos homens e mulheres a quem papai e mamãe ajudavam partissem, e nunca mais tivéssemos notícias deles, alguns cresciam e prosperavam, e ainda prosperam hoje.

Mas os prisioneiros e ex-prisioneiros não eram os únicos que se beneficiavam do trabalho dos meus pais. Eu também recebia os benefícios. Observá-los amar de uma maneira ativa me ensinou várias lições que considero inestimáveis no meu próprio esforço de servir ao Senhor servindo as pessoas.

O que foi que eu aprendi? Em primeiro lugar, que não sou responsável por todos, mas sou responsável por aqueles que Deus coloca no meu coração.

Muitas das pessoas a quem papai ajudava não ficavam em nossa casa, mas quando ele se sentia impulsionado a fazer um esforço maior, pedia confirmação a minha mãe. Se eles estivessem de acordo, faziam o que julgavam que Deus queria que fizessem. Abrir as portas de sua casa, emprestar o carro ou investir financeiramente na vida de outra pessoa, o que quer que Deus lhes pedisse que fizessem, eles faziam, da melhor maneira que podiam.

Em segundo lugar, aprendi a diminuir as minhas expectativas com relação às pessoas que tento ajudar.

As histórias que observei no ministério dos meus pais nem sempre tiveram um final feliz — pelo menos, que tenhamos conhecimento. Muitas pessoas entravam e saíam de nossas vidas em questão de dias. Às vezes algumas pessoas interpretaram mal a generosidade de meus pais, ou, pior ainda, abusaram dela. Alguns "hóspedes" se irritaram quando meus pais sentiram que seu trabalho estava concluído. Se mamãe e papai tivessem feito o que fizeram sempre esperando agradecimentos ou apreciação, teriam desistido há muito tempo.

O que nos traz à lição mais importante que aprendi observando essas duas pessoas desatando mortalhas: obedeça a Deus e aos seus estímulos, e depois deixe o resultado por conta dEle.

Este é o chamado que meus pais atenderam, há quase cinquenta anos — o mesmo chamado que cada um de nós tem, como cristão. O chamado de amar as pessoas que Ele nos dá. De servi-las e ajudá-las, exatamente como as encontrarmos, removendo gentilmente seus trapos repugnantes e lavando a sujeira da sepultura com a verdade da Palavra de Deus. Tira a tira, desenrolando as mentiras que fizeram murchar a alma. A seguir, cobrindo a sua nudez com o nosso amor e a nossa aceitação, exatamente como Cristo nos cobriu.

Quando fazemos isso a um de nossos pequeninos irmãos, diz Jesus, fazemos a Ele (Mt 25.40). Porque Jesus ama as pessoas. Até mesmo as pessoas que estão atadas e ainda se sentem meio mortas.

Os mortos que andam

Minha amiga Sarah[8] sabe como é ressuscitar e ainda cambalear em mortalhas. A sua história parece uma novela de televisão, e bastante exagerada — problemas de família, batalhas judiciais, perdas, traições, tudo o que você imaginar. Quando ouvi a história pela primeira vez, pensei que certamente ninguém poderia passar por tanta dor em tão curto período de tempo. No entanto, ela passou.

Como resultado, ela viveu grande parte da última década em uma sepultura de intensa confusão e vergonha. Amarrada e apertada com tristeza pelas coisas que ela fez. Oprimida por falsas responsabilidades por pecados que outras pessoas haviam cometido.

Quando nós nos conhecemos, ela não me olhava nos olhos ao nos sentarmos na sala de oração. Temerosa de que mais uma pessoa traísse a sua confiança, ela manteve a cabeça baixa enquanto me contava, em lágrimas, a sua história. A dor era literalmente palpável, quando ela narrou os detalhes de uma vida que parecia despedaçada, sem chance de ser reparada.

Deus nos havia reunido de uma maneira maravilhosa — nenhuma de nós podia negar isso. Era hora de sair da sepultura. O amor estava chamando seu nome. Mas desamarrar a mortalha? Abrir seu coração e se arriscar à rejeição? Suponho que isso aterrorizou a nós duas.

Por mais difícil que fosse para Sarah me confiar a sua história, devo admitir que eu tremia enquanto ouvia a sua dor. Conheço as minhas inadequações — as minhas boas intenções e a minha terrível maneira de colocar as coisas em prática. E se eu a desapontasse? E se ela se fosse embora mais ferida do que chegou, com sua mortalha mais apertada à sua volta?

"Será que vou ficar bem de novo?", ela finalmente perguntou, permitindo que seus olhos amedrontados espiassem meu rosto. Eu peguei em sua mão, assegurando-lhe de que nós temos um Deus que é especialista em renovar todas as coisas (Ap 21.5). Então, juntas, ela e eu levamos toda a sua confusão ao Senhor, em oração. Colocando a história da sua vida diante de Jesus. Levando a dor, o desapontamento e a traição àquEle que havia sentido tudo o que ela sentia, e muito mais. Entregando tudo isso à Única Pessoa que pode curar um coração ferido além dos remédios humanos.

A cura não aconteceu rapidamente. Sarah seria a primeira a lhe dizer que tem sido uma jornada de paradas e recomeços. Um passo para fora da sepultura, e então, de repente, praticamente sem nenhum aviso, dois passos para trás. Uma camada de faixas desenrolada, somente para apertar ainda mais forte a próxima. E, no entanto, houve progresso. Um progresso verdadeiro e mensurável.

Ajudar a desatar a mortalha de Sarah foi um grande privilégio, mas, em meio a esse processo, lembro-me de que há limites para o que sou chamada a fazer. Porque se eu tentar fazer mais do que Deus está pedindo, posso acabar fazendo algum mal.

A crisálida

Em seu clássico devocional *Springs in the Valley* (Fontes no Vale), Lettie B. Cowman conta a história de um naturalista que encontrou uma grande borboleta que se movia freneticamente, como em alguma tensão. Ela parecia estar presa em algo. O homem se abaixou, pegou suas asas e a soltou. A borboleta voou apenas alguns metros, antes de cair ao chão, morta.

Em um microscópio, em seu laboratório, o naturalista descobriu que havia sangue saindo de minúsculas veias nas asas do belo animal. Ele percebeu que, inadvertidamente, havia interrompido algo muito importante. A agitação frenética da borboleta havia sido, na realidade, uma tentativa de sair de sua crisálida — um processo para fortalecimento, criado por Deus. Se tivesse lutado tempo suficiente, a borboleta teria saído pronta para voos longos e amplos. A libertação precoce, no entanto, destruiu esse belo sonho.

Assim acontece com os filhos de Deus, escreve Lettie Cowman.

> *O Pai deseja que eles tenham um grande alcance, em experiência e verdade. Ele permite que nos prendamos a alguma forma de esforço. Nós desejamos nos livrar.* Nós clamamos em nossa aflição, e às vezes o julgamos cruel porque Ele não nos liberta. Ele permite que continuemos nos agitando. O esforço parece ser o seu programa, às vezes.[9]

Talvez por isso Lázaro tivesse que sair da sepultura por sua própria vontade — porque Deus o chamou, em vez de enviar Maria e Marta para dentro, para buscá-lo. A ressurreição frequentemente parece exigir uma resposta voluntária, até mesmo uma dificuldade, por parte da pessoa que é ressuscitada. Lembre-se, as sepulturas podem ser confortáveis. E a decisão de viver pode ser difícil.

Aqueles entre nós chamados para remover as mortalhas de outras pessoas precisam entender esse esforço. Nós também precisamos ser claras a respeito de qual é realmente o nosso trabalho — e qual não é. Nós seremos tentadas a diminuir o processo — que exige tempo e é doloroso de assistir — de soltar a pessoa da morte, mas, se insistirmos em interromper e interferir, não importa quão boas possam ser nossas intenções, corremos o risco de atrapalhar o plano de Deus e mutilar espiritualmente as pessoas que estamos tentando ajudar.

Vencendo o "consertador" que existe em mim

Aprendi uma importante verdade muito cedo no ministério: existe um único Salvador. E não sou eu.

Na verdade, eu presto a Cristo um grande desserviço quando tento desempenhar um papel que somente Ele pode desempenhar. Eu também saboto o processo quando faço coisas que as pessoas que estão sendo ressuscitadas é que têm que fazer.

O ministério pode ser difícil, às vezes. Pode ser estranhamente satisfatório ser a pessoa a quem uma pessoa necessitada recorre, em busca de ajuda e respostas. Mas também pode ser perigoso... especialmente quando cremos na mentira de que tudo compete a nós. De que, de alguma maneira, devemos ser o Messias de outra pessoa.

"Se você se tornar uma necessidade para uma alma, você não está de acordo com a ordem de Deus", escreve Oswald Chambers.

> Como um trabalhador, a sua grande responsabilidade é ser amigo do Esposo... Em vez de estender uma mão para impedir o sofrimento [na vida de outra pessoa], ore para que ela fique dez vezes mais forte, até que não haja nenhum poder na terra ou no inferno que possa afastar essa alma de Jesus Cristo. Muitas vezes nós somos providências amadoras, nós entramos em cena e impedimos que Deus entre, e dizemos — "isto e aquilo não podem ser assim". Em vez de provar que somos amigos do Esposo, colocamos nossa solidariedade no caminho, e a alma, um dia, dirá — "Aquele foi um ladrão, ele roubou o afeto que eu tinha por Jesus, e perdi a visão dEle".[10]

Amigas do Esposo — isso é que devemos ser. Leais a Cristo e à sua obra, na vida daqueles a quem servimos, em vez de leais às nossas opiniões sobre como esse trabalho deve ser feito.

Porque, inevitavelmente, encontraremos momentos em que o cronograma de Deus ou os seus métodos parecerão cruéis, quando as situações que Ele permite confundem o nosso entendimento. Mas se nos afastarmos, e dermos espaço a Deus, descobriremos que o nosso Pai realmente sabe como fazer as coisas.

Porque Deus sempre esteve mais interessado em moldar o caráter dos seus filhos do que simplesmente lhes dar consolação.

Em libertar as pessoas, em vez de simplesmente deixá-las como estão.

E com essa finalidade, Ele nos chama, para que o acompanhemos no seu trabalho. Mas, surpreendentemente, podemos fazer melhor as coisas, não com nossas mãos, mas com nossos joelhos.

Investindo em liberdade

Quando o bom samaritano viu o homem ferido, à beira da estrada, não somente reagiu com compaixão, mas também fez tudo o que ele podia fazer. Enfaixou as feridas do homem, levou-o a uma hospedaria e tudo indica que passou a noite cuidando do estranho. Mas ele teve que deixar o homem ferido aos cuidados do dono da hospedaria — da mesma maneira como precisamos confiar a conclusão do trabalho de cura na vida das pessoas a Deus, e somente a Ele.

Mas esse não foi o fim do envolvimento do bom samaritano. Antes de seguir o seu caminho, ele investiu na continuação dos cuidados daquele homem. Deixando dinheiro para pagar por vários dias de alojamento, o homem de Samaria prometeu retornar para acertar quaisquer gastos extras que pudesse haver.

Oh, como eu quero expressar esse tipo de amor sacrificial e ação obstinada, para ajudar meus irmãos e minhas irmãs a receberem uma nova vida.

Quero ver as pessoas libertas. Estou cansada de ver cristãos saindo da igreja tão atados como estavam quando ali entraram. Estou cansada de ver pessoas lutando durante anos com os mesmos problemas, as mesmas mortalhas e os mesmos vícios, sem perceber nenhuma vitória. Quero ver as pessoas libertas. Você não quer?

Segundo as Escrituras, essa liberdade normalmente envolve um compromisso específico — e custoso — de minha parte, e também da sua. Isso porque além do nosso amor e cuidado ativos, a verdadeira transformação de vida e cura são, quase sempre, precedidas por um investimento de oração.

Depois de quase três décadas de ministério, acabei entendendo que a melhor maneira de desatar as mortalhas de outras pessoas é por meio da intercessão. Mas posso ser honesta? A oração é, com frequência, o último lugar para onde vou. Eu me envergonho de admitir que sou muito mais rápida em tocar as pessoas do que em tocar o céu em nome das pessoas. Não é de admirar que quase sempre eu acabe fazendo coisas excessivas ou insuficientes.

Lições do bom samaritano

Todas nós queremos que Deus nos use para ajudar outras pessoas. Mas nem sempre sabemos como isso deve ser. A história do bom samaritano oferece várias lições para ajudar a moldar a nossa resposta quando virmos alguém em necessidade:

1. Ele não apenas viu, mas agiu. Outras pessoas passaram por ali e viram o homem ferido, mas o bom samaritano "moveu-se" de compaixão. Ele não apenas lamentou a condição do homem, mas fez algo para aliviar sua dor (Pv 3.27).

2. Ele usou o seu azeite e o seu jumento. Não subestime o que o seu envolvimento pode significar para alguém em necessidade. Investir os seus recursos práticos, o seu apoio emocional e o seu precioso tempo pode fazer toda a diferença para uma alma alquebrada. Um bilhete gentil, uma refeição quente, um ouvido atento — pouco é muito quando Deus está envolvido (Tg 2.16; Gl 6.2).

3. Ele fez esforços para ajudar. A compaixão inicial pode acabar rapidamente, em especial quando ajudar os outros é inconveniente. O bom samaritano poderia ter deixado o homem na hospedaria, e seguido seu caminho, mas, em vez disso, ele ficou por ali, para fazer o trabalho duro — lavar as feridas e ficar ao lado do ferido durante uma longa e dolorosa noite (Gl 6.9).

4. Ele deixou o homem em mãos capazes. Haverá ocasiões em que as necessidades de uma pessoa poderão estar além da nossa capacidade de ajudar — ocasiões em que será necessário um pastor, um conselheiro piedoso ou outro profissional. Co-

> nectar as pessoas necessitadas a outros recursos pode ser a coisa mais importante que podemos fazer (Pv 13.10).
> **5. Ele prometeu continuar envolvido no processo.** Acompanhar para ver como está a pessoa, é importante — embora, às vezes, Deus possa nos pedir algo mais. O que quer que seja necessário, nunca subestime a importância da intercessão — tapando o muro, como fez Ezequiel (Ez 22.30), lutando pela vitória final, na vida daqueles a quem servimos e ajudamos.
>
> *E, respondendo o Rei, lhes dirá: Em verdade vos digo que, quando o fizestes a um destes meus pequeninos irmãos, a mim o fizestes.*
> Mateus 25.40

A leitura de *Piercing the Darkness* (Rompendo a Escuridão), livro de Frank Peretti, me ajudou a revolucionar a maneira como eu considerava a oração. Embora seja uma narrativa fictícia, ela nos fornece importantes conhecimentos sobre a batalha espiritual que é travada dentro de cada um de nós, e mostra o papel vital que a intercessão desempenha no campo espiritual.

Você pode perguntar a si mesma, como já aconteceu comigo, se a oração realmente faz a diferença. Gosto muito da imagem que Peretti pinta em sua instigante história. Embora uma pesada escuridão espiritual pairasse como uma espessa nuvem sobre a pequena cidade, cada vez que subia uma oração, uma pequena abertura aparecia na escuridão. Mais orações, mais aberturas, permitindo que a luz da verdade e o esclarecimento do Espírito alcançassem o coração e a mente dos que ali moravam.[11]

Se apenas percebêssemos quanto pode ser poderosa a nossa intercessão, como ela libera o poder de Deus sobre a vida das pessoas e influencia a batalha espiritual que é travada à sua volta, oraríamos mais.

Na verdade, penso que nos encontraríamos investindo na liberdade das outras pessoas diariamente. Seguindo, de joelhos, pelo tempo necessário, para que acontecesse a ressurreição, e as mortalhas caíssem ao chão, elevando pessoas ao trono da graça até que elas fossem capazes de encontrar o seu próprio caminho até o Santo dos santos. Cobrindo-as com o precioso sangue de Jesus, até que elas aprendessem a andar, e depois a correr.

Como nos diz Tiago 5.16, "a oração feita por um justo pode muito em seus efeitos". Não apenas na vida daqueles por quem estamos orando, mas também em nossa vida, porque a intercessão sintoniza nosso coração na liderança do Espírito, dando-nos olhos para ver o que Ele vê. E dando-nos o seu coração, para que possamos ser as suas mãos.

Desatando mortalhas das maneiras mais improváveis e nos lugares mais improváveis.

Guiados pelo Espírito

A autora Beth Moore fala sobre uma ocasião em que viu um homem idoso sentado em uma cadeira de rodas em um aeroporto cheio de gente. Era uma visão estranha, com o cabelo grisalho e pegajoso caindo sobre os ombros.

Tentando não encarar o homem, ela se concentrou na Bíblia que tinha no colo. Mas quanto mais tentava se concentrar na Palavra, mais se sentia atraída pelo homem.

"Eu tinha andado com Deus por um período suficiente para ver as palavras manuscritas na parede", escreve Beth. "Aprendi que, quando eu começo a sentir o que Deus sente, alguma coisa muito contrária aos meus instintos naturais, alguma coisa incrível está prestes a acontecer, e isso pode ser embaraçoso."

Embora ela tentasse resistir ao impulso, ele apenas ficava mais forte. "Não quero que você testemunhe a ele", disse Deus, claramente. "Quero que você penteie o cabelo dele."

Finalmente, ela desistiu de argumentar. Foi até o homem, e se ajoelhou diante dele.

"Senhor?", disse ela. "Eu poderia pentear seu cabelo?"

Ele pareceu confuso. "O que você disse?"

Ela repetiu o seu pedido, em voz mais alta, e logo sentiu que todos os olhos no saguão estavam sobre ela e o homem idoso. "Se você realmente quiser fazer isso", respondeu ele.

Com uma escova de cabelos que encontrou na maleta dele, Beth começou, gentilmente, a escovar o cabelo do homem. Estava limpo, mas emaranhado. No entanto, ser mãe de duas menininhas a havia preparado bem para essa tarefa.

"Uma coisa milagrosa aconteceu comigo quando comecei a escovar...", relembra Beth. "Todos os que estavam no saguão desapareram... Sei que isso parece muito estranho, mas eu nunca havia sentido esse tipo de amor por outra alma, em toda a minha vida. Eu creio, com todo o meu coração. Naqueles poucos minutos, senti uma porção do amor de Deus. Senti que Ele havia arrebatado o meu coração... mais ou menos como alguém que aluga uma sala e fica ali, à vontade, durante algum tempo."

As emoções ainda eram intensas quando ela terminou. Depois de recolocar a escova na maleta do homem, ela se ajoelhou diante da sua cadeira de rodas. "O senhor conhece Jesus?"

"Sim, conheço", respondeu ele. "Eu o conheço desde que me casei com minha esposa. Ela não se casaria comigo, a menos que eu conhecesse o Salvador." Ele fez uma pausa por um instante. "Sabe, o problema é que não tenho visto a minha esposa há alguns meses. Passei por uma cirurgia cardíaca, e ela tem estado muito doente para vir me visitar. Eu estava aqui, pensando comigo mesmo: *Que problema eu devo ser para a minha esposa*".[12]

A sua mão estendida

Que maravilhoso privilégio é ser as mãos de Deus, na vida de outra pessoa. Eu me pergunto quantas oportunidades perdi. Quantos estranhos feridos ignorei porque estava ocupada demais para parar. Quantas pilhas de mortalhas eu evitei, sem saber que no meio delas havia uma irmã ou um irmão ressuscitado, lutando para sair. Ou quantas metamorfoses de borboletas interrompi, porque a minha compaixão humana supunha que eu conhecia as necessidades daquela pessoa melhor que Deus.

Eu quero participar do milagroso. Quero ser um pedacinho do Reino de Deus vindo à terra — a mão de Cristo, estendida em amor. Mas isso quer dizer que eu preciso desacelerar, e, como Beth Moore, preciso ouvir. Eu preciso sintonizar o meu coração no impulso do Espírito Santo, para que quando Ele ordenar: "Solte-o; livre-o", eu pule à frente em vez de recuar. Para que quando Ele disser: "Espere e ore", eu interceda de bom grado, em vez de interferir. Para que, o que quer que eu faça, seja feito com a sua sabedoria e amor. (Para alguns conselhos práticos sobre como desatar mortalhas, veja o Apêndice E.)

"Quem é o meu próximo?", perguntou o especialista a Jesus. Como explica Warren Wiersbe, a resposta tem menos a ver com geografia e mais com oportunidade.[13] Porque a melhor maneira de amar o

Senhor, com todo o meu coração, alma, entendimento e forças, é amar as pessoas que estão ao meu lado.
Mesmo quando amá-las envolve remover mortalhas.

Um capítulo bônus

Depois de ter escrito a edição de capa dura de *O Despertar de Lázaro*, percebi que havia outro lado da remoção de mortalhas que não se encaixa perfeitamente na narrativa do Evangelho de João. No entanto, sem dúvida, ele se aplica à vida de cada cristão, pois tem a ver com a importante tarefa de lidar com as nossas próprias mortalhas.

É verdade que somos chamadas para ajudar a "desligar" (ou "soltar") os outros, como os amigos de Lázaro o soltaram. Mas e quanto àqueles persistentes resíduos da antiga natureza que atormentam a nossa própria vida, mesmo depois de ressuscitarmos em Cristo? Que papel nos compete para nos livrar deles?

A verdade é que, a menos que estejamos dispostas a abandonar as coisas que nos atam, ninguém pode nos livrar de nossas mortalhas. Nem mesmo Deus, pois Ele não nos obrigará a abandonar tais coisas.

Por ter sentido que esse tema era muito importante, escrevi um capítulo bônus para esta edição. Ele começa à página 189, e você encontrará o estudo bíblico correspondente, começando à página 229. Quando você o ler, eu gostaria que considerasse a seguinte pergunta: O que está atrapalhando você?

Meu amiga, você não foi criada para andar com dificuldade por esta vida, ainda atada e meio morta. Deus quer ajudá-la a se livrar das suas mortalhas, para que você possa descobrir a arrebatadora liberdade que resulta de viver de maneira desimpedida e livre.

Este é o seu direito de primogenitura, querida. Este é o seu destino, ordenado por Deus.

9

VIVER RESSUSCITADO

Disse-lhe Jesus [a Marta]: Eu sou a ressurreição e a vida; quem crê em mim, ainda que esteja morto, viverá; e todo aquele que vive e crê em mim nunca morrerá. Crês tu isso? Disse-lhe ela: Sim, Senhor, creio que tu és o Cristo, o Filho de Deus, que havia de vir ao mundo... E, tendo dito isso, clamou com grande voz: Lázaro, vem para fora. E o defunto saiu, tendo as mãos e os pés ligados com faixas, e o seu rosto, envolto num lenço. Disse-lhes Jesus: Desligai-o e deixai-o ir. Muitos, pois, dentre os judeus que tinham vindo a Maria e que tinham visto o que Jesus fizera creram nele. Mas alguns deles foram ter com os fariseus e disseram-lhes o que Jesus tinha feito. Depois, os principais dos sacerdotes e os fariseus formaram conselho... Desde aquele dia, pois, consultavam-se para o matarem... [Eles] tomaram deliberação para matar também a Lázaro, porque muitos dos judeus, por causa dele, iam e criam em Jesus.

João 11.25-27, 43-47, 53; 12.10-11

Eu não deveria ter feito isso. Muitos meses atrasada, com relação ao prazo final para a entrega deste livro, eu precisava trabalhar energicamente para recuperar o tempo perdido, mas o convite para dar uma palestra em um evento da igreja na Califórnia despertou algo em meu coração. Quando eles me disseram que eu poderia ficar alguns dias depois do evento, para escrever, eu concordei em ir.

Eu não fazia ideia de que o local era *Lazarusville*.

A igreja anfitriã, nascida no movimento de Jesus, dos anos 1970, estava cheia de histórias de ressurreição. Para qualquer lado que eu me virasse, conhecia mais uma pessoa que estivera espiritualmente morta e agora vivia de novo. A minha anfitriã era uma hippie que viajava pelas estradas dos Estados Unidos quando encontrou Jesus Cristo, de uma maneira poderosa. Deus lhe disse que voltasse para casa e amasse seus pais. Ela fez isso. Não apenas em palavras, mas também em ações.

Tão drástica foi a transformação que houve nela, que tanto seu pai como sua mãe aceitaram o Senhor. "Eu dei à luz minha filha", sua querida mãe me disse, com os olhos brilhantes, "e ela me deu à luz!"

A líder de adoração do evento, antes uma dançarina e cantora de salão, também encontrou o maravilhoso amor de Cristo e agora conduz milhares de pessoas, todas as semanas, até a sala do trono de Deus. O marido de outra líder, antes cheio de preconceito contra os judeus, agora trabalha incansavelmente pelo Senhor, especialmente na causa da preservação da nação de Israel.

Uma mãe que conheci foi conduzida a Jesus pelo seu filho. Depois de anos procurando amor em todos os lugares errados, Robin finalmente encontrou o amor de Deus por meio do versículo que seu filho havia aprendido na Escola Dominical. "[Lançai] sobre ele toda a vossa ansiedade, porque ele tem cuidado de vós", recitava o menino à sua mãe (1 Pe 5.7).

— Quem é "Ele"? — perguntava ela, com sarcasmo.

— Jesus, mamãe — respondia o menino solenemente. — Jesus cuida de você.

Essas quatro palavrinhas romperam algo no interior de Robin. Embora ela fosse orgulhosa demais para levar seu filho à igreja, naquele domingo ela seguiu o ônibus, e entrou por uma porta lateral. Ali ela encontrou o Amor que havia procurado durante toda a vida.

Transformação. Tudo acontecia à minha volta, naquele fim de semana. O som de asas de borboleta e almas vivendo a metamorfose, na presença do Senhor. Lázaros e Lázaras — cada um deles.

Nenhum deles perfeito. Nenhum deles completo.

Mas ressuscitados? Com certeza!

Sem dúvida.

Antes e depois

Quando Lázaro saiu da sepultura, atendendo ao chamado de Jesus, os que estavam presentes não puderam negar que havia acontecido um milagre. Afinal, eles haviam acabado de celebrar *shivah* — uma parte dos sete dias tradicionais do luto dos judeus — com Maria e Marta. Eles haviam abraçado as duas irmãs, que choravam. Haviam preparado refeições, esperando conseguir fazer com que as mulheres enlutadas comessem. Conseguiram até mesmo rir um pouco, relembrando seu amigo e falando sobre como sentiriam a sua falta.

Mas agora Lázaro estava diante deles, vivo outra vez, os olhos brilhando quando o lenço foi tirado de seu rosto. Eles ouviram as suas primeiras palavras, e testemunharam os seus primeiros passos depois que a mortalha foi completamente removida. Eles viram como o homem que haviam ajudado a sepultar agora corria em direção a Jesus, juntamente com suas irmãs, até que se reuniram em um gigantesco abraço.

Algumas pessoas da multidão imediatamente depositaram a sua fé em Jesus por causa do que havia acontecido. Mais tarde, outras fariam a mesma coisa, pois era difícil ignorar a visão de um homem ressuscitado da morte. Era tão inegável como era inexplicável. Tudo o que eles tinham que fazer era olhar para Lázaro, para ver que uma transformação havia ocorrido.

Ele estava morto. Bem morto. Completamente morto.

Agora estava vivo. Completamente vivo. Um milagre que falava e andava.

Não é de admirar que tantos que viram o acontecimento depositassem a sua confiança naquEle que havia feito tudo acontecer.

Uma história para compartilhar

Eu costumava desejar um poderoso testemunho de *Lazarusville*. Quando você é salvo aos quatro anos, não há uma grande quantidade de "antes" que você possa indicar, para validar o seu "depois". Não há uma grande transformação de que as pessoas possam se admirar.

Ao longo dos anos, quando os pregadores diziam: "Pense sobre o dia em que você foi salvo, e como você era antes de encontrar Jesus", eu desejava, honestamente, poder fazer isso. Teria sido tão bom ter um momento de nascer de novo que eu pudesse apontar e dizer: "Foi aqui que Jesus veio. Isso era o antigo. Aqui está o novo".

Testemunhos dramáticos parecem ser os realmente costumeiros para Deus. E isso me incomodava, como uma jovem cristã. O que eu tinha a oferecer?

É verdade, eu amava Jesus. Mas teria eu sido transformada?

Na maior parte dos dias, eu não conseguia perceber nenhuma diferença entre a minha vida e a vida das pessoas à minha volta, pelo menos do meu ponto de vista hipercrítico.

Eu sabia que *alguma coisa* havia acontecido quando Jesus entrou no meu coração. Afinal, eu não queria pecar, e me sentia ferida por dentro quando o fazia. Eu sentia amor pelas pessoas no meu coração, e orava diligentemente para que a minha vida pudesse fazer a diferença a favor do Reino de Deus. Mas eu sabia que o seu Reino também precisava fazer a diferença em mim.

Assim começou a minha oração de uma vida inteira: *Senhor, transforma-me.*

E Ele fez exatamente isso. Embora eu ainda não tenha uma história dramática de conversão, todas as vezes em que permiti que Deus pusesse as mãos em mim, Ele me deu um testemunho — uma verdadeira história de "antes e depois" para contar. Porque todas as vezes em que dei a Deus acesso a um novo lugar do meu coração, abdicando do controle e permitindo que Jesus governe e reine, eu fui transformada, de várias maneiras importantes. Embora eu ainda não seja o que devo ser, não mais sou o que era, graças a Deus!

Esse é o tipo de testemunho fresquinho, saído do forno, que o Senhor deseja proporcionar a cada uma de nós. Um testemunho de ressurreição que é bom demais para não compartilhar.

A ressurreição e a vida

Quando Marta se encontrou com Jesus, na estrada, depois que seu irmão havia morrido, uma poderosa troca de verdade aconteceu entre eles.

Depois de derramar a sua dor e confusão, a respeito da morte de Lázaro, Marta deu permissão a Jesus para fazer o que Ele achasse melhor, dizendo: "Mas também, agora, sei que tudo quanto pedires a Deus, Deus to concederá" (Jo 11.22).

Em resposta, Jesus fez uma das suas sete maravilhosas declarações "Eu sou", todas registradas no Evangelho de João. "Eu sou a ressurreição e a vida", disse Ele a Marta. "Quem crê em mim, ainda que esteja morto, viverá; e todo aquele que vive e crê em mim nunca morrerá. Crês tu isso?" (vv. 25,26).

"Sim, Senhor, creio que tu és o Cristo, o Filho de Deus, que havia de vir ao mundo", respondeu Marta (v. 27).

E Marta creu! Diferentemente de alguns de seus colegas judeus, ela tinha fé em uma ressurreição do fim dos tempos. Ela sabia que o seu irmão viveria outra vez, exatamente como ela, depois da sua morte. E também estava totalmente convencida de que o seu amigo Jesus era o Messias, a tão esperada esperança de Israel.

Naquele momento cheio de fé, Marta pode até mesmo ter crido que Ele poderia trazer a ressurreição ao seu irmão, naquele mesmo dia. Porém, mais tarde, quando Marta estava diante da sepultura de Lázaro, a sua fé vacilou. Face a face com a sua realidade cheia de pesar, ela teve dificuldades para crer que alguém — até mesmo Jesus — pudesse trazer a vida de tão óbvia morte e decomposição.

Pode ser igualmente difícil para nós imaginar tal transformação em nossa próprias vida hoje.

Sim, Senhor, sabemos que somos salvos e vamos para o céu. Sabemos que, um dia, seremos verdadeiramente vivos, quando te virmos, face a face.

Mas pensar que podemos ter a ressurreição aqui mesmo, em meio à nossa existência bagunçada e desordenada? *Não parece possível,* decidimos, aceitando a câmara intermediária e apenas aguentando, até que Jesus venha.

No entanto, todo o tempo, a Ressurreição e a Vida estão do lado de fora de nossas sepulturas, chamando nosso nome.

"Lázaro..."

Joanna...

Ponha o seu nome nos lábios dEle. Então, ouça, quando Jesus ordena: "Vem para fora".

Mas não deixe que a ressurreição seja o fim da história. Permita que Jesus faça tudo o que Ele quer fazer em você — pois Ele pode ter em mente mais do que você percebe.

Você percebe, Jesus Cristo não veio à terra simplesmente para nos dar um exemplo a seguir (embora Ele nos tenha dado um importante exemplo de como a vida deveria ser vivida). Ele não veio somente para nos mostrar o coração do Pai e revelar o amor do Pai (embora tenha feito isso e ainda mais). Ele não veio nem mesmo com o único propósito de nos livrar da tirania da morte (embora, louvado seja Deus, Ele tenha feito isso!).

Não, Jesus veio e morreu e ressuscitou outra vez. A seguir, voltou para o céu e enviou o seu Espírito Santo, por uma única razão: para que Ele pudesse viver a sua vida dentro de nós. Todo Ele, em todo você, e em mim.

Esse é o testemunho que cada uma de nós pode ter, não importa como tenha sido a sua jornada de fé. O Cristo interior, que vive e trabalha, dentro de nós. Transformando quem e o que costumávamos ser, de tal maneira que as pessoas à nossa volta não conseguem deixar de ver o milagre e depositar sua fé em Deus.

É o mistério maravilhoso de que Paulo escreveu, em Colossenses 1.27 — o mistério que "Deus quis fazer conhecer... entre os gentios", e a você e a mim também.

Qual mistério? Qual segredo?

Paulo nos diz a seguir: é "Cristo em vós, esperança da glória".

O segredo vitorioso

Repetidas vezes, no Novo Testamento, vemos esse conceito do Senhor vivendo a sua vida dentro de nós, e transformando-nos, de dentro para fora. A mensagem é tão pronunciada, que é difícil crer que muitos de nós deixamos de percebê-la. No entanto, com muita frequência, é o que acontece.

Hudson Taylor, o famoso missionário na China, não entendeu isso, por muito tempo. Depois de se esforçar para viver uma vida santa, com seus próprios esforços, durante mais de quinze anos de ministério, ele perdeu a esperança de ser vitorioso. Mas, um dia, ele leu uma carta de John McCarthy, um amigo que lhe falou de despertar para esta maravilhosa verdade:

> Deixar o meu amoroso Salvador trabalhar, em mim... é aquilo para o que eu viveria, pela sua graça. Permanecendo, não brigando, nem discutindo; mas olhando para Ele; confiando nEle para receber o poder de que preciso hoje; confiando nEle para subjugar toda a corrupção interior; descansando no amor de um poderoso Salvador... Cristo, literalmente, me parece agora o poder, o único poder para o serviço, o único motivo para ter uma alegria inabalável. Que Ele possa nos levar à percepção da sua plenitude incompreensível.[1]

Mas uma sentença na carta se destaca, entre todas as demais. "Mas como fortalecer a fé?", perguntava o seu amigo. "Não lutando para conseguir a fé, mas descansando naquEle que é fiel".[2]

Quando Hudson Taylor leu essas palavras, algo lá no fundo respondeu. "Eu vi tudo!", escreveu ele, mais tarde, para sua irmã, descrevendo a sua nova percepção de Cristo vivendo dentro dele. Era a fidelidade do Salvador que importava, e não a dele.

Com essa percepção, as Escrituras assumiram uma nova vida para mim, em particular João 15, que descreve Jesus como a videira e os crentes como ramos, que obtêm a vida da videira. Hudson escreveu: "A videira agora eu vejo, não é meramente a raiz, mas tudo — raiz, caule, ramos, galhos, folhas, flores, frutas: e Jesus não é só isso; Ele é solo e sol, ar e chuvas, e dez mil vezes mais do que jamais sonhamos, desejamos ou necessitamos".[3]

A realidade de viver e descansar na obra concluída de Jesus — a "vida trocada", como a chamou Hudson Taylor[4] — modificou a sua vida e o seu ministério para sempre. Um amigo missionário escreveu, a respeito da transformação: "É um homem alegre agora, um cristão radiante e feliz. Antes, era um cristão esforçado e oprimido, e, nos últimos tempos, sem muito descanso da alma. Está descansando em Jesus agora, e deixando que Ele faça o trabalho — o que faz toda a diferença".[5]

Mas Hudson Taylor não é o único cristão que descobriu o belo mistério e o poder magnífico de "Cristo em ti, a esperança de glória". Outros também escreveram sobre isso.

Em seu livro *The Unselfishness of God* (A Generosidade de Deus), Hannah Whitall Smith escreve:

> O que me tinha vindo agora era uma descoberta, e de maneira alguma uma realização. Eu não me tornara uma mulher melhor do que era antes, mas havia descoberto que Cristo era um Salvador melhor do que eu pensava que Ele era. Eu não estava nem um pouco mais capaz de vencer minhas tentações do que estivera no passado, mas havia descoberto que Ele era capaz e estava disposto a vencê-las por mim. Eu não tinha mais sabedoria ou justiça do que jamais tivera, mas havia descoberto que Ele podia, verdadeiramente, ser para mim como o apóstolo declarou que Ele seria, sabedoria, e justiça, e santificação, e redenção.[6]

Jesus quer ser o mesmo para nós, hoje — vivendo a sua vida tão plenamente dentro de nós para que nos unamos a Hudson Taylor e Hannah Whitall Smith e o apóstolo Paulo, clamando: "Já estou crucificado com Cristo; e vivo, não mais eu, mas *Cristo vive em mim;* e a vida que agora vivo na carne vivo-a na fé do Filho de Deus, o qual me amou e se entregou a si mesmo por mim" (Gl 2.20, ênfase minha).

Observe a frase "Já estou crucificado com Cristo; e vivo, não mais eu" — pois essa é a chave. Se quisermos viver ressuscitados, e vivenciar a "vida trocada" que tantos heróis da fé descrevem, devemos, em primeiro lugar, conseguir morrer. Morrer para nós mesmos, até que estejamos mortos para o mundo, pois qualquer coisa aquém disso resulta em uma ressurreição incompleta.

Não se satisfaça com um modo de vida de zumbi

No seu obscuro livro de 1906, Leonid Andreyev retrata uma perturbadora imagem de Lázaro, depois de ressuscitado dos mortos. Dos poucos retratos de Lázaro encontrados na literatura, este, certamente, não é lisonjeiro. Nem é, em nada, parecido com a vida que Cristo veio para nos dar. Aqui está um resumo da narrativa:

> Suntuosamente vestido, [Lázaro] é rodeado por suas irmãs, Maria e Marta, outros parentes e amigos que celebravam a sua ressurreição. Os três dias que ele passou na sepultura haviam deixado marcas no seu corpo: as pontas dos seus dedos e o seu rosto estão arroxeados, e há bolhas abertas e gotejantes em sua pele. A deterioração do seu corpo foi interrompida, mas a restauração, o seu retorno à saúde, está incompleto. Também o seu comportamento se modificou. Ele não mais é alegre, despreocupado e risonho, como era antes da morte.[7]

O Lázaro de Andreyev anda pela vida atormentado — e atormentando aqueles com quem tem contato. Olhar aos seus olhos por um período demorado causa loucura à pessoa que o contempla. Em vez de trazer vida aonde quer que vá, um tipo de morte segue o seu despertar. Ele é um fantasma em decomposição em vez de um homem completamente vivo.

Infelizmente, temo que uma quantidade muito grande de cristãos se satisfaça com essa existência de zumbis como seu destino. Nós estamos vivendo ressuscitados — mais ou menos. Todavia, sabemos que a nossa vida deve ser mais alegre.

Mais pacífica. Sabemos que devemos ser amorosos, gentis, perdoadores. Mas, em vez disso, com frequência somos ansiosos, egoístas, cruéis. O odor da nossa natureza inferior, ainda não decomposta, parece pairar em nossas vidas continuamente, não importando quantos desinfetantes experimentemos ou quantos perfumadores de ambiente liguemos.

Se você se encontra nessa condição, posso lhe fazer uma pergunta? Você já considerou a sua morte? Já considerou subir à cruz e ficar ali, até que a vida de Cristo possa fazer o que quiser em você?

Embora a Bíblia seja clara ao dizer que aquilo que Jesus fez no Calvário foi suficiente para comprar a sua salvação e a minha, ainda é preciso fazer uma obra de santificação — uma santa transição, que requer um tipo de morte.

"Se alguém quiser vir após mim, negue-se a si mesmo, e tome a sua cruz, e siga-me", diz Jesus em Marcos 8.34. Mas eu posso sugerir que não basta apenas tomar a cruz. Devemos permitir que a cruz faça o que quiser conosco. Andar continuamente pela Via Dolorosa, mas nunca nos permitir chegar ao Gólgota não é o que Jesus tinha em mente, quando disse: "Siga-me". Sem uma crucificação, não pode haver ressurreição. Temos que estar dispostos a morrer, se realmente quisermos viver. Até que mortifiquemos os nossos "membros que estão sobre a terra", como ordena Colossenses 3.5, nunca seremos capazes de sair de nossas sepulturas e verdadeiramente "praticar a ressurreição", como Wendell Berry descreve.[8]

Mortificar a nossa natureza não é algo que possamos fazer sem Deus. Não é uma renovação que tentamos fazer sozinhos ou uma charada que jogamos até que se torne realidade. Acredite em mim, eu já tentei isso, e não funcionou.

E embora o Espírito Santo deseje nos ajudar, nós devemos iniciar o processo, pois, em um sentido muito real, somente nós podemos decidir morrer.

Como praticar a ressurreição

A questão, naturalmente, é *como*. Como é "morrer para a vida", em termos práticos?

Para mim, envolve rejeitar a influência de qualquer coisa que esteja em posição direta ao reinado e o governo de Cristo em meu coração, incluindo...

• o meu desejo de controlar e dirigir a minha própria vida (e a vida de outras pessoas),
• o meu direito de ser tratada de maneira justa em todas as ocasiões (e de todas as maneiras),
• a minha necessidade de ter boa reputação (e de que pensem em mim com frequência),
• o meu insaciável apetite pela ilusão (seja por meio de comida, televisão, livros ou outros meios).

Você percebeu que tudo isso são desejos centrados na pessoa? O que é exatamente o problema. Para facilitar a invasão transformadora de vida de Cristo no reino do meu coração, eu devo destronar a minha natureza inferior, morrendo para mim mesma.

Sepultado no batismo

Para mim, não há retrato melhor de morte para a vida do que o batismo. Talvez seja por isso que a primeira coisa que Jesus fez, antes de iniciar o seu ministério, foi pedir que João o batizasse (Mt 3.13-17).

O ato do batismo é praticado de maneira diferente em várias igrejas — algumas batizam por imersão, outras derramam água sobre a pessoa que deseja ser batizada, e outras ainda borrifam água sobre ela. No entanto, gosto muito do simbolismo da submersão completa que praticamos, na minha tradição. Para nós, submergir nas águas do batismo simboliza que optamos por morrer para nós mesmos, para os nossos desejos e necessidades. Sair da água é um símbolo de que ressuscitamos para Cristo. A nossa vida é agora a vida dEle. Os seus desejos agora são nossos.

Como diz Romanos 6.4: "Fomos sepultados com ele pelo batismo na morte; para que, como Cristo ressuscitou dos mortos pela glória do Pai, assim andemos nós também em novidade de vida".

Se você não foi batizado, considere a possibilidade de falar com o seu pastor sobre seguir o exemplo de Jesus. É um aspecto importante de confessar a nossa fidelidade "diante dos homens" (Mt 10.32), anunciando para o mundo que você morreu e que Cristo agora vive em você.

Portanto, ide, ensinai todas as nações, batizando-as em nome do Pai, e do Filho, e do Espírito Santo.
Mateus 28.19

Ou, em outras palavras, eu devo crucificar a minha Mulher Carnal — aquela lutadora de sumô de mais de 300 quilos de que tanto falo em *Tendo um Espírito como o de Maria*?[9] Ela é aquilo a que a Bíblia se refere como "carne" (veja Rm 7 e 8). E — veja só — ela pensa que está no comando.

Infelizmente, com muita frequência ela *está* no comando. Embora Jesus esteja sentado no trono do meu espírito, a Mulher Carnal ainda exerce muita influência em outras áreas. Quando cedo continuamente e faço o que ela quer, o seu poder aumenta, limitando a capacidade de Deus trabalhar em mim. Afinal, somente eu posso decidir a quem vou servir.

"Não sabeis vós que a quem vos apresentardes por servos para lhe obedecer, sois servos daquele a quem obedeceis?" escreve Paulo em Romanos 6.16, "ou do pecado para a morte, ou da obediência para a justiça".

Embora eu não seja o meu pecado, graças ao Senhor, somente eu posso decidir se serei ou não controlada por ele. E somente eu posso decidir se a Mulher Carnal continuará o seu reinado tirânico. É por isso que é tão importante que eu continue dizendo "não" ao meu egocentrismo.

E à minha tendência à autoproteção e autopiedade.

E à minha inclinação natural para me concentrar em mim mesma e me autopromover, autorrealizar e de ter autoconfiança.

E a lista pode continuar indefinidamente. Apenas coloque *auto* antes de praticamente tudo, e teremos um problema de doença de pecado que pode ser curado apenas por uma crucificação.

Mas se abraçarmos o processo de crucificar a nossa carne, encontraremos a alegria que Lázaro encontrou. Porque, espiritualmente falando, nada nos liberta mais do que morrer para a vida.

O *grande presente*

Embora haja muitas razões para crucificar a nossa carne, penso que estas podem ser as melhores: você não pode tentar uma pessoa morta — nem amedrontar.

Vá em frente, tente. Leve um homem morto a um canto e faça com que várias beldades desfilem diante dele, e ele sequer olhará para elas. Coloque uma mulher morta em um trono e coloque sobre ela joias e roupas elegantes; ela nem pedirá um espelho. Ameace qualquer um deles com uma faca ou um processo judicial, e não obterá nenhuma reação. De todos os milhões de tentações e ansiedades que nos rodeiam hoje, nenhuma delas pode afetar uma pessoa morta, seja homem, seja mulher.

É por isso que Paulo, embora enfrentando perseguição e prisão, espancamento e até mesmo a ameaça de morte, pôde dizer: "Mas em nada tenho a minha vida por preciosa" (At 20.24).

Como isso era possível?

Acredito que Paulo permaneceu inabalável porque já era um homem morto. Ele não mais pertencia a si mesmo. Ele não mais confiava nas realizações *passadas,* nem na aprovação *atual* dos homens. Paulo era motivado por uma esperança *futura* que se centrava em Cristo e em ser "achado nele" (Fp 3.9). Todo o resto era apenas uma grande quantidade de "esterco" (v. 8) a este homem que abriu mão de tanta coisa para dar a Jesus Cristo tudo o que tinha.

É por isso que Paulo pôde dizer, com tanta confiança: "Mas em nada tenho a minha vida por preciosa" (At 20.24).

Eu me pergunto o quanto a minha vida me é preciosa. Preciosa demais, receio. A minha tendência é me agarrar com tanta força à minha pequena vida e os seus tesouros, que quando o Senhor tenta tirar alguns dos meus preciosos brinquedos, eu luto para ficar com ele. E muito frequentemente, quando Ele me pede que venha e morra, eu me viro e finjo dormir.

Jesus não combateu a morte. Ele a aceitou, subindo à cruz voluntariamente. "Ninguém ma tira [a minha vida] de mim", disse Ele, em João 10.18, "mas eu de mim mesmo a dou". Oh, como eu gostaria de fazer o mesmo. Porque do outro lado do abandono, está a liberdade que Paulo descobriu, quando chegou ao fim de si mesmo.

O mesmo tipo de alegre liberdade Lázaro deve ter vivenciado, depois de enfrentar o pior temor da humanidade — a morte — e sair vivo, do outro lado.

Essa é a vida!

Certamente, as pessoas devem ter percebido que Lázaro estava diferente, depois da sua ressurreição. Diferente, não no sentido do retrato de zumbi de Andreyev, mas diferente no sentido de estar plenamente vivo e completamente sem temor.

Quando penso nesse homem, imagino uma paz cheia de alegria. Uma ausência serena de temor.

Uma santa despreocupação a respeito das coisas com que ele costumava se preocupar, e das coisas que costumava desejar.

"Em nada tenho a minha vida por preciosa", quase consigo ouvi-lo dizer.

Talvez seja por isso que as pessoas correram para ver esse homem, antes morto, mas agora, vivo (Jo 12.9). Mas, infelizmente, a mesma coisa que despertou a fé em uma pessoa despertou o ódio em outra — um ódio originado no abismo do inferno, pois nada é mais ameaçador para o Diabo do que uma mulher de Deus ou um homem de Deus ressuscitado.

"E os principais dos sacerdotes tomaram deliberação para matar também a Lázaro [além de Jesus]", nos diz João, "porque muitos dos judeus, por causa dele, iam e criam em Jesus" (12.10,11).

Inexplicável e inegável

Em um dos meus livros favoritos, *The Indwelling Life of Christ* (A Vida Íntima de Cristo), Major Ian Thomas explora o mistério e o poder de viver ressuscitado:

A verdadeira vida cristã pode ser explicada apenas em termos de Jesus Cristo, e se a sua vida, como um cristão, ainda pode ser explicada em termos de "você" — a sua personalidade, a sua força de vontade, os seus dons, os seus talentos, o seu dinheiro, a sua coragem, a sua escolaridade, a sua dedicação, o seu sacrifício, ou qualquer coisa "sua" — então, embora você possa ter a vida cristã, não a está vivendo ainda.

Se a sua vida, como um cristão, pode ser explicada em termos de "você", o que você tem a oferecer ao seu próximo? A maneira como ele vive já pode ser explicada em termos "dele", e no que diz respeito a ele, a única diferença entre ele e você é o fato de que você, por acaso, é "religioso", ao passo que ele não é. O "cristianismo" pode ser o seu *hobby*, mas não o dele, e não há nada a respeito da maneira como você o pratica que ele possa julgar notável. Não há nada a seu respeito que o deixe perguntando ou imaginando, e nada elogiável, de que ele não se sinta igualmente capaz, sem a inconveniência de ter que se tornar um cristão.

Somente quando a sua qualidade de vida desconcertar o seu próximo é que você terá a probabilidade de conquistar a sua atenção. Deve ser bastante óbvio para ele que o tipo de vida que você está vivendo não apenas é elogiável, mas além de toda explicação humana.[10]

Então, eles, vendo a ousadia de Pedro e João... se maravilharam; e tinham conhecimento de que eles haviam estado com Jesus.
Atos 4.13

Não seria maravilhoso ter uma vida assim? Uma vida que glorifique tanto a Deus que a única maneira de silenciá-la é matá-la. Uma vida que proclama a realidade de Jesus de uma maneira que não é áspera nem condenadora, mas tão encantadoramente viva e enamorada do Salvador que as pessoas não podem deixar de desejá-la. Uma vida tão cheia de integridade e pureza que os críticos se esforçam para ter algo ruim a dizer dela. Uma vida que não deixa de funcionar por causa de ameaças de morte ou pelo medo de desagradar as pessoas, mas simplesmente segue em frente, com coragem e alegria.

É a vida que eu quero. Uma vida tão morta para mim e o meu antigo modo de vida que não consigo deixar de viver de maneira diferente. A *vida trocada*, exposta, para que o mundo a veja, não importa onde eu esteja, e não importa para onde vou.

Morrendo dia a dia

"A disposição de morrer é o preço que você deve pagar se quiser ser ressuscitado dos mortos e viver, e andar no poder da terceira manhã", escreve Major Ian Thomas. "Somente a disposição de morrer existe para nós, não há mais questões a enfrentar, somente instruções a obedecer."[11]

Andar no poder da terceira manhã. Praticar a ressurreição. Mais de Jesus e menos de mim. Tudo se resume a morrer para si mesmo — disso, estou convencida. Assim era George Mullet, o homem de quem lhe falei anteriormente, cujo trabalho nos orfanatos da Inglaterra o fez famoso, na segunda metade do século XIX:

> A alguém que lhe perguntou o segredo do seu serviço, ele respondeu: "Houve um dia em que eu morri, *morri completamente*"; e, enquanto falava, ele foi se abaixando, cada vez mais, até quase tocar o chão — "morri para George Mullet, suas opiniões, preferências, gostos e vontade — morri para o mundo, a sua aprovação ou censura" — morri para a aprovação ou a condenação, até mesmo de meus irmãos e amigos — e desde então, tenho me esforçado apenas para me mostrar 'aprovado por Deus'".[12]

Não sei o que essa história provoca em você, mas todas as vezes que a leio, sinto-me impelida a realizar outro funeral na minha própria vida... e outro ainda. Embora eu desejasse poder lhe dizer que a minha ressurreição exigiu uma única morte e um sepultamento, isso não seria verdade. Em vez disso, a minha história tem muitos obituários.

Dia a dia, às vezes minuto a minuto, preciso tomar aquela difícil decisão de renunciar a mim mesma para poder obedecer a Deus. Embora Cristo tenha morrido, de uma vez por todas, renunciar e morrer é um exercício diário para aqueles que o seguem (1 Co 15.31).

Isto eu posso lhe dizer, no entanto: Cada dia em que decidi verdadeiramente morrer, deixar de lado os meus desejos para que os desejos de Deus pudessem ser realizados em mim, um pouco mais da minha natureza pecadora morreu. E um pouco mais de ressurreição aconteceu.

No entanto, há outro aspecto da morte que eu gostaria de considerar. Um tipo de morte que não necessariamente escolhemos, mas é escolhido por nós. Ele envolve um despir-se e purificar-se de quaisquer excessos em nossas vidas. É doloroso de suportar e difícil de entender, às vezes. Mas é necessário, porque abre espaço para que a vida de Cristo cresça em nós.

Podado pela mão do Mestre

A minha mãe é uma excelente jardineira. Eu gostaria que você pudesse beber chá gelado conosco, olhando para o jardim dela. Cada canto está cheio com uma bela tapeçaria de cores, que se derrama sobre os seus cuidadosamente definidos canteiros. Os aromas são inebriantes, e os frutos do seu trabalho são deliciosos, quando comemos framboesas recém-colhidas.

Nada dessa beleza aconteceu por acidente. Tudo foi cuidadosamente planejado e tratado com zelo, com uma grande quantidade de um trabalho que dá dor nas costas. Quando andamos pelo jardim, minha mãe se refere a cada planta pelo nome.

"Esta roseira não floresceu muito no ano passado, por isso eu tive que podá-la", diz ela, abraçando um adorável botão com a mão. "Esta peônia teve que ser movida, para pegar mais sol, e tive que tirar algumas íris para abrir espaço para mais trigo".

Os seus olhos brilham calorosamente quando ela fala sobre as suas tarefas, mas o que ela descreve é uma série de atos aparentemente brutais. Galhos cheios de folhas, cortados. Arbustos saudáveis arrancados pela raiz. Plantas em flor escavadas e removidas. Cada ato é um certo tipo de morte. Mas tudo isso é feito com amor, considerando o interesse da generosidade do verão.

Quando passeio com minha mãe pelo seu jardim, lembro-me das vezes em que questionei aquEle que cuida do jardim do meu coração. Especialmente naquelas ocasiões em que o seu trabalho me pareceu mais morte que vida.

"Eu nunca soube que o suicídio fosse tão lento ou tão doloroso", disse ao meu marido certa noite, depois de cair na cama, exausta, por algum período particularmente difícil de combate contra a minha natureza inferior. Mas não era apenas contra o "suicídio" que eu estava lutando. Não era apenas a minha escolha de morrer para mim mesma. Deus também parecia estar trabalhando em mim.

Foi o período confuso sobre o qual escrevi em *Tendo um Espírito como o de Maria*, quando Deus permitiu que um doloroso mal entendido com amigos me privasse de tudo o que eu achava necessário para viver. O amor deles, a sua amizade, a sua gentil compreensão e apoio — tudo estava perdido. E nada que eu fizesse poderia melhorar a situação, somente torná-la pior. A remoção da sua aprovação me feriu, de maneira tão profunda, que eu pensei que iria morrer.

O que era o objetivo, é claro, mas esse não era o tipo de morte com que eu havia concordado. Eu estava esperando fechar os olhos, como a Bela Adormecida, e então despertar revigorada e ressuscitada, com o beijo do meu elegante Príncipe Salvador.

Em vez disso, o Senhor apareceu com luvas fortes. Eu quase podia vê-lo, em jeans azul e um chapéu de brim, com uma garrafa de água e pacote com um lanche, que era visível em uma mochila. Foi uma tenda que eu vi? E nas suas mãos — o que era aquilo?

Uma podadeira.

A "morte" que eu estava vivenciando era, na realidade, um período de poda — muita poda. Parecia que o Jardineiro estava extirpando partes de mim, puxando-me pela raiz, tirando tudo o que dava testemunho de vida. Os galhos cheios de folhas que antes haviam florescido, com cores, e caído, pesados, com frutas, haviam sido arrancados, deixando-me marrom e estéril, e agarrando-me à treliça à qual eu estava presa.

Então, veio o longo inverno. E isso se pareceu com a morte.

Uma época de morte

Talvez você esteja em meio a um inverno, agora mesmo. Talvez você se sinta como se tudo aquilo com que se importava tenha sido removido e você ainda não encontrou nada para assumir o seu lugar. Talvez Deus a tenha chamado para deixar de lado uma vida inteira de lutas, para que você possa deixar de lutar. Mas, para ser honesta, a quietude está deixando você nervosa. Talvez Ele a tenha encurralado em um lugar onde há pouca escolha, a não ser ficar quieta. E ouvir. E esperar.

O inverno sempre parece durar mais tempo do que pensamos que deveria.

Atravessar esses momentos, eu aprendi, não é para os fracos de coração. Não é fácil suportar a perda daquilo que antes pensamos que era vital. Tiritar no escuro, sentindo-se desolada e confusa. Perguntando-se quando — ou se — essa época de morte algum dia acabará na verdadeira ressurreição.

Entendo como você se sente, e Jesus também entende — mais do que qualquer uma de nós sabe. AquEle que ficou suspenso, esquecido e abandonado, abatido no auge da sua vida e sepultado, no fundo do sepulcro, está tão intimamente familiarizado com o nosso sofrimento que somente Ele nos pode lembrar do que está em jogo.

"Na verdade, na verdade vos digo", disse Jesus aos seus discípulos, depois de deixar o milagre de Betânia, e começar a dura caminhada em direção a Jerusalém e à sua morte, "que, se o grão de trigo, caindo na terra, não morrer, fica ele só; mas, se morrer, dá muito fruto. Quem ama a sua vida perdê-la-á, e quem, neste mundo, aborrece a sua vida, guardá-la-á para a vida eterna" (Jo 12.24,25).

Por mais estranho que pareça, é nas noites escuras de nossas almas — naqueles lugares da meia-noite, quase mortos, em que nada parece acontecer — que Deus frequentemente faz o seu melhor trabalho. Preparando nossas vidas — tão estéreis no momento — para um derramamento ainda maior de vida.

O inverno sempre antecede a primavera, e, na lei da colheita, a morte sempre precede a vida. Mas se confiarmos no Jardineiro, uma colheita de frutos nos espera — "muito fruto", como diz João 15.5. Fruto formado pela vida de Cristo, liberada em nós, pela nossa morte.

Fruto abundante, delicioso, que durará para sempre (v. 16).

É assombroso pensar que tanta vida pudesse vir de tanta morte. No entanto, esse é o segredo da vida ressuscitada, e a chave da vida trocada de que precisamos. Jesus vivo, em você e em mim. O seu poder nos dando tudo o que necessitamos, para fazer tudo o que Ele nos pede. O seu amor, a sua alegria, a sua paz e a sua justiça, tudo manifestado em nós. E nada temos que fazer sozinhas, a nossa única responsabilidade é morrer. Jesus cuidará do resto, pois Ele não é apenas a ressurreição. Ele é também a vida.

A promessa de uma nova vida

Depois da conferência para mulheres, em *Lazarusville* — não é o nome verdadeiro da cidade, caso você esteja se perguntando —, eu visitei uma vinha, há poucos quilômetros de distância. Como uma jovem acostumada ao clima frio de Montana, eu estava ansiosa para ver de perto como eram cultivadas as uvas. Já era início de março, de modo que o primeiro lugar em que paramos ainda não tinha sinais de vida. Apenas troncos antigos, saindo da terra, com vinhas de madeira, trançadas sobre espesso arame. Tudo estava marrom e sem vida naquele momento particular — e exatamente como eu me havia sentido, de tempos em tempos, durante o ano anterior.

No entanto, quando entramos mais no vale, encontramos outra vinha. Esta mostrava sinais de vida. Apenas alguns toques de verde entre todo o marrom.

— Como isso funciona? — perguntei à minha anfitriã. — É como macieiras? Existem flores de uva, que precisam ser fecundadas, para que possa vir a fruta?

— Eu não sei, na verdade — respondeu minha amiga, estacionando o carro ao lado de uma fila de videiras.

Saí do carro rapidamente, ansiosa para ver os pequenos grupos de folhas que apareciam aqui e ali ao longo da vinha. Eu tinha comigo a minha câmera, e comecei a tirar fotos. Mas então percebi algo espantoso.

Algo profundo.

Ali, na espiral de folhas que se abria lentamente, havia um cacho de uvas em miniatura, perfeitamente formado. Cada uma das minúsculas peças claramente definidas. Um delicado embrião de promessa. Uma imagem ainda não real, de uma realidade futura.

Não consigo sequer começar a descrever como me senti quando o Espírito Santo, mais tarde, sussurrou ao meu coração: *Você percebe, Joanna? Está tudo ali — todo o potencial, toda a colheita que um dia haverá. A vida de Cristo foi posta dentro de você na salvação, e Ele está apenas esperando para ser plenamente revelado.*

Toda a sua luta não é tão necessária quanto a sua permanência, pareceu dizer Ele, quando comecei a chorar. *Se você confiar nas estações... se estiver disposta a morrer para que Jesus possa viver — isso acontecerá. E o Jardineiro terá a glória.*

Esta é uma mensagem que Ele também pode estar falando a você, agora. Pare de tentar produzir frutos sozinha, amada. Deixe que a ressurreição e a vida tragam cor e beleza à sua existência marrom e estéril. Escolha morrer, e aceite o íntimo emaranhar da vida dEle na sua. Há uma colheita dentro de você que foi preparada antecipadamente por Deus. Um propósito para a sua vida, esperando para ser revelado (Ef 2.10). Um Lázaro ou uma Lázara em fabricação. Uma vida que se destina a ser plenamente vivida, explodindo com o fruto da justiça. O tipo de vida que não tem nenhuma explicação, exceto a seguinte: Esta pessoa morreu, e Cristo agora vive.

Soli Deo Gloria.

10

O LÁZARO RISONHO

Foi, pois, Jesus seis dias antes da Páscoa a Betânia, onde estava Lázaro, o que falecera e a quem ressuscitara dos mortos. Fizeram-lhe, pois, ali uma ceia, e Marta servia, e Lázaro era um dos que estavam à mesa com ele. Então, Maria, tomando uma libra de unguento de nardo puro, de muito preço, ungiu os pés de Jesus e enxugou-lhe os pés com os seus cabelos; e encheu-se a casa do cheiro do unguento.

João 12.1-3

Durante a Guerra Civil americana, o marido de Sarah Winchester conseguiu uma fortuna, fabricando e vendendo as famosas armas de repetição Winchester. Mas depois da sua morte, em 1881, Sarah se encontrou atormentada pelo pesar, por ter perdido seu marido e seu bebê, que havia morrido alguns anos antes. Sarah procurou um médium para entrar em contato com seu falecido marido. O médium disse a ela que a sua família estava sendo atormentada pelos espíritos daqueles que haviam sido mortos pelas armas Winchester, mas que Sarah poderia aplacar tais espíritos caso se mudasse para o oeste e construísse uma grande casa para eles. "Enquanto continuar construindo a casa", prometeu o médium, "você nunca encarará a morte".

Sarah acreditou no espiritualista, e por isso se mudou para San José, no Estado da Califórnia, comprou uma casa de oito quartos, cuja construção não havia sido concluída, e imediatamente começou a ampliá-la.

Os trabalhadores passaram quase quatro décadas construindo e reconstruindo a casa — demolindo uma seção para construir outra, acrescentando quartos e mais quartos, alas e mais alas. Foram construídas escadas que não levavam a lugar nenhum. As portas se abriam para o nada. Por toda a casa, os corredores conduziam ao mesmo ponto de partida, criando um gigantesco labirinto, que tinha o propósito de confundir os espíritos.

O projeto continuou, até que Sarah morreu, aos 82 anos. Foram necessários mais de cinco milhões de dólares para construir e decorar 160 quartos, 13 banheiros, 47 lareiras e dez mil janelas.

Hoje em dia, a mansão Winchester está localizada em uma alameda agitada em San José, e atrai milhares de visitantes a cada ano. Mas, como escreveu um autor, a casa é "mais que uma atração turística. É um testemunho silencioso do temor da morte".[1] O temor que escraviza a humanidade desde o princípio dos tempos.

O medo da morte

Durante a maior parte da história, a humanidade tem estado atormentada pelo medo de morrer — com boas razões. Para os bilhões de pessoas que viveram antes da medicina moderna, a morte era uma realidade diária, atingindo as pessoas de maneira indiscriminada, e com frequência sem nenhuma causa óbvia. Um dia, uma mãe abraçava seu filho risonho; no dia seguinte, a criança estava morta, devido a uma febre misteriosa. Um marido saía de casa para caçar, pela manhã, somente para ser encontrado morto por um animal selvagem à tarde. Quando uma mulher ficava grávida, havia grandes possibilidades de que morresse durante o parto. Viver até a idade adulta era algo considerado um grande feito.

Não creio que nós, que vivemos neste século, podemos apreciar plenamente a magnitude da esperança que Hebreus 2.14,15 deve ter trazido àqueles que leram estas palavras: "E, visto como os filhos participam da carne e do sangue, também ele [Jesus] participou das mesmas coisas, para que, pela morte, aniquilasse o que tinha o império da morte, isto é, o diabo, *e livrasse todos* os que, *com medo da morte, estavam por toda a vida sujeitos à servidão*" (ênfase minha).

Ainda que estejamos mais distantes dos constantes lembretes da nossa mortalidade, creio que é justo dizer que nenhuma de nós está esperando ansiosamente a morte. Talvez seja por isso que gastamos bilhões de dólares a cada ano tentando deter a marcha do tempo — ou, pelo menos, reduzir a sua velocidade. Nós decidimos fazer exercícios, comer coisas saudáveis e tomar os compostos vitamínicos adequados. Compramos alimentos e remédios milagrosos, buscando na internet e nas revistas a atual fonte da juventude.

Algumas pessoas chegam ao extremo da criogenia, pagando altas somas para ter seus corpos congelados pouco antes da sua morte, com a esperança de que, um dia, os médicos descobrirão o segredo da vida eterna (ou, pelo menos, a cura para a doença que está prestes a matá-las). Uma rápida injeção de soro, alguns minutos no micro-ondas... e *voilà*! Estarão no campo de golfe no dia seguinte. Ou assim esperam.

Mas não importa o quanto tentemos vencer, comprar ou superar a morte, no final, todos nós daremos o nosso último suspiro, pois o frio e duro fato de vida é este: todos nós morreremos.

Isto também foi verdade a respeito de Lázaro. Embora Jesus o tivesse ressuscitado da morte, pela primeira vez, ele *ainda* teria que morrer de novo. Na verdade, hoje em dia é possível visitar duas sepulturas separadas que reivindicam a distinção de alojar o irmão de Maria e Marta. A primeira delas está em Betânia, agora chamada al-Eizariya.[2] A segunda sepultura está na ilha de Chipre, onde, segundo a tradição ortodoxa, Lázaro serviu como bispo, durante trinta anos, antes de morrer pela última vez.[3]

Embora haja alguma controvérsia a respeito do local onde Lázaro foi, finalmente, sepultado,[4] o fato é o seguinte: aquele a quem Jesus amou e ressuscitou de modo glorioso teve que morrer uma segunda vez, da mesma maneira como você e eu vamos morrer um dia.

Não há como escapar à morte. Mas tenha certeza disto: a morte não é o fim. Há algo mais por vir.

A inscrição na morte

Deus nos cria com um instinto primordial pela vida, e uma violenta resistência à morte. Existe um instinto batalhador dentro de nós, que luta para respirar, arranhando a superfície de qualquer coisa que estejamos atravessando, para sobreviver. E é assim que deve ser. Se não tivermos o desejo de viver, então há alguma coisa errada. Alguma coisa provocou um curto-circuito na nossa fiação, tanto física como espiritualmente.

A morte não fazia parte do plano original de Deus. Você e eu fomos criadas para a vida — a vida eterna. Uma eternidade vivida na companhia do nosso Criador, e uns dos outros.

Infelizmente, os nossos não tão excelentes antepassados, Adão e Eva, decidiram que queriam mais do que Deus havia oferecido. Assim, morderam a isca da serpente, e tentaram assumir o controle como iguais a Deus, em vez de permanecer em sua função, como seus filhos amados.

Consequentemente, o Pai teve que limitar a liberdade deles. Ele os expulsou do jardim e bloqueou o seu acesso à árvore da vida, de modo que eles não mais puderam comer dela e "viver eternamente" (Gn 3.22). O resultado foi que a duração da vida da humanidade foi reduzida de modo radical. A morte teve acesso a seres que haviam sido criados para viver para sempre.

Isso parece cruel? Embora os atos de Deus possam parecer extremos, devemos entender que a punição nasceu de grande misericórdia.

Pense, apenas. Sem a morte, os despejados Adão e Eva — para não mencionar você e eu — estariam destinados a uma eternidade de peregrinação solitária. Vinte e quatro horas por dia, sete dias por semana de uma vida de trabalho desesperador e monotonia sem sentido. Uma existência vazia, privada da constante sensação da presença de Deus de que haviam desfrutado Adão e Eva.

Para duas pessoas que antes andavam e conversavam com Deus, eu não consigo imaginar um destino mais terrível. Condenados para sempre a subir escadas que não levam a lugar nenhum. Percorrendo corredores que levam ao mesmo ponto de onde saíram. Tentando encontrar o seu caminho no confuso labirinto que a sua rebelião havia criado.

Como será

Em seu comentário sobre o Evangelho de João, Ray Stedman narra uma adorável história a respeito da morte e como será passar desta vida para a próxima.

Quando Peter Marshall era capelão no Senado dos Estados Unidos, falou sobre um menino de 12 anos de idade que sabia que estava morrendo. O menino perguntou a seu pai: "Como é morrer?" O pai abraçou o filho e disse: "Filho, você se lembra,

> quando era pequeno, e costumava vir e se sentar no meu colo, na poltrona da sala? Eu lhe contava uma história, lia um livro ou cantava uma canção, e você adormecia nos meus braços. Mais tarde, você acordava na sua própria cama. É assim que é morrer. Quando você desperta da morte, está em um lugar de segurança e beleza".
>
> "É assim que é a morte, declara Jesus", escreve Stedman. "É meramente uma entrada em outra experiência de vida, uma experiência maior e melhor. De nossa limitada experiência humana, consideramos a morte como um adeus final, um salto para o mistério, a escuridão e o silêncio. A morte de um ser querido nos deixa com sentimentos de solidão e abandono, peregrinando solitários pela vida, mas Jesus diz: "Não, a morte é [apenas] sono".[5] Há mais por vir.
>
> *Não quero, porém, irmãos, que sejais ignorantes acerca dos que já dormem, para que não vos entristeçais, como os demais, que não têm esperança. Porque, se cremos que Jesus morreu e ressuscitou, assim também aos que em Jesus dormem Deus os tornará a trazer com ele.*
> 1 Tessalonicenses 4.13,14

O que é uma descrição razoavelmente exata da vida que vivemos hoje, quando tentamos viver longe de Deus.

Mas aqui estão as Boas-Novas! A misericórdia e a graça de Deus marcaram nossa vida aqui na terra com uma linha de término. E com doce ironia, o nosso Pai amoroso tomou aquela mesma coisa que mais tememos — a ameaça da morte — e a lançou sobre a sua própria cabeça. Transformando sepulturas em passagens, e os nossos fins em novos princípios. Convertendo ataúdes em carruagens que nos conduzem a gloriosas mansões que estão sendo preparadas agora mesmo — o lar eterno para o qual fomos criados (2 Co 5.1).

E tudo isso é nosso, se simplesmente aceitarmos o presente que Jesus nos oferece — o dom da vida eterna.

"Onde está, ó inferno, a tua vitória?", escreve Paulo em 1 Coríntios 15.55, quando considera o nosso destino final, e o veículo que nos levará para lá. "Onde está, ó morte, o teu aguilhão?"

Por meio de Jesus Cristo, "tragada foi a morte na vitória" (v. 54).

Travessia

A vitória sobre a morte, no entanto, não é encontrada apenas no futuro. Em um sentido muito real, para aqueles que receberam Cristo, a vida eterna começa agora. "Se o Espírito daquele que dos mortos ressuscitou a Jesus habita em vós", nos diz Paulo, em Romanos 8.11, "aquele... também *vivificará* o vosso corpo mortal, pelo seu Espírito que em vós habita" (ênfase minha).

Adoro esta palavra: *vivificar*. Ela não fala em velocidade, mas em vir à vida. Você percebe, Jesus não promete meia ressurreição. Ele oferece uma ressuscitação completa através do Espírito Santo. Um tipo de vida como "peguem as pás do ressuscitador, porque agora vamos vivificar esse sujeito", que estala com tanta eletricidade!

Talvez seja por isso que o retrato que Leonid Andreyev apresenta, de um Lázaro meio morto, não me parece verdadeiro. A ideia de que Jesus ressuscitasse o seu amigo para torná-lo infeliz não tem nada a ver com o Salvador que eu conheço, nem se parece, em nada, com o poder de Deus que vivenciei em ação na minha vida. Quando Ele ressuscita, Ele ressuscita completamente.

E foi isso que aconteceu com o nosso espírito quando fomos salvos. No entanto, isso não quer dizer que não haja mais trabalho a ser feito. Paulo enfatiza isso quando escreve: "E, se Cristo está em vós, o corpo, na verdade, está morto por causa do pecado, mas o espírito vive por causa da justiça" (Rm 8.10).

Você percebe, é preciso tempo — e algum esforço — para que o nosso corpo e alma acompanhem o que aconteceu com o nosso espírito. Trazer ressurreição a cada parte da vida é a alegria e também o esforço do nosso andar cristão. Mas não fazemos isso sozinhos. É um trabalho cooperativo, com o Espírito Santo, do princípio ao fim. A morte em nós está sendo vencida, e a vida vai vencer completamente!

Mas quando penso em Lázaro, não o vejo como um zumbi, andando meio louco pelo mundo. Não o vejo fazendo com que as pessoas enlouqueçam quando olham em seus olhos. Em vez disso, eu o imagino abrindo a mente das pessoas a todas as possibilidades, todas as doces ramificações de uma segunda chance na vida.

Afinal, não consigo pensar em nada que seja mais transformador, mais libertador, do que enfrentar aquilo que você mais teme e descobrir que isso não tem nenhum poder. Isso é uma nova perspectiva!

Lázaro riu

Em minha mente, o Lázaro ressuscitado seria parecido com o homem retratado na obra de Eugene O'Neill, *Lazarus Laughed* (Lázaro riu). Embora você não possa recorrer a O'Neill em busca de sã doutrina, o personagem que ele retrata atrai o meu coração e desafia a minha alma. O maravilhoso pregador John Claypool descreve como a produção da Broadway, que ficou tão pouco tempo em cartaz, retratava o Lázaro ressuscitado:

> Para O'Neill, Lázaro sai da sepultura rindo. Não um riso amargo e zombeteiro, mas um tipo de som gentil, terno, que invade tudo. Depois de solto da mortalha, a primeira palavra que ele profere é "SIM!" Ele não tem uma expressão distante nos olhos, mas parece ver as pessoas mais próximas a ele com um novo tipo de prazer e afeto... É como se tudo tivesse adquirido um novo brilho, por causa do que ele havia aprendido. Havia um tipo de paz e serenidade nele, que era quase tangível...
>
> À medida que a peça se desenrola, Lázaro personifica o que significaria estar livre da morte. A sua casa passa a ser chamada a casa do riso. Ali há música e dança, noite e dia. À medida que ele continua a viver desta maneira livre e maravilhosa, outros seres humanos são atraídos pela alegria desse modo de vida. Eles deixam de ter medo. Eles começam a ser generosos e humanos, uns com os outros. Eles se apaixonam, de novo, pela maravilha da vida, propriamente dita.[6]

Como seria se você e eu finalmente pudéssemos nos livrar do medo da morte e da obsessão ávida por este mundo, que acompanha esse medo? E se, encarando a morte, fôssemos capacitadas a nos apaixonar de novo pela maravilha da vida, propriamente dita?

Estou certa de que sentiríamos mais alegria e menos medo. Mais fé e menos dúvida. Mais amor e menos egoísmo. Mais vida nesta vida!

Se nos concentrássemos em viver à luz da eternidade, entendendo que existe uma vida gloriosa em um mundo perfeito que há de vir, creio que aprenderíamos a considerar esta vida de uma maneira menos apegada, e as pessoas que amamos, de uma maneira menos possessiva. Deus nem sempre está de acordo com aquilo que você e eu pensamos que seja melhor. Nós veríamos possibilidades eternas nos problemas cotidianos. Nós nos entregaríamos, com mais facilidade, a nós mesmos e às pessoas a quem amamos, ao plano de Deus, em vez de entregá-los às nossas exigências.

Acima de tudo, creio que aprenderíamos a viver com a mão aberta, e não fechada.

A alegria da entrega

Quando recebi a notícia de que a minha mãe havia sofrido um grave ataque cardíaco, e estava sendo levada a uma cirurgia de urgência, imediatamente comecei a dirigir os 240 quilômetros ao sul para estar com ela. Isso foi há quatorze anos, antes que eu tivesse um telefone celular, de modo que fiquei, durante duas horas, sem nenhuma informação, sem nenhuma notícia sobre o andamento da cirurgia. Eu nem mesmo tinha certeza de que a minha mãe ainda estava viva.

Mas algo maravilhoso aconteceu, durante a minha louca viagem pela rodovia interestadual. Enquanto eu orava, e dirigia, e orava e dirigia um pouco mais, eu me vi entregando minha mãe ao Senhor. Confiando-a aos seus cuidados. Crendo que Ele faria o melhor. E com a entrega, veio uma doce paz, como eu nunca havia sentido antes. Eu sabia que tudo daria certo.

Mas, por favor, entenda, eu ainda não sabia se *ela* ficaria bem. A paz que eu sentia não era uma promessa de que a minha mãe sobreviveria à cirurgia. Na verdade, mais tarde eu descobri que ela morreu, na mesa de cirurgia, durante alguns minutos. A paz que me envolvia, enquanto eu dirigia rumo ao desconhecido, prometia apenas isto:

Tudo vai dar certo. O que quer que fosse *tudo*.

Quando abri minha mão e entreguei minha mãe ao Deus que a amava mais do que eu, senti uma tranquila alegria encher meu coração. Uma doce sensação de "estar bem", que superava a felicidade (que tende a depender, em grande parte, dos acontecimentos).

A paz tranquila que senti foi um presente do Senhor, e não alguma coisa que eu pudesse ter conseguido sozinha. Lázaro deve ter sentido essa mesma paz quando saiu da sepultura, de volta à vida — mas cem vezes maior, e intensificada com maravilhosa alegria. Porque ele havia viajado ao lugar que os humanos evitam a todo custo, e havia encontrado Deus à sua espera ali.

Quando as sepulturas não se abrem

Como Maria e Marta, fui abençoada e recebi a pessoa que eu amava — a minha mãe — de volta da morte. No entanto, estou dolorosamente ciente de que você pode fazer parte dos muitos que estiveram diante de sepulturas que não se abriram.

Você faz orações desesperadas, que ficam sem respostas. Talvez, como Jó, você tenha se esforçado para reconciliar a sua fé em um Deus de amor com um resultado aparentemente pouco amoroso. Você fica na cama, à noite, perguntando-se como continuar crendo que Deus é bom, quando tudo na sua vida parece estar tão mal.

Em particular, durante os doze últimos meses, tive um vislumbre de como seria esse sentimento. Foi um ano muito estranho para mim. Em meio à escrita sobre o poder operador de milagres de Deus, para resgatar e ressuscitar, compareci a mais enterros e testemunhei mais tragédias do que nos últimos seis anos. Entre os meus amigos, houve dois ataques de coração muito graves, um grave derrame, três mortes prematuras decorrentes de câncer, a trágica morte de um filho e o suicídio de um pai atormentado — para mencionar apenas algumas das coisas que aconteceram. Em junho, o meu pai teve um grave hematoma subdural no cérebro, e cinco meses mais tarde foi diagnosticado com câncer nos rins. Três semanas depois disso, meu marido foi operado duas vezes, para remover pedras nos rins.

Em meio a tudo isso, nós sentimos uma variedade de emoções: saltando com gratidão em salas de espera de hospitais, em um momento, e no momento seguinte chorando ao lado de sepulturas cobertas pela neve.

E em meio a tudo isso, como você, nós nos agarramos a Jesus quando os "por quês" de tudo isso estavam muito além de nossa compreensão.

Não consigo explicar completamente os caminhos de Deus nem o motivo por que Ele permite que a dor e o sofrimento coexistam com o seu intenso amor por nós. Mas eu me pergunto se Ele não quer usar toda a tristeza que testemunhei recentemente para equilibrar a mensagem que Ele desejava que eu escrevesse neste livro.

É muito mais fácil pregar um evangelho de Poliana — um evangelho que diz que, se formos bons, nada de mal deveria acontecer. Uma fórmula de cristianismo que é clara e organizada, sugerindo que, se obedecermos às regras, venceremos sempre.

A história de Lázaro refuta tudo isso, como também toda a Bíblia. As Escrituras nunca dissipam a realidade de que coisas ruins acontecem a pessoas boas. Que Deus nem sempre vem correndo em nosso auxílio, pelo menos, não da maneira e no momento em que esperamos que Ele o faça. O Amor tarda, às vezes. E há momentos em que o Amor parece, na verdade, recuar, permitindo que aconteçam coisas que nunca teríamos sonhado permitir.

Pergunte a José, enquanto ele marca o passar de mais um dia na parede da sua cela na prisão, contando os longos anos, desde que tivera o sonho de Deus, e perguntando a si mesmo como e quando ele perdera a benevolência de Deus.

Pergunte a Daniel, quando ele envolve os ombros com seu manto e treme, na cova dos leões, em parte pelo frio e em parte pelo medo dos leões que resfolegavam junto ao seu pescoço — tudo porque Daniel não quis negar o seu Deus.

E pergunte a João, o discípulo que mais nos contou a respeito de Lázaro. Anos depois, ele é um velho exilado e deixado à míngua na estéril ilha de Patmos. Um por um, ele ficou sabendo da morte de seus amigos — um martírio brutal após outro, para os homens que haviam seguido a Cristo. Os discípulos haviam provado ser fiéis, seguindo a Jesus todo o tempo, até a morte. Será que ele seria o próximo?

No entanto, em cada caso aparentemente desesperador, o Amor restringido acabou realizando os propósitos de Deus. Salvando o Egito e o mundo conhecido — para não mencionar os irmãos de José!— da morte pela fome. Exaltando a Deus em meio a uma nação pagã, como o único Deus verdadeiro, que é capaz de fechar a boca de leões e converter o coração de reis. E proporcionando-nos um vislumbre da eternidade (o livro de Apocalipse) escrito pela pena de um velho solitário.

Essa mesma restrição divina, terna, mas difícil de entender, pode ser necessária, na sua vida ou na minha. Mas também realizará os propósitos de Deus, se confiarmos nEle. Embora seja possível que nunca conheçamos toda a história aqui na terra, podemos ter certeza de que nada em nossas vidas será desperdiçado por Deus. Provações e tragédias, até mesmo a morte, nada pode nos separar do seu amor (Rm 8.39). Especialmente quando entregamos as nossas perguntas e a nossa necessidade de entender, confiando toda a nossa confusão e medo ao seu coração e às suas mãos.

Preparando-se para o melhor

Começo a pensar se uma das razões por que Deus permite dificuldades em nossas vidas é para nos desmamar deste mundo, para curar o nosso vício de coisas temporais, que nunca nos satisfarão. Porque parece que as ocasiões em que estamos, face a face, com a dor e a morte, são as ocasiões em que melhor nos lembramos de que este mundo é apenas uma sombra. Um esboço primitivo e um mero desenho da beleza que está à nossa espera em um mundo fora deste. Uma realidade alternativa tão magnífica e incompreensível que frequentemente nos esquecemos de que ela existe.

Em seu maravilhoso livro *Things Unseen* (Coisas Invisíveis), Mark Buchanan conta a história de um casal que perdeu seu filho, recém-nascido, devido a um raro e grave distúrbio genético. Três meses depois, morreu também a filha deles, aos dois anos de idade. Depois de tão devastadora perda, Marshall e Susan Shelley lutaram dolorosamente com Deus. *Por quê, Deus?*, perguntavam. *Por que fizeste isso? Por que isso aconteceu?*[7]

Mais tarde, Marshall expressou a sua luta para entender a morte de seus filhos em um artigo que escreveu para a revista *Christianity Today*: "Por que Deus criou uma criança para viver dois minutos?", perguntou ele, antes de responder:

> Ele não fez isso. [E] Ele não criou Mandy para viver dois anos. Ele não me criou para viver 40 anos (ou qualquer número de dias que Ele possa pretender dar à minha vida neste mundo).
>
> Deus criou Toby para a eternidade. Ele criou cada um de nós para a eternidade, onde poderemos nos surpreender ao descobrir o nosso verdadeiro chamado, que sempre parecia tão inatingível aqui na terra.[8]

Que ideia poderosa! Nós não fomos criadas para esta terra apenas, mas para um infinito futuro com Deus. Um destino além do mero tempo e espaço. Como nossas vidas se transformariam se realmente despertássemos para essa realidade?

Será que sou apenas eu, ou todas nós perdemos essa sensação de outro mundo à nossa espera, como cristãs? Será que nos tornamos tão apegadas a este mundo e seus confortos que nos esquecemos de que somos apenas peregrinas? Forasteiras, por assim dizer — criadas para outro lugar. Esta vida é apenas uma nave espacial, que deve nos levar deste mundo à nossa única e verdadeira morada.

Gosto muito da maneira como Elisabeth Elliot descreve isso:

> O céu não é *aqui*, é *ali*. Se recebêssemos tudo o que quiséssemos aqui, o nosso coração se conformaria com este mundo, e não com o próximo. Deus está sempre nos atraindo para cima e para fora deste mundo, atraindo-nos para junto de si e do seu Reino, ainda invisível, onde certamente encontraremos aquilo que desejamos tão intensamente.⁹

Solitários fora de casa

Alguém perguntou, certa vez: "Por que temos a tendência de viver como se a eternidade durasse oitenta anos, mas esta vida durasse para sempre?"

É uma importante pergunta, creio eu. Como uma jovem cristã, percebi que se eu fosse traçar uma linha do tempo da eternidade e então colocasse o meu período de vida nesse *continuum*, ele sequer apareceria. Na verdade, esses oitenta e poucos anos que recebemos são apenas uma mancha na tela, um "vapor", como descreve Tiago 4.14. Uma névoa que logo se dissipa.

Algumas pessoas, até mesmo alguns cristãos, não creem que exista alguma coisa após esta vida. Da perspectiva dessas pessoas, nós vivemos e depois morremos. Pó a pó, cinzas a cinzas. Alimento para vermes. Elas dizem que não existe essa coisa de ressurreição, e que Jesus não vai voltar. O céu, se é que existe, é encontrado aqui mesmo, na terra.

E, de certa forma, essas pessoas têm razão, em parte. O céu começou na terra quando, por meio de Cristo, o "reino dos céus" chegou (Mt 4.17). Para aqueles que depositaram toda a sua esperança em Jesus, a eternidade já começou.

Mas dizer que isso é tudo o que existe? Não consigo imaginar nada mais desapontador ou triste. Se o sabor limitado do céu que sentimos aqui na terra é tudo o que temos a esperar, então por que devemos nos incomodar?

Vivendo à luz da eternidade

Considerando o fato de que há mais por vir, como, então, viveremos?

Se a eternidade, e não esta terra, é o nosso verdadeiro lar, você não acha que deveríamos viver de uma maneira diferente da do mundo? Eu gostaria de sugerir estes princípios:

- *Viva plenamente.* Não desperdice o hoje lamentando o passado ou temendo o futuro, pois este poderá ser o seu último dia na terra. Faça com que ele seja importante para Deus.
- *Não se agarre às coisas.* Uma vez que não podemos levar conosco nossas posses, aproveite o que você tem, mas não se agarre tão firmemente às coisas, nem caia na armadilha de sempre desejar mais.
- *Valorize muito as pessoas.* As pessoas são os verdadeiros tesouros da vida, e vale a pena que as cultivemos, protejamos e invistamos nelas, pois são a única coisa desta terra que podemos levar conosco quando partirmos.
- *Viaje leve.* Não carregue a bagagem de mágoas passadas, e não acumule rancores ao passar. A vida é curta demais para ser voluntariamente infeliz.
- *Ame completamente.* Permita que Deus revele o seu amor pelas pessoas por intermédio de você. Seja terno, e não insensível, paciente e rápido para perdoar, misericordioso e lento para julgar.
- *Dê livremente.* Não acumule o que você tem. Em vez disso, compartilhe, com um coração alegre, e receberá mais. A generosidade libera bênçãos da mesma maneira como semear leva à colheita.
- *Olhe com expectativa.* Continue olhando para cima enquanto você anda aqui na terra, sempre pronto e esperando o iminente retorno de Cristo. Concentre-se no céu, para que possa ser bom na terra.

Pelo que, amados, aguardando estas coisas, procurai que dele sejais achados imaculados e irrepreensíveis em paz.
2 Pedro 3.14

O apóstolo Paulo concordou: "E, se não há ressurreição de mortos, também Cristo não ressuscitou", declara, em 1 Coríntios 15.13,14. "E, se Cristo não ressuscitou, logo é vã a nossa pregação, e também é vã a vossa fé."

Paulo estava plenamente convencido de que a eternidade é o que importa — e não esta vidinha insignificante com que nos importamos tão cuidadosamente. Na verdade, Paulo faz uma declaração incrivelmente ousada, que deveria abalar não apenas a maneira como pensamos, mas influenciar também a maneira como vivemos. "Se esperamos em Cristo só nesta vida, somos os mais miseráveis de todos os homens" (1 Co 15.19).

Em outras palavras, se isto é tudo o que existe, amigos, temos um grave problema.

É por isso que viver à luz da eternidade é tão importante. Se não cultivarmos uma perspectiva eterna, acabaremos atoladas tanto nas bênçãos como nos problemas desta vida. Acabaremos obcecadas com o sucesso, possuídas por nossas posses e viciadas pelo nosso apetite de ter mais, mais, sempre mais.

Podemos chamar Jesus de nosso amigo, podemos até mesmo declarar que Ele é o nosso bem mais precioso, dizendo que Ele é mais que suficiente. Mas se não pensarmos eternamente, há grandes possibilidades de que nos apeguemos demais a tudo o que pudermos encaixar em nossos já cheios braços, temendo que isto é tudo o que existe, e por pensar que é melhor que apanhemos essas coisas enquanto pudermos.

Mas esta não é a vida para a qual fomos criadas. Na verdade, isso nem é vida. É apenas outra sepultura. Talvez mais bem decorada, com papel de parede melhor. Mas ainda é apenas uma sepultura.

O último riso

Lázaro sabia que esta vida terrena não é aquilo para que fomos criados. E imagino que ele deve ter rido, porque, na experiência de morrer e ressuscitar, Lázaro deve ter descoberto que havia muito mais para viver do que ele sabia. Para os seus olhos ressuscitados, a vida a que ele havia se apegado, aquela que havia parecido tão cheia de dificuldades, deve ter parecido brincadeira de criança.

Com base no seu breve vislumbre de eternidade, Lázaro certamente pôde discernir o falso do genuíno. As cópias em papel cartão que trabalhamos tão duro para obter. Os sonhos em papel machê que ocupam os nossos corações e mentes. Os tolos jogos que jogamos. As coisas inconsequentes que acentuamos até que pareçam monumentais.

O Lázaro ressuscitado certamente via a vida de maneira diferente, porque sabia que havia mais por vir. Se pudéssemos apenas captar isso, Lázaro não seria a única pessoa a rir.

Virá um dia que causará uma alegria como nunca conhecemos; uma alegria que brotará dentro de nós. Um riso que será motivado por uma trombeta e ecoado por uma figura magnífica sobre um grande cavalo branco, que mostra as chaves do inferno, da morte e da sepultura acima de sua cabeça, enquanto vem cavalgando em nossa direção, em triunfo (Ap 1.18).

O próprio Cristo. O nosso Salvador. Antes sepultado, agora vivo. Que ressuscitou e foi estar com o Pai. Mas que voltará outra vez. Podemos ter certeza disso!

Porque o mesmo Senhor descerá do céu com alarido, e com voz de arcanjo, e com a trombeta de Deus; e os que morreram em Cristo ressuscitarão primeiro; depois, nós, os que ficarmos vivos, seremos arrebatados juntamente com eles nas nuvens, a encontrar o Senhor nos ares, e assim estaremos sempre com o Senhor. Portanto, consolai-vos uns aos outros com estas palavras. (1 Ts 4.16-18)

Que dia maravilhoso será esse! Não sabemos *quando* acontecerá, mas podemos ter certeza de que *irá* acontecer. Isso está escrito, preto no branco, por toda a Palavra. Porém, o mais importante, foi assinado e selado em vermelho — pelo precioso sangue de Jesus Cristo.

"Não se turbe o vosso coração", disse Jesus aos discípulos, pouco depois de ressuscitar Lázaro, "credes em Deus, crede também em mim. Na casa de meu Pai há muitas moradas... pois vou preparar-vos lugar. E, se eu for e vos preparar lugar, virei outra vez e vos levarei para mim mesmo, para que, onde eu estiver, estejais vós também" (Jo 14.1-3).

Jesus está voltando. Ele está voltando, por mim e por você. E o que Ele preparou para nós superará qualquer coisa que Sarah Winchester poderia ter imaginado. Mais quartos, mais portas, muitas janelas mais! Ele está construindo uma mansão — "muitas mansões", nos diz a King James Version, em João 14.2 — e tudo para a sua esposa.

É o amor que o motiva. O amor por você, por mim e por qualquer outra pessoa que já respondeu ao som da sua voz. Puxando nossa mortalha, enquanto cambaleamos para fora de nossas sepulturas. Correndo diretamente para os ternos braços do nosso Senhor. Rindo e chorando ao mesmo tempo, enquanto nos unimos a Ele para a suprema celebração que há de vir.

O seu lugar à mesa

Eu gostaria que pudesse ter estado ali, no jantar que Maria e Marta ofereceram a Jesus, o homem que havia trazido seu irmão de volta à vida. João 12.1-3 assim o descreve:

Foi, pois, Jesus seis dias antes da Páscoa a Betânia, onde estava Lázaro, o que falecera e a quem ressuscitara dos mortos. Fizeram-lhe, pois, ali uma ceia, e Marta servia, e Lázaro era um dos que estavam à mesa com ele. Então, Maria, tomando uma libra de unguento de nardo puro, de muito preço, ungiu os pés de Jesus e enxugou-lhe os pés com os seus cabelos; e encheu-se a casa do cheiro do unguento.

Que terna imagem de doce comunhão. Consigo imaginar Marta trazendo suas travessas de suculenta comida, mas desta vez, parando para ouvir, enquanto o seu Mestre falava. Consigo ver Maria ouvindo cada palavra dEle, mas também motivada, em seu coração, para ungir o Senhor com o melhor que ela tinha para lhe oferecer. Não consigo deixar de imaginar se João, o discípulo amado, não abriu mão de seu lugar costumeiro para que Lázaro tivesse a oportunidade de se apoiar em Jesus. O doce aroma que encheu a casa certamente não veio apenas do perfume do unguento de Maria.

Contudo, por mais adorável que tivesse sido a cena, também foi tensa. Ameaças de morte contra Jesus — e também contra Lázaro — estavam circulando pela aldeia. Embora muitas pessoas estivessem depositando a sua fé no Senhor, por causa do milagre, outras temiam a influência cada vez maior de Jesus. Até mesmo alguns dos seus seguidores não se sentiam à vontade com a maneira como as coisas estavam acontecendo.

Quando Maria derramou um vaso inteiro de unguento precioso sobre os pés de Jesus, Judas Iscariotes pode não ter sido o único a pensar que isso era um desperdício, mas Jesus elogiou a extravagante oferta de Maria. "Deixai-a", disse Ele, "para o dia da minha sepultura guardou isto" (v. 7).

Você vê, o Senhor sabia que o seu tempo na terra estava terminando. Essa seria a última refeição que Ele teria em Betânia, com seus queridos amigos. Ternas lembranças devem ter enchido a mente de Jesus, ao observar Marta servindo e Lázaro reclinado sobre Ele. Quando Maria se inclinou para enxugar o unguento com seus cabelos, o amor dela deve ter banhado o coração dEle, além dos seus pés.

A descrição da refeição é particularmente significativa para mim, porque é a última vez em que encontramos a família de Betânia mencionada nas Escrituras. Depois de passar mais de uma década imaginando e escrevendo sobre a vida deles, eu anseio por conhecer pessoalmente Maria, e Marta, e Lázaro.

E algum dia, conhecerei! Quando soar a trombeta, todos nós nos encontraremos com Jesus nos ares. Então, posteriormente, no céu, a família de Betânia e o resto da família de Deus, todos se sentarão juntos, para um suntuoso banquete — a ceia das bodas do Cordeiro (Ap 19.9).

Tendo isso em mente, posso lhe fazer algumas perguntas pessoais? Quando pensa nesse dia glorioso, onde você se vê sentada? O que você se vê fazendo? Você irá se ajoelhar, em adoração, aos pés de Jesus... ou se sentar perto dEle, para conversar com Ele, passando-lhe um prato de comida? Você correrá para Ele, como uma criança, e se sentará no seu colo... ou olhará no fundo dos seus olhos, antes de cair de joelhos em adoração? Imagine como será maravilhoso.

A seguir, deixe-me perguntar-lhe: Você está fazendo isso aqui?

Você está tão perto de Jesus quanto é possível, enquanto vive para Ele aqui na terra? Livrando-se da sua dúvida de amor e do seu temor da régua, para que possa correr até Ele diariamente, como uma amiga corre para encontrar um amigo?

O texto de 1 Coríntios 13.12 parece sugerir que seremos conhecidos no céu como somos conhecidos na terra. E isso, creio eu, deveria ter implicações radicais sobre como devemos viver diariamente. Não quero esperar até chegar ao céu para conhecer Jesus. Quero me acomodar perto dEle hoje.

Quero colocar a minha cabeça junto ao seu peito e ouvir o seu coração bater, como fez o discípulo João (Jo 21.20).

Quero colocar os meus maiores tesouros aos seus pés, como fez Maria.

Quero servir o Senhor sinceramente, e ainda reagir à sua repreensão e mudar, como fez Marta.

Acima de tudo, eu quero rir, como Lázaro — rir alto, com pura alegria, porque eu pertenço a Jesus e Ele pertence a mim. Porque nada, absolutamente nada, poderá me separar do seu amor. Nem as dificuldades desta vida, nem as coisas insignificantes deste mundo. Porque eu sou do meu amado, e o meu amado é meu (Ct 6.3).

Em 890 d.C., quando foi descoberta em Chipre a suposta sepultura do irmão de Maria e Marta, o sarcófago de mármore encontrado estava marcado com uma simples inscrição: "Lázaro... amigo de Cristo".[10]

Não posso imaginar uma maneira melhor de ser definido — na vida ou na morte. Tanto *aqui* na terra como também *lá*, um dia. Afinal, este mundo não é o nosso lar. Estamos apenas de passagem.

Assim, continuemos vivendo como se estivéssemos morrendo, tendo sempre em vista a eternidade. Especialmente quando a vida é difícil e não entendemos. Quando o amor parece tardar e somos tentadas a duvidar do amor de Deus e a desistir da esperança.

É nesses momentos, amigo, que devemos nos lembrar...

Há mais por vir.

Bônus

O QUE ESTÁ FAZENDO VOCÊ TROPEÇAR?

Portanto, nós também, pois, que estamos rodeados de uma tão grande nuvem de testemunhas, deixemos todo embaraço e o pecado que tão de perto nos rodeia e corramos, com paciência, a carreira que nos está proposta, olhando para Jesus, autor e consumador da fé.

Hebreus 12.1,2

Eu tenho um problema. Você não perceberia isso, apenas ao olhar para mim — pelo menos, espero que não. Eu pareço bastante normal. Mas ao rever a área de vigilância de minha vida, tenho que admitir uma verdade perturbadora:

Eu tropeço de maneira crônica.

Se houver a menor irregularidade na superfície sobre a qual estou andando, o meu pé invariavelmente encontrará a imperfeição. Qualquer pequena falha no piso tem a capacidade de me mandar para o espaço, com os braços se movendo como um moinho de vento, em um esforço para recuperar o meu equilíbrio. Sou particularmente suscetível a fios de microfones, como descobri certo domingo, nos meus primeiros anos de ministério.

Ansiosa para dar as boas-vindas a um recém-chegado, deixei o meu lugar, junto à equipe de louvor, pouco antes que fosse pronunciado o convite para que saudássemos uns aos outros. Depois de dois passos para deixar a plataforma, repentinamente eu levantei voo. O salto do meu sapato havia ficado preso em um dos fios. Mas, pensando depressa, consegui me livrar da armadilha enquanto navegava pelo ar.

A multidão, ainda sentada, observou com espanto enquanto eu aterrissava sobre os meus pés no corredor, em algum lugar entre as fileiras um e dois. Quando eu finalmente parei de me mover, estava ao lado da pessoa com que pretendia falar.

— Estou muito feliz porque você pôde se unir a nós — disse eu, timidamente, ao apertar a mão do espantado convidado.

A multidão riu.

— Foi simpático que você caísse aqui — respondeu o homem, pensando rápido.

Todos nós explodimos em risos. Foi um momento que nunca esquecerei, mas não estou ansiosa por repetir. Porque tropeçar não é apenas humilhante. É perigoso.

Especialmente quando acontece no seu andar com Deus.

O problema com as mortalhas

Quando Lázaro saiu da sepultura, João 11.44 nos diz que ele tinha "as mãos e os pés ligados com faixas", e que o seu rosto estava "envolto num lenço". Os estudiosos têm diferentes opiniões a respeito dos detalhes de como ele se pareceria.[1] Mas está claro que o homem voltou a entrar na vida em uma condição impedida.

E a mesma coisa acontece conosco.

Embora o nosso espírito tenha sido completamente ressuscitado por Cristo, e nós tenhamos nascido de novo, ainda permanecem resíduos de nossa carne. Há pontas soltas de nossa natureza inferior penduradas em nossa vida, ameaçando fazer com que tropecemos no nosso andar com Deus.

De certa forma, as mortalhas que atrapalhavam Lázaro descrevem bem as mortalhas que nos atrapalham como cristãos:

- Os seus pés estavam atados, afetando o seu *andar* com Deus.
- As suas mãos estavam atadas, limitando o seu *trabalho* para Deus.
- O seu rosto estava coberto, impedindo a sua *vigilância*.
- A sua boca estava coberta, silenciando o seu *testemunho*.[2]

Alguma dessas coisas parece familiar? Sei que é familiar para mim. Não é de admirar que muitos se sintam ineficazes no seu andar com Deus. Nós também lutamos com uma mortalha. As mortalhas, por si mesmas, são apenas peças de tecido fino. No entanto, se não são sistematicamente removidas, com a ajuda do Senhor, convertem-se em correntes espirituais, que nos restringem. Vendas que nos impedem de ver os esquemas do Inimigo. Mordaças que sufocam as nossas tentativas de proclamar as Boas-Novas.

Infelizmente, é possível que fiquemos tão acostumados a nossas mortalhas que acabemos gostando delas. Elas são confortáveis. São familiares. São como uma roupa velha de malha, já confortável depois de anos de uso e estendida nos pontos certos para se ajustar à nossa tendência à desobediência.

Depois que chegarmos a esse ponto, tirar as nossas mortalhas e colocar alguma outra roupa parece ser um pouco extremo. Por que se esforçar para se tornar novo quando o antigo parece tão mais fácil? Por que perder tempo todas as manhãs examinando um armário de virtudes, quando podemos vestir facilmente qualquer coisa que tenhamos deixado fora na noite anterior?

Por mais amarrotadas e esfarrapadas que possam ser nossas mortalhas, usá-las parece mais natural e mais fácil para nossa natureza pecadora do que a tarefa demorada de trocar de roupa, para nos tornarmos novos.

Deixando de lado

Um dos meus programas *reality show* favoritos é *The Biggest Loser* (O Grande Perdedor). Adoro a transformação que acontece quando os competidores se esforçam diariamente para perder os quilos que os aprisionaram por tanto tempo. Em algum ponto do processo, eles têm que participar de uma corrida — uma tarefa fácil, considerando os seus progressos e o quanto eles têm treinado duro. Mas há uma distorção. Enquanto correm, devem carregar uma mochila, cheia com o peso equivalente à quantidade de quilos que perderam.

"Eu nunca soube realmente como era difícil me mover, e muito mais viver, com todo este peso", alguém diz, invariavelmente, em uma entrevista depois da corrida.

Oh, se apenas pudéssemos ver a liberdade que está à nossa espera caso nos livremos das coisas que nos atrapalham. A abundante vida que poderia ser nossa, se abandonarmos nosso afeto secreto pelas coisas que nos oprimem e nos atrapalham.

Quando os corredores se preparam para uma corrida, sabem que devem correr sem carregar peso se quiserem vencer. Qualquer coisa que os retrase ou que impeça os movimentos deve ser removida, e qualquer coisa com o potencial de fazê-los tropeçar deve ser corrigida, ou eles se arriscam a perder a corrida, não importa o esforço que façam para correr.

O autor da Epístola aos Hebreus aplica essa mesma estratégia de falta de peso à nossa vida em Cristo: "Deixemos todo embaraço e o pecado que tão de perto nos rodeia e corramos, com paciência, a carreira que nos está proposta" (12.1).

Essa carreira, ou corrida, é uma coisa séria, enfatiza o autor. Ela requer séria preparação. A expressão "deixar", em Hebreus 12.1, não indica uma atividade casual, como tirar roupas em excesso, mas a palavra grega descreve uma ação muito mais deliberada e enérgica. O acadêmico grego Rick Renner diz que *apotithimi* quer dizer "deixar algo de lado e empurrá-la para longe, fora de alcance". Isso é algo que exige "uma decisão deliberada de ter uma mudança permanente de atitude e comportamento"[3] — exatamente o que é necessário para deixar de lado as mortalhas.

A Epístola aos Hebreus define duas coisas que precisamos remover, se quisermos correr sem empecilhos:

1. "todo embaraço"
2. "e o pecado que tão de perto nos rodeia"

Embora a remoção do pecado pareça óbvia, é a primeira parte e a parte mais genérica do "todo" que costuma nos trazer problemas, especialmente se formos cristãos experientes.

Algumas versões empregam a palavra *peso* em vez de "todo embaraço". Pode ser uma referência às coisas pesadas da vida que nos oprimem e sobrecarregam — como contas vencidas, problemas conjugais, perda de emprego, filhos rebeldes. Mas os pesos também podem consistir de "riquezas e deleites" que são mencionados em Lucas 8.14. Como explica Ray Ortlund,

> O seu perigo, e o meu, não é de que nos tornemos criminosos, mas que nos tornemos cristãos respeitáveis, decentes, comuns, me-

díocres... As tentações do século XXI que realmente sugam o nosso poder espiritual são a televisão, a torta de banana, a poltrona e o cartão de crédito. Cristão, ou você vence ou você perde, nesses momentos de decisão aparentemente inocentes.[4]

Porque, você percebe, um aspecto do "peso" tem a ver com a importância que atribuímos às coisas — o valor que lhes damos em nossa vida. Com muita frequência, infelizmente, determinamos o valor conforme um conjunto errado de balanças, usando "duas espécies de peso e duas espécies de medidas", que Provérbios 20.10 nos diz que são uma "abominação para o Senhor". Sempre que cedemos à tendência caótica de nossa cultura de "ao mal chamar bem e ao bem, mal", sempre que trocamos a "escuridão pela luz, e a luz, pela escuridão" (Is 5.20), sempre que encontramos maneira de dizer que algo é aceitável, quando Deus diz que não é, então entendemos tudo errado. Essas balanças fraudulentas devem ser abandonadas para que possamos ficar livres.

E como podemos fazer isso? Não é tão difícil como julgamos. Em vez de tentar se livrar dos obstáculos sozinho, tome tanto as coisas que a oprimem como os falsos pesos que a confundem, e leve-os a Jesus. Permita que Ele lhe dê um novo conjunto de padrões em conformidade com os quais você deverá viver. Substitua as balanças desonestas do mundo para que você consiga discernir a verdadeira medida do céu — "qual seja a boa, agradável e perfeita vontade de Deus" (Rm 12.2).

No fim da corrida de obstáculos, todos os candidatos de *Biggest Loser* têm a oportunidade de deixar de lado as mochilas que contêm o peso que costumava defini-los. Você não os vê abraçando as mochilas, nem se despedindo delas carinhosamente. Eles não se lembram com carinho do número que costumava aparecer na balança, mas tomam aquelas mochilas, e as atiram para o mais longe que conseguem lançar tão grande peso.

E, quando fazem isso, praticamente todos eles dizem: "Nunca mais. Nunca mais".

Enredados em mentiras

Quando Hebreus 12.1 fala do pecado que tende a nos fazer tropeçar, a palavra traduzida como "embaraço" é interessante: ela deriva da palavra hebraica *euperistatos*, que significa rodear, atacar por todos os lados. Segundo a concordância de Strong, ela transmite a ideia de "(um competidor) atrapalhando (um corredor) em todas as direções".[5]

Você já sofreu esse tipo de ataque — quando parece que todo o inferno foi solto contra você? Houve períodos, na minha vida, em que eu sentia que Satanás me tinha em sua mira com o único propósito de me tirar da corrida.

Para muitas de nós, o seu plano começou na nossa infância e tinha as suas raízes em mentiras que interiorizamos como verdades. Mentiras criadas por comentários descuidados feitos por professores. Declarações cruéis feitas por colegas. Abandono ou rejeição por parte dos pais.

Embora possamos ter perdoado quem nos causou tais males, as mentiras em que cremos ainda podem atrapalhar a corrida que fomos chamadas para correr. Golpeando-nos de lado com insegurança. Cegando-nos com temor. Impedindo-nos de seguir em frente, ao mesmo tempo em que tentam nos levar de volta à dor passada.

Não faz muito tempo, recebi uma carta de uma leitora. Essa carta exemplifica o enredamento prejudicial à vida que tais mentiras podem produzir.

Cara Joanna,

Esta manhã, eu tive um momento de elucidação, quando estava lendo *O Despertar de Lázaro*: Tenho 77 anos e acabo de perceber as "mortalhas" em que tenho vivido. Quando eu tinha 16 anos, um grupo de jovens ia a uma festa após a igreja. Perguntei a um dos rapazes se ele poderia me dar uma carona. Ele disse que o seu carro estava lotado. A seguir, foi até a porta onde esperavam os demais, e pude ouvi-lo dizendo: "Adivinhem de quem acabo de me livrar?" Eu fiquei arrasada!

Aos 19 anos, eu me casei com um homem que, um dia, saiu de carro e nunca voltou. Tive que me arranjar sozinha para conseguir o divórcio. Mais tarde, descobri que ele se tornou uma pessoa muito violenta e morreu sozinho e infeliz.

Embora Deus tenha me protegido dele, e mais tarde tenha me dado um maravilhoso marido que foi o amor da minha vida durante quarenta e cinco anos, ainda me sinto como a jovem de quem dois outros homens conseguiram se livrar. Essas palavras têm sido as mortalhas em que eu vinha vivendo todos esses anos: "Adivinhem de quem acabo de me livrar". Cheguei ao ponto de crer que o meu adorado marido havia morrido voluntariamente, para que não mais tivesse que viver comigo. Sessenta anos é tempo suficiente para usar mortalhas. Estou pedindo a Deus sabedoria, força e ajuda para me livrar dessas palavras. Não quero mais viver acreditando que ninguém me quer por perto. Não quero mais crer que até mesmo Deus quer se ver livre de mim. Quero tirar a mortalha! Quero a cura, e quero a liberdade para ser a filha de Deus que fui criada para ser.[6]

Deixe-me perguntar a você qual é a falsa crença que atormenta suas noites e incomoda os seus dias? Qual é a dor passada que parece envolver o seu coração em uma mentira, de modo tão apertado, que você não consegue pensar em outra coisa? Quais lembranças parecem fazê-la tropeçar logo quando você acha que finalmente está seguindo em frente?

Traga as suas mortalhas a Jesus, meu amigo. Com a ajuda do Espírito Santo, comece a desembrulhar o engano, e deixe-o aos pés dEle. A seguir, "Estai, pois, firmes na liberdade com que Cristo nos libertou e não torneis a meter-vos debaixo do jugo da servidão" (Gl 5.1).

Atraídas pela destruição

Embora a palavra grega para "embaraço" descreva um ataque de um inimigo externo, dedicado a nos tirar do curso correto, creio que também possa se referir aos obstáculos que provocamos a nós mesmas — os tipos particulares de pecado de que nos flagramos participando, repetidas vezes.

O pecado que aflige — é como os autores antigos chamavam essas atitudes e comportamentos familiares que continuam se repetindo, e ameaçando nos fazer tropeçar. Paulo se refere a esse tipo de pecado quando escreve: "Porque o que faço, não o aprovo, pois o que quero, isso não faço; mas o que aborreço, isso faço" (Rm 7.15).

Você já se sentiu como se tivesse dado um passo à frente com o Senhor, somente para recuar dois passos? Certamente, eu já me senti assim. Por que isso continua acontecendo, nós nos perguntamos, especialmente quando estamos tão ávidos por agradar o Senhor? Tiago nos esclarece quanto a esse dilema quando escreve: "Mas cada um é tentado, quando atraído e engodado *pela sua própria concupiscência*" (Tg 1.14, ênfase minha).

Em outras palavras, são as falhas da nossa própria moral fraca que continuam nos atrapalhando.

Para falar com toda honestidade, o que continua nos atrapalhando somos *nós*.

Curiosamente, com frequência são necessidades legítimas que causam os maiores problemas. A nossa fome de sermos amadas. A nossa necessidade de sermos importantes. O nosso anseio por nos sentirmos seguras. Até que essas necessidades sejam satisfeitas pelo Senhor, são facilmente distorcidas em "desejos anormais", que é como o *New American Commentary* (Novo Comentário Americano) traduz "concupiscência", em Tiago 1.14.[7]

Satanás adora converter necessidades legítimas e vulnerabilidades emocionais em obsessões profanas, distorcendo aquilo pelo que ansiamos em seduções idealizadas para a nossa destruição.

Como um pescador que prende uma isca ao anzol, e a arremessa diante de um peixe que está à espera, Satanás usa o amor falso, a falsa segurança e sucesso feito de lata, para atrair nosso coração e afastá-lo de Deus. Como normalmente o anzol está escondido, e tardamos um pouco para sentir a sua dor, podemos nos enganar, pensando que a tentação é inofensiva. Que podemos escapar, sentindo o aroma da isca sem tocá-la. Tocá-la sem prová-la. Provando sem mastigá-la. Mastigando-a sem engoli-la.

Mas Gálatas 6.7 nos diz: "Não erreis: Deus não se deixa escarnecer; porque tudo o que o homem semear, isso também ceifará".

Em outras palavras, não se deixe enganar. Aquele relacionamento de e-mail que você reacendeu com uma antiga chama acabará queimando você.

Não se deixe enganar. Aquela tendência de transmitir informações confidenciais, para obter atenção, acabará voltando para prejudicá-la no final.

Não se deixe enganar. Aquela concessão que você acha que é crucial para poder subir a escada do sucesso acabará fazendo com que você caia mais do que jamais sonhou.

A verdade simples é a seguinte: Deus nos ama o suficiente para permitir que tropecemos em nossas próprias mortalhas. A menos que deixemos de buscar desejos anormais e "aflição de espírito", como está escrito em Eclesiastes 1.14, Deus não tem escolha, exceto nos entregar aos "desejos do seu coração", para que andemos "segundo os [nossos] próprios conselhos" (Sl 81.12).

Infelizmente, a essa altura já teremos engolido a isca do Diabo — com anzol, linha e chumbinho. Presas em um caso explosivo, rejeitadas por amigos, enredadas em uma rede de mentiras, freneticamente tentando recuperar uma vida que lançamos fora de modo tão descuidado. Ou vivendo com consequências menos óbvias, mas igualmente mortais. Afinal, quando parece que conseguimos nos safar com a rebelião, o seu fruto se manifestará, em alguma parte, especialmente no nosso progresso espiritual, e no nosso crescimento com o Senhor.

É impossível seguir em frente com Jesus quando estamos bebendo da sedução de Satanás.

Basta perguntar aos israelitas. Quando insistiram em fazer as coisas à sua maneira, Salmos 106.15 nos diz que Deus "satisfez-lhes o desejo, mas fez definhar a sua alma".

Tropeçando em padrões

De todos os desejos anormais que o Inimigo gosta de explorar conosco, estou convencida de que nada é tão mortal como os padrões inconscientes que tendemos a desenvolver em nossa vida. Embora tenhamos nascido de novo em nosso espírito, a nossa natureza — que consistem de nossa mente, vontades e emoções — tendem a correr em sulcos formados pela repetição. Canais que conduzem ao fracasso, formados por reações pouco santas que se originam de nossa carne.

Um dos meus primeiros padrões era a autopiedade, sobre a qual escrevi antes. Ela estava conectada a um desejo anormal de ser amada e aceita.

Como eu sabia que isso era um padrão? É simples. Eu continuava repetindo. Não importava qual era a situação ou o conflito, eu sempre parecia acabar encurralada em um canto emocional, cantando uma triste mistura de cânticos. "Ninguém me ama. Todos me odeiam. Pobre de mim, coitada de mim." Convencida de que os outros eram culpados, e descartando a minha própria responsabilidade.

Embora, a princípio, a autopiedade se envolvesse ao meu redor — como um xale de vermes, confirmando a minha condição de vítima —, rapidamente se convertia em uma camisa de força, e a mortalha que de início me consolava acabou me apertando, e sufocando a minha alegria.

A minha esperança. O meu fôlego. A minha vida.

Não sei a quais reações cíclicas você continua retornando, mas eu gostaria de sugerir que seria sensato descobrir. Comece perguntando a si mesma: "Qual é o padrão que continua aparecendo, repetidas vezes?" A seguir, considere o seguinte: "Qual desejo anormal pode estar por trás de tal reação?"

É o orgulho que espreita por trás da raiva que aparece quando são apertados determinados botões?

É a insegurança que causa uma impressionante paranoia, quando você ouve alguém falando, mas não consegue distinguir o que é dito?

É a fome de amor que faz com que surjam sentimentos de rejeição em você, sempre que outra pessoa recebe reconhecimento ou a sua importância é ignorada?

As circunstâncias podem variar, mas, quando você examinar de perto a situação, poderá ver um denominador comum: as suas reações. Reações feias, de sua natureza inferior, originadas de necessidades legítimas, e distorcidas pelo Inimigo, bem como pela sua carne, em obsessões profanas. Padrões autoderrotistas que precisam ser entregues a Jesus, e entregues outra vez, e outra vez, e outra vez ainda. Continuamente entregues a Deus, até que você não mais ceda a eles.

Traga-os a Jesus

Estou muito feliz porque temos um Salvador que quer fazer mais que nos ressuscitar. Ele quer nos libertar.

Quando você se encontra oprimida e restringida por falsas medidas, mentiras passadas, pecados aflitivos ou padrões de reação, considere o conselho que Beth Moore oferece em seu livro *Saia do Buraco*. Ela sugere que sigamos três princípios:

- **Clame.** "Abra a boca, diga: 'Deus, ajuda-me!', sinceramente, e não como uma figura de linguagem. Não com indiferença. Com tudo o que você tem, olhe para o alto e clame. Faça que o céu pare. Consiga atenção".
- **Confesse.** Mencione cada contribuição que você fez para o seu ciclo de cova, bem como as suas tendências autodestrutivas. "Seja o mais específico que puder, e quando pensar que já pensou em tudo, pergunte a Deus se há alguma coisa que você está negligenciando".

- **Consinta.** Concorde com Deus a respeito da sua situação e as instruções que Ele dá. "Deus quer que você saia dessa cova. Ele quer você na vitória... Tudo o que você tem a fazer é *consentir* com o que Ele já quer".[8]

Eu também aconselharia que você encontrasse um cristão confiável com quem possa falar. Há algo extremamente poderoso em confessar as nossas "culpas uns aos outros" e orar "uns pelos outros" para que possamos ser curados, como sugere Tiago 5.16. Quando fazemos isso, convidamos a outra pessoa a nos ajudar a nos soltar de nossas amarras, mas damos o primeiro passo, sendo responsável. Nós decidimos expressar o nosso arrependimento, não apenas diante de Deus, mas também diante de uma testemunha — indo além de apenas dizer que lamentamos, mas provando que tivemos uma "transformação de coração, mente e direção",[9] modificando a maneira como vivemos.

Pontos de tropeço

As mortalhas com frequência são reveladas por reações repetidas e respostas cíclicas. Por exemplo, se você se julgar ofendida por alguém, somente para ser ofendida por outra pessoa no dia seguinte, é um sinal de que as outras pessoas podem não ser o problema. Considere as seguintes emoções e comportamentos. (Observe que há um espaço para você acrescentar outras possibilidades que lhe venham à mente).

Alguma dessas reações é extremamente familiar a você? Numere as três que acontecem com você de modo mais frequente. A seguir, orando, considere as sugestões para "Livrar-se das Mortalhas" da página a seguir.

___ insegurança	___ necessidade de controlar	___ necessidade de escapar
___ negativismo	___ depressão	___ autopiedade
___ sensibilidade	___ bloqueio emocional	___ língua ferina
___ ódio por si mesmo	___ medo	___ egocentrismo
___ irritabilidade	___ desonestidade	___ facilidade em ofender-se
___ procrastinação	___ intimidação emocional	___ isolamento
___ vergonha	___ defensividade	___ crítica
___ culpa	___ automedicação	___ inveja
___ fantasia	___ negação	___ necessidade de agradar os outros
___ autojustificação	___ rancor	___ paranoia
___ outra:	___ outra:	___ outra:

> *Sonda-me, ó Deus, e conhece o meu coração; prova-me e conhece os meus pensamentos. E vê se há em mim algum caminho mau e guia-me pelo caminho eterno.*
> Salmos 139.23,24

Livrar-se das mortalhas

Quando a questão é me livrar das mortalhas que me fazem tropeçar, eu sempre quis que Deus lidasse comigo rapidamente, da mesma maneira como um *chef* fatia uma cebola, mas Deus sabe o que eu necessito, e, na sua sabedoria e misericórdia, Ele me conduz em um ritmo que consigo acompanhar. Aqui está o processo para "livrar-se da mortalha" que eu achei útil quando tentei cooperar com a obra de Deus na minha vida.

1. Peça que Deus revele quais são as mortalhas que você precisa remover (Sl 139.23,24). Entre elas, podem estar incluídos pecados aflitivos, mentiras ou padrões cíclicos que você identificou na página anterior, "Pontos de Tropeço". Peça que Ele lhe mostre a verdade a respeito do perigo que tais coisas representam, e que a ajude a abandoná-los.

2. Escolha novas reações *antes* de se encontrar em situações desencadeadoras. Em muitos casos, isso envolve a decisão de fazer o oposto do que seria natural — por exemplo, ficar quieta, em vez de reagir com muitas palavras (Rm 12.2).

3. Não se desencoraje quando o processo exigir tempo. Algumas mortalhas têm mais camadas que outras. O fato de que certo problema reaparece não refuta nem diminui o que Deus fez em você. Pode não ser a mesma camada, e sim uma mais profunda (2 Co 3.18).

4. Camadas múltiplas de mortalhas podem indicar uma área de vulnerabilidade com que você sempre terá que lutar. Proteja-se, e às suas reações (2 Co 12.9).

5. Continue insistindo rumo a Jesus. É mais eficiente desatar mortalhas quando buscamos a nossa amizade com Ele. Quando fixamos os olhos em Jesus, nos tornamos menos parecidas conosco, e mais parecidas com Ele (Sl 34.5).

> *Esquecendo-me das coisas que atrás ficam e avançando para as que estão diante de mim, prossigo para o alvo, pelo prêmio da soberana vocação de Deus em Cristo Jesus.*
> Filipenses 3.13,14

Isso não acontece imediatamente, é claro. É um processo. Leva tempo.

Eu gostaria de poder lhe dizer que, depois de andar com o Senhor por cerca de quarenta anos, agora estou completamente santificada e tão parecida com Jesus que uma auréola aparece, de vez em quando, acima da minha cabeça. Infelizmente, isso não seria verdade.

Embora eu consiga apontar áreas em que tive imensas vitórias, ainda tenho pontos fracos com que venho lutando há muitos anos. Um temperamento que se inflama quando sou provocada, ou quando estou cansada. Uma tendência habitual para reclamar e me queixar quando as coisas acabam sendo mais difíceis do que eu esperava. Inconsistências perturbadoras que aparecem quando comparo a pessoa que quero ser com a pessoa que realmente sou.

Mas percebi que, embora eu não seja o que deveria ser, não sou mais o que era. Não entendo completamente por que ainda há restos de mortalhas presos à periferia do meu coração, fazendo-me recorrer a certos padrões quando um botão particular é apertado. Mas isso não refuta a profunda obra de Deus dentro de mim. Simplesmente significa que ainda há camadas a remover.

"Vais me dar isto?", sussurra o Espírito Santo, com sua mão estendida, esperando para trocar a minha mortalha pela justiça de Cristo. "Vais me dar acesso àquilo?", pede Ele, apontando para um lugar infectado pelo pecado no meu coração. "Eu quero te libertar, mas é preciso que cooperes."

Quanto mais eu ouço e obedeço, mais força e resistência encontro para a minha corrida, e mais sou capaz de "prosseguir para alcançar aquilo para o que fui também preso por Cristo Jesus" (Fp 3.12).

Não desista

Embora você possa ter recuado alguns passos recentemente, ou até mesmo caído no chão, não desista da sua corrida. Lembre-se, você está correndo uma maratona, não uma corrida de velocidade. É um processo de uma vida inteira de que você está participando, e não uma corrida de uma tarde. E é por isso que Hebreus 12.1 nos incentiva especificamente: "corramos, com paciência, a carreira que nos está proposta".

A palavra grega que é usada aqui, *hupomon*, e que William Barclay traduz como "resistência constante", fala de paciência. Mas para que não a interpretemos de modo equivocado, Barclay nos lembra de que ela não significa "a paciência que se senta e aceita as coisas, mas a paciência que se incumbe delas".[10]

"Exercita-te a ti mesmo em piedade", aconselha Paulo, em 1 Timóteo 4.7. Em outras palavras, Joanna, esforce-se um pouco. Não espere que seja fácil. Sue, se precisar. Continue se esforçando, mesmo que seja difícil.

A perseverança é importante em muitos aspectos — especialmente quando comparamos a nossa corrida com as corridas mais fáceis que parecem ser as de outras pessoas. *Por que ela pegou a pista de dentro?*, perguntamos a nós mesmas. *Por que ele conseguiu o apoio da Nike, os sapatos bacanas e a mansão de vinte e seis cômodos?*

Embora não possamos entender a pista que nos foi designada, ou apreciar a vida que nos foi dada, isso não muda a questão. A verdadeira questão é: O que vamos fazer com "a carreira que nos está proposta"?

Vamos desistir antes mesmo de começar? Vamos nos sentar à margem da pista, em fatalista resignação?

Ou vamos nos levantar e corajosamente dominar a carreira que nos está proposta? Persistindo, com perseverança, os nossos pés batendo no pavimento, em uma tenaz busca de Deus. Correndo com constante persistência na pista que Ele nos designou.

Sempre lembrando... que não corremos sozinhas.

Uma grande nuvem de testemunhas

Embora a corrida que você e eu temos que correr esteja longe de ser fácil, o autor da Epístola aos Hebreus nos lembra de que estamos rodeados por encorajamento quando a percorrermos. Não temos apenas um Salvador à nossa espera, junto à linha de chegada; também temos o seu Espírito Santo, sustentando-nos, infundindo em nós sua força enquanto corremos. O doce Paracleto — "aquele que vem ao lado" — também vive em nós. Ele é o nosso Consolador, Professor e Amigo.

Também há pessoas junto à tribuna do céu, que venceram como precisamos vencer, e que constituem uma "grande nuvem de testemunhas" descrita em Hebreus 12.1. O capítulo anterior, Hebreus 11, identifica essas pessoas como pessoas que correram antes de nós, gigantes espirituais que realizaram grandes coisas para Deus.

Mas posso lembrá-la de algo? Esses precursores de fé lutaram para se livrar de algumas das mesmas mortalhas que você e eu lutamos para deixar para trás. Pessoas como

- Noé, o sujeito que construiu uma arca para salvar a sua família, mas, posteriormente, se embriagou.
- Abraão, o futuro patriarca, que fez as malas e seguiu a Deus, mas que também tentou fazer com que a sua esposa se passasse por sua irmã, quando temeu pela sua vida.
- Sara, a mulher que seguiu Abraão até Deus sabe onde, mas duvidou da fidelidade de Deus quando acabou o tempo no seu relógio biológico.
- E mais... muitos mais.

Embora cada um desses homens e mulheres caísse, uma ou duas vezes, durante a sua corrida, todos se levantaram de seus fracassos e continuaram buscando a Deus. Alguns, como Abraão e Sara, receberam suas promessas. Outros, no entanto, "morreram na fé", nos diz Hebreus 11.13, "sem terem recebido as promessas".

Não sei quanto a você, mas eu lutaria com a injustiça disso. No entanto, esses heróis da fé não permitiram que a desilusão os fizesse tropeçar. Em vez disso, eles se recusaram a ficar envoltos nesta vida, pois "desejam uma melhor, isto é, a celestial" (Hb 11.16). Embora imperfeitos e cheios de falhas, buscavam um objetivo maior.

"Pelo que também Deus não se envergonha deles, de se chamar seu Deus", nos diz o versículo 16, e, oh, como isso ecoa na minha alma.

Algumas das pessoas mencionadas tinham histórias sórdidas, heterogêneas. Nenhuma delas andou completamente livre das mortalhas antes da sua morte. Mas elas não permitiram que isso interrompesse a sua busca do céu, pois os seus olhos estavam fixos naqUele que é imutável.

E, como retribuição, aqUele que é imutável as modificou.

Olhando para Jesus

Uma das regras da corrida é esta: você vai para onde está olhando. Você pode correr uma corrida competitiva e mover a cabeça de vez em quando para desfrutar do cenário. Você não consegue ficar na sua pista se está constantemente olhando por cima do ombro para o competidor que está atrás de você.

Por quê? Porque o corpo humano tende a seguir o olhar.

É por isso que Hebreus 12.2 nos diz que devemos manter os olhos fixos em "Jesus, autor e consumador da fé". Quando a questão é correr a corrida da vida, devemos olhar para Cristo. Para a sua beleza. A sua perfeição. Os seus caminhos completamente maravilhosos. Porque Ele foi antes de nós, e conhece o caminho que devemos tomar.

Faz sentido seguir o Salvador, porque Ele é o Único que importa quando a nossa corrida finalmente estiver terminada.

Fixe os seus olhos em Jesus

Gosto muito do que Anne Ortlund diz em seu livro *Fix Your Eyes on Jesus* (Fixe seus Olhos em Jesus) sobre manter os olhos no Senhor enquanto buscamos o supremo chamado de ser mais semelhantes a Ele.

Você não consegue perdão se olhar apenas para todos os seus pecados.

Você não consegue cura ao se concentrar apenas nas suas doenças.

Você não consegue redenção apenas estudando a cova em que você está.

Você não obterá uma coroa de glória apenas fixando os olhos nos seus fracassos.

Você não satisfaz desejos apenas olhando para tudo o que não tem.

Você não consegue renovação concentrando-se apenas no seu tempo de vida, desinteresse e indiferença.

Somente Ele

"perdoa todas as tuas iniquidades...
e sara todas as tuas enfermidades...

> redime a tua vida da perdição...
> e te coroa de benignidade e de misericórdia...
> enche a tua boca de bens,
> de sorte que a tua mocidade se renova como a águia"
> (Sl 103.3-5).
>
> *Somente Ele!*
> Olhe para si mesmo, e ficará envergonhado. Mas
>
> Olharam para ele, e foram iluminados;
> e os seus rostos não ficarão confundidos (Sl 34.5).[11]

No fim de sua vida, Paulo escreveu:

Combati o bom combate, acabei a carreira, guardei a fé. Desde agora, a coroa da justiça me está guardada, a qual o Senhor, justo juiz, me dará naquele Dia; e não somente a mim, mas também a todos os que amarem a sua vinda (2 Tm 4.7,8).

Posso lhe perguntar quanto você deseja a aparição de Cristo? Oh, tenho certeza de que, como eu, você mal pode esperar o dia em que a trombeta soará e encontraremos o Senhor, face a face. Mas eu quero vê-lo antes disso. E você?

Eu quero vê-lo hoje. Na minha casa. Na minha igreja. No meu momento de silêncio.

Anseio que Ele apareça, especialmente quando olho no espelho.

Deixando-o brilhar

Há pouco tempo, viajei para dar uma palestra em uma conferência de mulheres no Estado da Geórgia. No salão da igreja anfitriã, havia uma fotografia de uma das mais inspiradoras obras de arte que já vi.

Ela retratava um homem com a metade inferior do corpo coberta de bronze. Mas foi a metade superior que chamou a minha atenção.

Com um braço erguido, o homem olhava para o céu. Com a outra mão, ele agarrava a carapaça de bronze que envolvia a parte inferior do seu corpo, e a descascava de seu corpo, revelando algo muito belo que estava por baixo — uma forma humana pura, transparente, cristalina. No entanto, havia muito mais que isso. Uma luz parecia emanar do seu interior.

Era uma visão de tirar o fôlego do que Paulo descreve em Colossenses 1.27: "Cristo *em* vós, esperança da glória" (ênfase minha).

Parte do nosso propósito na terra consiste em nos livrarmos das várias camadas da nossa natureza inferior — "despojar-nos do [nosso] velho homem", como nos instrui Efésios 4.22 — para que possamos proporcionar um reflexo exato de quem Deus realmente é. Nós devemos ser representações vivas do amor e da vida de Jesus. Não quero que a Luz do mundo fique escondida debaixo de um cesto, e certamente não quero que Ele fique sepultado debaixo das minhas mortalhas.

Pense nisso. O Príncipe da Paz e a Pérola de Grande Valor vive dentro de mim — e de você. O grande Alfa e Ômega, a resplandecente Estrela da manhã, foi colocada em nós na salvação, e está esperando para ser revelada para um mundo vigilante que está à espera. Para permitir que Ele brilhe, simplesmente temos que cooperar com graça, e fazer o que somente nós podemos fazer. Correr, diligentemente, a carreira que nos está proposta. Deixando de lado tudo o que possa nos atrapalhar. Removendo, camada após camada, a mortalha que continua nos atrapalhando e nos fazendo tropeçar.

Quando fizermos isso, algo maravilhoso acontecerá. Jesus será revelado, em você e em mim.

Tudo porque aceitamos o conselho dEle: desatai-o e deixai-o ir!

A disciplina em uma corrida de longa distância

Percebem o que isso significa — todos esses pioneiros iluminando o caminho, todos esses veteranos nos encorajando? Significa que o melhor a fazer é continuar. Livres dos acessórios inúteis, comecem a correr — e nunca desistam! Nada de gordura espiritual extra, nada de pecados parasitas. Mantenham os olhos em Jesus, que começou e terminou a corrida de que participamos. Observem como ele fez. Porque ele jamais perdeu o alvo de vista — aquele fim jubiloso com Deus. Ele foi capaz de vencer tudo pelo caminho: a cruz, a vergonha, tudo mesmo. Agora, está lá, num lugar de honra, ao lado de Deus. Quando se sentirem cansados no caminho da fé, lembrem-se da história dele, da longa lista de hostilidade que ele enfrentou. Será como uma injeção de adrenalina na alma!

Hebreus 12.1-3 (*A Mensagem*)

APÊNDICE A

A História
João 11.1 – 12.11

João 11

1 Estava, então, enfermo um certo Lázaro, de Betânia, aldeia de Maria e de sua irmã Marta.
2 E M3aria era aquela que tinha ungido o Senhor com unguento e lhe tinha enxugado os pés com os seus cabelos, cujo irmão, Lázaro, estava enfermo.
3 Mandaram-lhe, pois, suas irmãs dizer: Senhor, eis que está enfermo aquele que tu amas.
4 E Jesus, ouvindo isso, disse: Esta enfermidade não é para morte, mas para glória de Deus, para que o Filho de Deus seja glorificado por ela.
5 Ora, Jesus amava a Marta, e a sua irmã, e a Lázaro.
6 Ouvindo, pois, que estava enfermo, ficou ainda dois dias no lugar onde estava.

O despertar de Lázaro

⁷ Depois disso, disse aos seus discípulos: Vamos outra vez para a Judeia.

⁸ Disseram-lhe os discípulos: Rabi, ainda agora os judeus procuravam apedrejar-te, e tornas para lá?

⁹ Jesus respondeu: Não há doze horas no dia? Se alguém andar de dia, não tropeça, porque vê a luz deste mundo.

¹⁰ Mas, se andar de noite, tropeça, porque nele não há luz.

¹¹ Assim falou e, depois, disse-lhes: Lázaro, o nosso amigo, dorme, mas vou despertá-lo do sono.

¹² Disseram, pois, os seus discípulos: Senhor, se dorme, estará salvo.

¹³ Mas Jesus dizia isso da sua morte; eles, porém, cuidavam que falava do repouso do sono.

¹⁴ Então, Jesus disse-lhes claramente: Lázaro está morto,

¹⁵ e folgo, por amor de vós, de que eu lá não estivesse, para que acrediteis. Mas vamos ter com ele.

¹⁶ Disse, pois, Tomé, chamado Dídimo, aos condiscípulos: Vamos nós também, para morrermos com ele.

¹⁷ Chegando, pois, Jesus, achou que já havia quatro dias que estava na sepultura.

¹⁸ (Ora, Betânia distava de Jerusalém quase quinze estádios.)

¹⁹ E muitos dos judeus tinham ido consolar a Marta e a Maria, acerca de seu irmão.

²⁰ Ouvindo, pois, Marta que Jesus vinha, saiu-lhe ao encontro; Maria, porém, ficou assentada em casa.

²¹ Disse, pois, Marta a Jesus: Senhor, se tu estivesses aqui, meu irmão não teria morrido.

²² Mas também, agora, sei que tudo quanto pedires a Deus, Deus to concederá.

²³ Disse-lhe Jesus: Teu irmão há de ressuscitar.

²⁴ Disse-lhe Marta: Eu sei que há de ressuscitar na ressurreição do último Dia.

²⁵ Disse-lhe Jesus: Eu sou a ressurreição e a vida; quem crê em mim, ainda que esteja morto, viverá;

²⁶ e todo aquele que vive e crê em mim nunca morrerá. Crês tu isso?

²⁷ Disse-lhe ela: Sim, Senhor, creio que tu és o Cristo, o Filho de Deus, que havia de vir ao mundo.

²⁸ E, dito isso, partiu e chamou em segredo a Maria, sua irmã, dizendo: O Mestre está aqui e chama-te.

²⁹ Ela, ouvindo isso, levantou-se logo e foi ter com ele.

³⁰ (Ainda Jesus não tinha chegado à aldeia, mas estava no lugar onde Marta o encontrara.)

³¹ Vendo, pois, os judeus que estavam com ela em casa e a consolavam que Maria apressadamente se levantara e saíra, seguiram-na, dizendo: Vai ao sepulcro para chorar ali.

³² Tendo, pois, Maria chegado aonde Jesus estava e vendo-o, lançou-se aos seus pés, dizendo-lhe: Senhor, se tu estivesses aqui, meu irmão não teria morrido.

³³ Jesus, pois, quando a viu chorar e também chorando os judeus que com ela vinham, moveu-se muito em espírito e perturbou-se.

³⁴ E disse: Onde o pusestes? Disseram-lhe: Senhor, vem e vê.

³⁵ Jesus chorou.

³⁶ Disseram, pois, os judeus: Vede como o amava.

³⁷ E alguns deles disseram: Não podia ele, que abriu os olhos ao cego, fazer também com que este não morresse?

³⁸ Jesus, pois, movendo-se outra vez muito em si mesmo, foi ao sepulcro; e era uma caverna e tinha uma pedra posta sobre ela.

³⁹ Disse Jesus: Tirai a pedra. Marta, irmã do defunto, disse-lhe: Senhor, já cheira mal, porque é já de quatro dias.

⁴⁰ Disse-lhe Jesus: Não te hei dito que, se creres, verás a glória de Deus?

⁴¹ Tiraram, pois, a pedra. E Jesus, levantando os olhos para o céu, disse: Pai, graças te dou, por me haveres ouvido.

⁴² Eu bem sei que sempre me ouves, mas eu disse isso por causa da multidão que está ao redor, para que creiam que tu me enviaste.

⁴³ E, tendo dito isso, clamou com grande voz: Lázaro, vem para fora.

⁴⁴ E o defunto saiu, tendo as mãos e os pés ligados com faixas, e o seu rosto, envolto num lenço. Disse-lhes Jesus: Desligai-o e deixai-o ir.

⁴⁵ Muitos, pois, dentre os judeus que tinham vindo a Maria e que tinham visto o que Jesus fizera creram nele.

⁴⁶ Mas alguns deles foram ter com os fariseus e disseram-lhes o que Jesus tinha feito.

⁴⁷ Depois, os principais dos sacerdotes e os fariseus formaram conselho e diziam: Que faremos? Porquanto este homem faz muitos sinais.
⁴⁸ Se o deixamos assim, todos crerão nele, e virão os romanos e tirar-nos-ão o nosso lugar e a nação.
⁴⁹ E Caifás, um deles, que era sumo sacerdote naquele ano, lhes disse: Vós nada sabeis,
⁵⁰ nem considerais que nos convém que um homem morra pelo povo e que não pereça toda a nação.
⁵¹ Ora, ele não disse isso de si mesmo, mas, sendo o sumo sacerdote naquele ano, profetizou que Jesus devia morrer pela nação.
⁵² E não somente pela nação, mas também para reunir em um corpo os filhos de Deus que andavam dispersos.
⁵³ Desde aquele dia, pois, consultavam-se para o matarem.
⁵⁴ Jesus, pois, já não andava manifestamente entre os judeus, mas retirou-se dali para a terra junto do deserto, para uma cidade chamada Efraim; e ali andava com os seus discípulos.
⁵⁵ E estava próxima a Páscoa dos judeus, e muitos daquela região subiram a Jerusalém antes da Páscoa, para se purificarem.
⁵⁶ Buscavam, pois, a Jesus e diziam uns aos outros, estando no templo: Que vos parece? Não virá à festa?
⁵⁷ Ora, os principais dos sacerdotes e os fariseus tinham dado ordem para que, se alguém soubesse onde ele estava, o denunciasse, para o prenderem.

João 12

¹ Foi, pois, Jesus seis dias antes da Páscoa a Betânia, onde estava Lázaro, o que falecera e a quem ressuscitara dos mortos.
² Fizeram-lhe, pois, ali uma ceia, e Marta servia, e Lázaro era um dos que estavam à mesa com ele.
³ Então, Maria, tomando uma libra de unguento de nardo puro, de muito preço, ungiu os pés de Jesus e enxugou-lhe os pés com os seus cabelos; e encheu-se a casa do cheiro do unguento.
⁴ Então, um dos seus discípulos, Judas Iscariotes, filho de Simão, o que havia de traí-lo, disse:
⁵ Por que não se vendeu este unguento por trezentos dinheiros, e não se deu aos pobres?

6 Ora, ele disse isso não pelo cuidado que tivesse dos pobres, mas porque era ladrão, e tinha a bolsa, e tirava o que ali se lançava.
7 Disse, pois, Jesus: Deixai-a; para o dia da minha sepultura guardou isto.
8 Porque os pobres, sempre os tendes convosco, mas a mim nem sempre me tendes.
9 E muita gente dos judeus soube que ele estava ali; e foram, não só por causa de Jesus, mas também para ver a Lázaro, a quem ressuscitara dos mortos.
10 E os principais dos sacerdotes tomaram deliberação para matar também a Lázaro,
11 porque muitos dos judeus, por causa dele, iam e criam em Jesus.

Apêndice B

Guia de estudo

Com uma única palavra, Jesus chamou Lázaro da sepultura, e a Palavra dEle pode nos ajudar a sair de nossas sepulturas. Este estudo bíblico, de dez semanas, pretende ajudar você a se dirigir para o seu próprio despertar de Lázaro. (Líderes de grupo: se um formato de oito semanas for melhor para o seu caso, vocês encontrarão orientações para a adaptação no final deste guia. Além disso, veja o livro de atividades que pode ser baixado pela internet, e o guia para líderes, disponíveis em www.joannaweaverbooks.com.)

Qualquer tradução da Bíblia de que você goste e entenda servirá para este estudo. Você também precisará de um caderno e uma caneta para registrar as suas respostas às perguntas propostas neste guia. Antes de cada lição, peça que o Espírito Santo aumente o seu entendimento, à medida que você examina a Palavra de Deus, para que possa aplicar as verdades que descobrir.

Cada lição começa com perguntas para reflexão individual ou discussão em grupo, e a seguir passa para um estudo mais profundo de princípios das Escrituras. No fim da lição, você encontrará uma oportunidade para escrever ou comentar sobre o que mais a tocou no capítulo. As histórias, citações e quadros nos capítulos podem proporcionar oportunidades adicionais para comentários ou reflexão.

"Andarei em liberdade, pois busquei os teus preceitos", nos diz Salmos 119.45. A mesma liberdade espera cada uma de nós, quando dispusermos o nosso coração ao conhecimento da Palavra de Deus. Em oração, comprometa-se com este estudo, dando a Deus o acesso a cada sepultura que a impede de viver ressuscitada, pois o Amor está chamando o seu nome.

Você está pronta para "vir para fora"?

Capítulo 1: A história do terceiro seguidor

Perguntas para Comentários ou Reflexão

1. Este capítulo menciona a minha dificuldade com álgebra, no Ensino Médio. Qual foi a disciplina em que você se saía melhor, na escola? E a em que se saía pior?

2. Olhe para o quadro intitulado "Que Tipo de Pai Você Tem?", nas páginas 16 e 17. Com qual (se é que há alguma) interpretação equivocada de Deus, como Pai, você tem lutado? Você vivenciou algum outro tipo, não mencionado aqui? Em sua opinião, como a sua conexão com o seu pai terreno afetou o seu relacionamento com Deus?

Aprofundando

3. Considere as palavras de Davi, em Salmos 22.1, repetidas por Jesus na cruz. As Escrituras estão cheias de pessoas que lutaram com a dúvida do amor. Quais circunstâncias na sua vida fizeram com que você questionasse o amor de Deus? O que a ajudou a fazer com que o amor de Deus fosse da sua cabeça ao seu coração?

4. Leia a história de Lázaro, encontrada em João 11.1—12.11 (ou veja o Apêndice A). Circule ou sublinhe as expressões essenciais. O que chama mais a sua atenção nesta passagem? Por quê?

5. Coloque-se no lugar de Maria, Marta ou Lázaro. Escreva uma carta para Jesus, da perspectiva dessa pessoa. Você pode escolher qualquer ponto na cronologia da história.

6. O que os versículos a seguir revelam a respeito do amor que Deus sente por nós?

Salmos 86.15 _____

Romanos 8.35-39 _____

1 João 3.1 _____

7. Escreva Efésios 3.17-19 em uma ficha, começando com as palavras "eu oro". Leia a ficha frequentemente, durante os próximos dias, memorizando a passagem, frase por frase. Repita-a, até que ela se torne parte de você.

8. O que mais a tocou neste capítulo?

Capítulo 2: Senhor, eis que está enfermo aquele que Tu amas

Perguntas para Comentários ou Reflexão

1. Descreva, em poucas palavras, como você veio a conhecer Jesus como seu Salvador pessoal. (Se você ainda não recebeu o presente que Ele oferece, por que não fazer isso hoje? Veja "O Convite", às páginas 39 e 40)

2. Se fosse enviar uma mensagem a Jesus, a respeito da sua situação e necessidade atuais, como você completaria a frase: "Senhor, eis que ___ _____ aquela que tu amas".

Aprofundando

3. O pecado é mortal, e nos separa de Deus. Faça a correspondência entre a espiral descendente do pecado e seus efeitos, listados abaixo, com as seguintes passagens das Escrituras, escrevendo a letra apropriada no espaço antes da frase: (a) Salmos 106.43; (b) Atos 8.23; (c) Tiago 1.14,15.

___Enche-nos de amargura   ___Seduzidos pelas nossas próprias concupiscências

___Faz-nos decair   ___Mantém-nos cativos

___Leva à morte   ___Faz com que nos rebelemos contra Deus

4. Leia "O que Deus faz com os nossos pecados" (páginas 37 e 38). Quais dos aspectos listados por Rosalind Goforth mais toca o seu coração? Leia a passagem das Escrituras no fim do quadro, e então a escreva usando as suas próprias palavras.

5. Como Satanás — para não mencionar a sua própria natureza carnal — tende a atraí-la a um sono espiritual, ainda que você seja cristã?

6. Considere os versículos a seguir. Segundo essas passagens, por que é tão importante que despertemos, e o que deve envolver o nosso despertar?

Mateus 25.1-13 _____

Romanos 13.11,12 _____

Efésios 5.11-5 _____

7. "Deus não está zangado com você!" Esta é a melhor parte do Evangelho, disse alguém. Na verdade, em vez de guardar rancor, o Senhor quer nos perdoar, e nos tornar suas. Examine as seguintes passagens das Escrituras, e medite verdadeiramente sobre elas. Sob cada referência apresentada abaixo, escreva palavras ou expressões essenciais que revelem a atitude de Deus para conosco.

Isaías 44.21,22   2 Coríntios 5.17-21   Colossenses 1.21-23a

8. O que mais a tocou neste capítulo?

Capítulo 3: O nosso amigo Lázaro

Perguntas para Comentários ou Reflexão

1. Descreva um momento — grande ou pequeno — em que você se sentiu especialmente amada. Quais foram as circunstâncias, e quais pessoas estiveram envolvidas? Por que você acha que essa experiência foi tão especial?

2. Leia o texto no quadro intitulado "Que Tipo de Amiga eu Sou?", nas páginas 57 e 58. O que você descobriu a respeito do seu relacionamento com Deus? Com os outros? Compartilhe um aspecto da amizade em que você gostaria de crescer.

Aprofundando

3. Como você reage à ideia de que Deus é um Deus emocional, que sente profunda solidão e necessidade de conexão? Você acha que essa

APÊNDICE B

possibilidade é consoladora ou assustadora? Leia Gênesis 2.18—3.13. O que você acha que Deus sentiu quando Adão e Eva decidiram desobedecer? Se Ele tivesse escrito em um diário naquele dia, há tanto tempo, o que poderia ter escrito?

4. Leia Hebreus 8.10-12, que descreve o novo concerto que Deus fez com você e comigo. Se realmente entendêssemos e respondêssemos ao profundo desejo de Deus por comunhão, como se modificaria a nossa perspectiva com relação às seguintes coisas que fazemos, como cristãs?

Oração diária e leitura da Bíblia: _____

Comparecimento à igreja: _____

Viver uma vida cristã: _____

5. As afirmações abaixo descrevem três famosos amigos de Deus: Abraão, Moisés e Davi. Usando Números 12.7,8, Atos 13.22 e Tiago 2.21-23 como referências, faça a correspondência de cada característica abaixo com um dos amigos. Algumas dessas qualidades se aplicam a você, ainda que em pequena escala?

_____ Ele era um homem segundo o coração de Deus.

_____ Ele era fiel em todas as coisas na casa de Deus.

_____ As suas ações acompanhavam a sua fé.

_____ Ele faria tudo o que Deus quisesse.

_____ Ele cria em Deus, e isso lhe foi imputado como justiça.

_____ Deus lhe falou claramente, e não em enigmas.

6. Leia João 15.13-17. Escreva o que você descobrir, nesta passagem, a respeito de ser um amigo de Jesus.

7. Leia "Ajuda-me a amar-te mais!", às páginas 50 e 51. Como você preencheria a lacuna nesse quadro? Escreva a sua própria oração ao Senhor, pedindo-lhe que Ele aumente a sua capacidade de amá-lo, mais e melhor.

8. O que mais a tocou neste capítulo?

Capítulo 4: Quando o amor tarda

Perguntas para Comentários ou Reflexão

1. Descreva uma ocasião em sua vida em que esperar foi especialmente difícil. Como você reagiu ao processo, e o que aprendeu?

2. A gratificação postergada é difícil para todas nós. Considere os seguintes aspectos, e identifique com qual (ou quais) você mais lutou ao crescer, e qual é o mais difícil para você hoje. Se possível, apresente exemplos específicos.

Adaptação a situações não tão perfeitas.
Espera pela satisfação de nossas necessidades ou desejos.
Aceitação não apenas de atrasos, mas também negações daquilo que queremos.
Outro: _____

Aprofundando

3. Uma das coisas que muitas pessoas têm mais dificuldade para entender a respeito de Deus é o fato de que Ele nem sempre interrompe ou intervém quando estamos em dificuldades. Em vez disso, Ele é especialista em redimir a situação, usando-a para o nosso bem e para o seu Reino. Examine as seguintes passagens e escreva o problema que Deus permitiu e o benefício que resultou desse problema.

Atos 7.59—8.3   *Problema:* _____

Atos 11.19-21   *Resultado:* _____

Atos 21.30-36   *Problema:* _____

Filipenses 1.12-14 *Resultado:* _____

4. Nós, humanos, temos a tendência de adorar fórmulas — se fizermos A e se fizermos B, então Deus terá que fazer C. Leia Isaías 55.8,9 e Romanos 11.33-36 várias vezes, e permita que a perspectiva celestial penetre em seu coração. Escreva uma resposta ao Senhor a respeito das maneiras com que você pode ter tentado controlá-lo, por meio de "fórmulas", em lugar de simplesmente confiar que Ele sabe o que é melhor.

5. Leia o quadro "A Bênção da Dificuldade", nas páginas 71 e 72. Pense em uma ocasião em que você pediu algo a Deus e *não* obteve o

que pediu. Como essa experiência afetou o seu caráter e a sua vida? Você acha que cresceu a partir dessa experiência? Por quê?

6. O que têm a dizer os seguintes versículos a respeito dos benefícios da espera? Faça um círculo ao redor do benefício que é mais significativo para você.

Salmos 40.1-3 _____

Isaías 64.4 _____

Lamentações 3.24-7 _____

7. Em que área da sua vida você ainda precisa entregar a Deus a "pena da sua vontade"? Leia Romanos 8.28 e escreva ao Senhor, como uma oração, substituindo "todas as coisas" por detalhes específicos da sua situação. Conclua a oração com uma declaração do seu amor e do seu compromisso com a vontade dEle.

8. O que mais a tocou neste capítulo?

Capítulo 5: Morando em um sepulcro

Perguntas para Comentários ou Reflexão

1. Em uma velha sepultura, no Estado de Novo México, pode-se ler "Aqui jaz Johnny Yeast. Perdão por não me levantar".[1] Em outra, no Estado de Colorado, pode-se ler o protesto: "Eu lhe disse que estava doente!" Estes são epitáfios tolos, mas, agora, em um tom mais sério, o que você gostaria que estivesse escrito na sua lápide?

2. Considere o quadro "Mágoas, Preocupações e Hábitos", nas páginas 84 e 85. Qual dessas três categorias de fortalezas tem maior probabilidade de fazer você tropeçar mais frequentemente no seu andar com Deus? Se você se sentir à vontade para compartilhar, mencione pelo menos um item com que você está lutando (ou ao qual você se rendeu!), agora mesmo. Em particular ou em grupo, leve essas coisas ao Senhor, em oração, reivindicando a promessa de Tiago 5.16.

Aprofundando

3. A Bíblia fala vigorosamente a muitas questões. Usando um índice, procure uma palavra ou palavras que digam respeito à sua luta em

particular — desejo, ira, soberba, medo, mentira, o que quer que você possa estar enfrentando. (Se necessário, peça que um amigo já familiarizado com o estudo da Bíblia a ajude.) Escolha três versículos pertinentes para escrever e, a seguir, escolha um para memorizar.

4. Todas nós temos, em nossa vida, mentiras que foram interiorizadas como verdades. Para revelar falsas crenças, considere as perguntas a seguir. (Não deixe nada de lado, nem mesmo as coisas aparentemente pequenas que aconteceram, ou passatempos inocentes aos quais você tende a recorrer, como escape.)

- Qual falha ou trauma do seu passado ainda a define como se fosse a sua *identidade*?
- A que mecanismo de cópia você recorre regularmente para obter *segurança*?
- Nas palavras do Dr. Phil, psicólogo americano: "Como isso está funcionando para você?"

5. De acordo com os versículos a seguir, por que é tão importante que reconheçamos a nossa necessidade de perdão e cura?

Salmos 66.18-20 _____

Isaías 30.15,16 _____

1 João 1.9,10 _____

6. O livro de Isaías nos fornece muitos vislumbres do propósito da vinda e do ministério de Jesus. Debaixo dos versículos correspondentes, liste as coisas que você descobrir.

Isaías 42.1-4   Isaías 61.1-3

7. Um dos mais preciosos aspectos da obra de Deus em nossa vida é a sua capacidade de nos redefinir e transformar nossa identidade. Para os versículos a seguir, escreva o nome antigo e o novo nome recebido, e o significado para cada um. A seguir, considere Apocalipse 2.17 e o seu significado para você.

Gênesis 32.24-28   Nome antigo: _____
                        Novo nome: _____
                        Significado: _____

Mateus 16.13-18   Nome antigo: _____
                     Novo nome: _____
                     Significado: _____
Apocalipse 2.17   Significado: _____

8. O que mais a tocou neste capítulo?

Capítulo 6: Tirai a pedra

Perguntas para Comentários ou Reflexão

1. Tirar pedras pode ser difícil. Em termos físicos, qual é a coisa mais difícil que você já fez (escalar uma montanha, dar à luz, etc.)? Descreva essa experiência.

2. Sem entrar em detalhes desnecessários, fale de uma ocasião em que a revelação de um segredo destruiu o poder que ele havia exercido sobre você.

Aprofundando

3. Craig Groeschel diz que muias de nós somos *ateias cristãs* — "que cremos em Deus, mas vivemos como se Ele não existisse". Você consegue ver sinais dessa contradição na sua vida, ou na vida dos cristãos, de modo geral? Dê um exemplo (grande ou pequeno) se puder. O que poderíamos fazer para combater a tendência ao ateísmo cristão?

4. Leia o Salmo 91 e considere os benefícios de fazer de Deus o nosso refúgio, a nossa morada, em vez de preferir permanecer em nossas sepulturas. Liste cinco benefícios que você considera importantes. Em seguida, escolha aquele que tem mais significado para você e escreva um curto parágrafo, explicando o motivo.

5. Deus fez grandes esforços para remover a barreira que estava entre Ele e nós. Leia as seguintes passagens, e preencha as lacunas:

Levítico 16.2   A barreira: _____
Mateus 27.50,51   O processo: _____
Hebreus 10.19-22   O resultado: _____

6. Qual das seguintes "pedras" pode estar bloqueando o acesso de Deus aos lugares, em você, que precisam de cura? Examine os versículos correspondentes, e faça uma paráfrase de sua parte favorita, dedicando ao Senhor como uma oração e pedindo ajuda para remover a pedra, a fim de que você possa ser livre. Você pode pensar em outras pedras — além dessas três — que possam estar afastando-a dEle?

- *Desmerecimento* (Romanos 4.7,8; 8.1)
- *Falta de Perdão* (Efésios 4.31—5.2)
- *Incredulidade* (Romanos 4.20-22)

7. Quando você ouve Jesus pedindo que tire a pedra que impede a entrada ao seu coração, o que a resposta dEle a Marta significa para você: "Não te hei dito que, se creres, verás a glória de Deus?" (Jo 11.40)? O que seria necessário para que você deixasse de lado a incredulidade e seguisse em frente no seu processo de cura?

8. O que mais a tocou neste capítulo?

Capítulo 7: Quando o Amor Chamar o seu Nome

Perguntas para Comentários ou Reflexão

1. Você teve algum apelido ao crescer? Como a sua mãe a chamava quando estava zangada com você?

2. Se você passasse por um teste de audição espiritual hoje, qual seria o resultado, em sua opinião? (Assinale uma resposta.)

___Excelente
___Melhorando
___Razoável
___Insuficiente
___Surdez aguda

Ouvir a Deus é uma luta pessoal para você? O que você faz, normalmente, para aprimorar a sua audição?

Aprofundando

3. Leia a passagem de Priscilla Shirer na página 117. De que maneiras, no passado ou no presente, o Inimigo tentou convencê-la de que você não consegue ouvir, ou não ouve, a voz de Deus?

4. Elias ouviu a Deus em 1 Reis 19.11,12, mas não da maneira como esperava. O que essa passagem e Isaías 30.21 revelam sobre como Deus tende a falar conosco hoje? O que torna a primeira parte de Salmos 46.10 tão importante para aprimorar a nossa capacidade de ouvi-lo?

5. Mateus 7.24-27 destaca a importância de obedecer quando Deus fala, e adverte a respeito do que acontece quando não obedecemos. Registre as duas reações diferentes às palavras de Deus que você encontra nos versículos seguintes, e o resultado de cada uma delas.

Mateus 7.24,25   Reação: _____

   Resultado: _____

Mateus 7.26,27   Reação: _____

   Resultado: _____

6. Se possível, descreva uma ocasião em que o Espírito Santo usou um dos seguintes métodos para falar com você — um tema repetido, uma impressão, uma confirmação, uma verificação ou um versículo da Bíblia. Como você soube que era Deus que estava falando? (Lembre-se, com frequência é só depois que obedecemos que percebemos que era a voz de Deus que falava o tempo todo.)

7. O que a afirmação "O professor sempre fica em silêncio durante uma prova" significa para você (em especial, considerando a história de Jesus e as mulheres que oravam, narrada na página 130)?

8. O que mais a tocou neste capítulo?

Capítulo 8: Desatando mortalhas

Perguntas para Comentários ou Reflexão

1. Leia a história do bom samaritano, em Lucas 10.30-35. Com base na sua natureza, se você tivesse estado na estrada naquele dia, quais dos seguintes papéis poderia ter interpretado? (Eu embelezei a coisa um pouco!)

- O sacerdote — viu o homem ferido e ensanguentado, mas continuou andando, ocupado demais para parar.
- O levita — examinou a cena de perto, mas não se sentiu competente para ajudar, por isso ligou para 190 enquanto seguia o seu caminho.

- A mãe que leva os filhos à aula de esportes — estava distraída com as discussões dos filhos e mensagens de texto, e nem mesmo percebeu o homem ferido.
- O samaritano — deixou de lado os seus planos e se envolveu, ajudando o homem ferido.
- Outro: _____

2. Leia "Beijos em Sapos", nas páginas 136 e 137. Diz-se que devemos amar as pessoas quando elas menos esperam e menos merecem. Pense em uma ocasião em que alguém amou você assim — ou uma ocasião em que você teve o privilégio de fazer isso por outra pessoa. Descreva essa experiência.

Aprofundando

3. Leia 1 João 3.16-20 e responda às seguintes perguntas:

- De acordo com o versículo 16, quem é o nosso exemplo e o que Ele fez?
- Que advertência nos é feita no versículo 17?
- Em vez de oferecer palavras e falsos elogios, como devemos amar (v. 18)?
- Que assombroso benefício (vv. 19, 20) obtemos quando amamos dessa maneira?

4. Quais das "Lições do Bom Samaritano" (p. 145,146) mais toca você? Qual parece a mais desafiadora? Por quê?

5. Você tem um amigo ou conhecido que está lutando para se livrar de mortalhas? Dedique um momento para orar, por ele ou por ela. Pergunte o que Deus deseja que você faça para ajudar a amar essa pessoa e trazê-la de volta à vida. (Pode ser algo tão simples como um telefonema, uma refeição que vocês façam juntos, ou um bilhete de incentivo.) O que quer que Ele coloque no seu coração, faça — sabendo que Deus quer amar essa pessoa por seu intermédio.

6. Embora tenhamos comentado como podemos ajudar outras pessoas a desatar suas mortalhas, o que Hebreus 12.1-6 nos diz sobre desatar as nossas próprias mortalhas? Liste pelo menos cinco coisas que devemos fazer.

7. Leia Isaías 64.6 e Apocalipse 3.17. Como a sua insistência em usar os "trapos da imundície" da nossa própria justiça nos impede de vivenciar a verdadeira cura e liberdade? De acordo com Apocalipse 3.18,19, o que Deus nos "aconselha" a fazer?

8. O que mais a tocou neste capítulo?

Capítulo 9: Viver ressuscitado

Perguntas para Comentários ou Reflexão

1. Você já testemunhou uma espantosa transformação que tenha sido realizada por Cristo na vida de alguém? Descreva-a. Como você se sentiu ao ver tal transformação?

2. Se lhe pedissem que desse um testemunho de transformação na sua vida, o que você diria? Se não conseguir pensar em nenhum testemunho, há alguma atitude ou comportamento que você esteja pedindo atualmente que o Senhor transforme? Descreva a diferença que você acredita que haverá quando esse aspecto da sua vida for transformado.

Aprofundando

3. Complete as sete frases "Eu sou" de Jesus listadas abaixo. Faça um círculo ao redor da frase que atualmente mais significa para você e explique o motivo.

João 6.35 "Eu sou o pão da vida _____".

João 8.12 "Eu sou a luz do mundo _____".

João 10.9 "Eu sou a porta _____".

João 10.14-15 "Eu sou o bom pastor _____".

João 11.25 "Eu sou a ressurreição e a vida _____".

João 14.6 "Eu sou o caminho, e a verdade, e a vida _____".

João 15.5 "Eu sou a videira _____".

4. Conhecer o "Grande Eu sou" (o próprio Jesus) nos ajuda a entender melhor quem somos. Veja o Apêndice C: "Quem Sou eu em Cristo". Escolha uma frase de cada uma das três categorias, e escreva o versículo correspondente. Memorize um deles para incluí-lo em sua "base de conhecimento" do Espírito Santo.

5. Liste três coisas que a "comovem" atualmente — que fazem você reagir de maneira exagerada, ou se sentir preocupada, aborrecida, e/ou temerosa. Agora descreva como considerar-se morto (Rm 6.11) pode ajudar a mortificar a sua perspectiva e permitir que você diga, com Paulo, "em nada tenho a minha vida por preciosa" (At 20.24). Se aplicável, mencione uma ocasião em sua vida em que o seu relacionamento com Deus ajudou a transformar a reação da sua natureza inferior.

6. Medite sobre João 15.1-8 (na versão ARA). Leia a passagem várias vezes, e permita que os versículos penetrem em seu coração. Circule ou sublinhe frases que tenham um significado particular para você. No contexto desses versículos, qual é a diferença entre lutar e permanecer? Em termos práticos, como seria, na sua vida, permanecer? O que teria que mudar?

7. Leia o segredo de serviço de George Müller, na página 164. Usando-o como modelo, escreva um obituário para si mesma, declarando a sua decisão de morrer para que Cristo possa viver.

8. O que mais a tocou neste capítulo?

Capítulo 10: O Lázaro risonho

Perguntas para Comentários ou Reflexão

1. Você já escapou de uma situação perigosa, que ameaça a vida? Descreva-a, e também as emoções que você sentiu depois de enganar a morte. Se você nunca sentiu isso, descreva como acha que se sentiria.

2. Leia "Vivendo à Luz da Eternidade", no quadro das páginas 182 e 183. Qual aspecto de viver ressuscitado você gostaria de começar a praticar agora mesmo? Qual mudança na sua vida ajudaria você a fazer isso?

Aprofundando

3. Se você realmente acreditasse que este mundo não é tudo, como isso afetaria a maneira como considera os seguintes aspectos da sua vida? (Escreva a sua resposta antes, e a seguir considere a passagem das Escrituras fornecida.)

Apêndice B

Finanças: _____
(Mateus 6.19-21)

Preocupações: _____
(2 Coríntios 4.17,18)

Doença: _____
(2 Coríntios 12.7-9)

Dificuldades: _____
(Tiago 1.12)

Perseguição: _____
(João 15.18-20)

4. Qual dos seguintes mitos você consegue descartar ao estudar a história de Lázaro? Coloque uma marca (√) ao lado dos que você abandonou, e um ponto de interrogação (?) ao lado dos que gostaria de abandonar. Fique à vontade para acrescentar quaisquer outros mitos a respeito do amor de Deus de que você tenha ciência.

___ Precisamos conquistar o favor de Deus.
___ Se Deus nos ama, coisas terríveis nunca deveriam acontecer conosco.
___ A morte é a pior coisa possível.
___ Deus está distante quando sofremos.
___ O cronograma de Deus é realmente ruim.
___ Tragédia é apenas tragédia — nada de bom pode resultar dela.
___ Outro: _____

5. O que os seguintes versículos nos dizem a respeito da volta de Jesus e da importância de estar preparado?

Lucas 12.35-7 _____

1 Tessalonicenses 5.1-6 _____

2 Pedro 3.4, 8-14 _____

6. Jesus prometeu que voltará para nos levar para o céu, a fim de que possamos estar com Ele (Jo 14.1-3). Diante dessa realidade, considere as seguintes perguntas:

- Como você imagina que será esse dia?
- Quão íntima de Jesus você espera ser?
- Espiritualmente, o que você necessita começar a fazer aqui na terra, de modo que, quando esse dia chegar, você possa ser conhecida ali como é conhecida aqui (1 Co 13.12)?

7. Por favor, não faça este último exercício com pressa. Dedique algum tempo para permitir que a verdade do hino "O Amor de Deus" passe de sua mente ao seu coração. Leia lentamente as palavras, e então repita ou cante-as outra vez. Permita que a imensidade do amor do Pai lave o seu coração. Descanse nela. Deleite-se nela. Receba-a como verdade. A seguir, escreva uma oração, pedindo que o Espírito Santo torne o amor de Deus real em cada parte do seu coração.

Sublime amor, o amor de Deus que a lira não traduzirá
Além do céu do infinito, maior que o mar ele é também.
Ao pecador em aflição Seu Filho Deus doou
Ao sofredor deu Ele a mão, lhes perdoou o mal.

Refrão:
Sublime amor, o amor de Deus, quão insondável tu és!
Sempre a cantar tão grande amor estarão os salvos no céu.

Ao sobrevir do tempo o fim e o grande Rei aqui chegar
E o homem vil e pecador em vão então suplicará.
O amor de Deus será fiel, inesgotável, leal.
Oh! Grande Deus não te demores em revelar-nos tal dom.

Se o mar em tinta se tornar e em papel o céu também,
E a pena então sempre a correr o amor de Deus a descrever;
O descrever tão grande amor ao mar daria o fim
Mas onde, pois, está o livro em que escrever tal amor?

– Frederick M. Lehman[2]

8. Examinando a sua jornada por este livro, que conceito provocou o maior impacto sobre você? De que maneiras ele mudou a maneira como você pensa ou vive, especialmente na área da dúvida do amor?

APÊNDICE B

Capítulo bônus: O que está fazendo você tropeçar?

Perguntas para Comentários ou Reflexão

1. Mesmo que você não tropece de maneira crônica, como eu, provavelmente já teve um ou dois momentos "bobos". Conte o mais memorável.

2. Em quais das reações a mortalhas, identificadas no quadro "Pontos de Tropeço", na página 199, você recai com mais frequência? Que nova reação você gostaria de ter, da próxima vez que os seus botões forem apertados?

Aprofundando

3. Embora você tenha considerado esta passagem no capítulo 8 do seu estudo bíblico, eu gostaria que se concentrasse nela outra vez. Leia Hebreus 12.2,3. (Talvez você também queira ler a versão *A Mensagem* desta passagem, encontrada no fim do capítulo bônus.) Descreva o que Jesus suportou para ser obediente a Deus. Agora leia Hebreus 12.4. O que este último versículo diz ao seu coração?

4. Compare 1 Coríntios 9.24-27 e Hebreus 12.5-11. Liste os diferentes aspectos de disciplina que são mencionados e as razões apresentadas para a importância da disciplina ao correr a carreira que somos chamadas a correr.

5. Hebreus 12.12,13 fala de fortalecer as áreas fracas da nossa vida e fazer "veredas direitas" para os nossos pés. O que Provérbios 4.23-27 tem a dizer sobre este assunto? Em termos práticos, como seria fazer veredas direitas em sua vida?

6. Leia Tiago 5.16. Como confessar os seus erros a outra pessoa ajudou a desatar a sua mortalha?

7. Os primeiros metodistas costumavam se encontrar semanalmente para prestar contas, como responsabilidade. Eles faziam as seguintes perguntas uns aos outros:

- Você sofreu alguma tentação particular na semana anterior?
- Como você reagiu ou respondeu a essa tentação?
- Há alguma coisa que você está tentando manter em segredo? Caso afirmativo, o que é?[3]

De que maneira responder a essas perguntas a ajudou a desatar mortalhas? Há outras perguntas que você acrescentaria? Quem você permitiria que lhe propusesse essas perguntas difíceis?

8. O que mais a tocou neste capítulo?

Usando este estudo em um formato de oito semanas

Como este estudo é mais curto que os de meus dois outros livros, pode ser adequado para o fim de um ano de estudo da Bíblia, ou como um estudo de verão. Para os que escolherem a opção de dez semanas, com a edição em brochura, sugiro a combinação do capítulo 8, "Desatando Mortalhas", com o novo capítulo de bônus, "O que Está Fazendo Você Tropeçar?"

Se dez semanas for um período mais longo do que você tem em mente, você pode adaptar o estudo ao número de semanas que necessitar, combinando capítulos, embora eu não aconselhe um número menor que oito sessões. Sugiro o estudo dos capítulos 1 e 2 ("A História do Terceiro Seguidor" e "Senhor, Eis que Está Enfermo aquele que Tu Amas") em sua semana inicial; abordando o capítulo 8 e o capítulo de bônus em uma única sessão ("Desatando Mortalhas" e "O que Está Fazendo Você Tropeçar?"); e estudando os capítulo 9 e 10 ("Viver Ressuscitado" e "Lázaro Risonho") em sua última semana de estudo.

Quando combinar semanas, escolha uma das "Perguntas para Comentários ou Reflexão" de cada capítulo, e três itens de cada seção "Aprofundando". Certifique-se de designar as questões escolhidas na semana anterior à do estudo dos capítulos.

Para os que utilizarem a edição de capa dura, o capítulo de bônus e as perguntas estão disponíveis para download na internet, em www.joannaweaverbooks.com/going-deeper/book-study-helps/. Nesse link você também encontrará um guia de estudos que poderá imprimir, em formato de caderno de exercícios, e um guia para o líder. Depois de concluir o seu estudo, por favor, visite a página de internet outra vez, para compartilhar ideias criativas sobre o que funcionou para você. Estou ansiosa para ouvi-las!

APÊNDICE C

Quem sou eu em Cristo

Desde que Adão e Eva morderam o fruto proibido, a humanidade tem lutado com uma crise de identidade. Nós nos esquecemos de quem realmente somos — filhos de Deus, escolhidos e amados. Considere a seguinte lista de passagens das Escrituras, extraída do maravilhoso devocional, *One Day at a Time* (Um Dia de cada Vez).[1]

EU SOU ACEITO

João 1.12	Sou filho de Deus.
João 15.15	Sou amigo de Cristo
Romanos 5.1	Fui justificado.
1 Coríntios 6.17	Estou unido com o Senhor, e sou um só espírito com Ele.
1 Coríntios 6.20	Fui comprado por um preço. Eu pertenço a Deus.

1 Coríntios 12.27	Sou membro do corpo de Deus.
Efésios 1.1	Sou um santo.
Efésios 1.5	Fui adotado como filho de Deus.
Efésios 2.18	Tenho acesso direto a Deus, por intermédio do Espírito Santo.
Colossenses 1.14	Fui redimido e tive todos os meus pecados perdoados.
Colossenses 2.10	Sou completo em Cristo.

EU ESTOU SEGURO

Romanos 8.1,2	Estou livre de condenação.
Romanos 8.28	Estou seguro de que todas as coisas contribuem juntamente para o bem.
Romanos 8.31-34	Estou livre de quaisquer condenações contra mim.
Romanos 8.35-39	Não posso ser separado do amor de Deus.
2 Coríntios 1.21,22	Fui estabelecido, ungido e selado por Deus.
Colossenses 3.3	Estou escondido com Cristo em Deus.
Filipenses 1.6	Estou confiante de que a boa obra que Deus iniciou em mim será aperfeiçoada.
Filipenses 3.20	Sou um cidadão do céu.
2 Timóteo 1.7	Não recebi um espírito de temor, mas de poder, amor e uma mente sã.
Hebreus 4.16	Posso encontrar graça e misericórdia para me ajudar, em tempos de necessidade.
1 João 5.18	Eu nasci de Deus, e o Maligno não pode me tocar.

EU SOU IMPORTANTE

Mateus 5.13,14	Sou o sal e a luz da terra.
João 15.1,5	Sou uma vara da verdadeira videira, um canal da sua vida.

João 15.16	Fui escolhido e nomeado para dar frutos.
Atos 1.8	Sou uma testemunha pessoal de Cristo.
1 Coríntios 3.16	Sou templo de Deus.
2 Coríntios 5.17-21	Sou um ministro da reconciliação com Deus.
2 Coríntios 6.1	Sou colaborador de Deus (veja 1 Co 3.9).
Efésios 2.6	Estou sentado com Cristo nos lugares celestiais.
Efésios 2.10	Sou obra de Deus.
Efésios 3.12	Posso me aproximar de Deus com liberdade e confiança.
Filipenses 4.13	Tudo posso em Cristo, que me fortalece.

APÊNDICE D

Identificando fortalezas

Uma fortaleza, lembre-se, é uma mágoa, um hábito ou uma preocupação, que nos conserva sepultadas, incapazes de viver livre e plenamente. As fortalezas podem envolver falsas crenças, atitudes estabelecidas, e padrões compulsivos de comportamento, incluindo vícios. Algumas são nocivas, por si só (como fumar), ao passo que outras podem ser um problema apenas quando se entrincheiram em sua vida e impedem que você tenha liberdade. As perguntas a seguir, extraídas de *Free Book*,[1] do autor Brian Tome, podem ajudá-la a reconhecer sepulturas que estão cerceando, encarcerando, ou isolando você:

1. *Você luta com "comportamento repetido e indesejado"?* Você pode se encontrar fazendo coisas que não quer fazer, ou lutando com padrões de pensamento negativos ou destrutivos. Esse comportamento está tão enraizado que é quase uma segunda natureza, embora você saiba que

não é correto. Pode ser qualquer coisa, de ira a preguiça crônica, de reações violentas a mentiras habituais — para mencionar apenas alguns exemplos.

2. *Você tende a recorrer a esse comportamento ou padrão de pensamento quando as coisas ficam difíceis ou quando se sente deprimido?* Ele pode oferecer uma forte (mas falsa) sensação de consolo, e inicialmente fazer com que se sinta melhor, embora você saiba que não é bom para você. Seja o hábito de compras compulsivas, seja escapismo mental por meio da televisão, leitura ou internet; comer em excesso; pornografia; bebidas alcoólicas; ou qualquer outra coisa — o seu primeiro impulso, quando há problemas, é recorrer a ele, em vez de buscar a Deus.

3. *Você tem dificuldade para entender por que reage a certas coisas da maneira como reage?* Certas experiências podem iniciar reações exageradas que não se adéquam à situação. A força da emoção até mesmo o surpreende, mas você parece não conseguir evitar. Cuidado com tendências de retaliação verbal, ira extrema e defensividade, paranoia ou ódio de si mesmo.

4. *Você tem um segredo que ninguém conhece?* Vergonha do seu passado, ou algum "assunto de família" sobre o qual você foi aconselhado a não falar, pode atormentar a sua vida presente, e impedir que você se conecte com as pessoas de maneiras significativas. Segredos e vergonhas podem levar a paralisia emocional, timidez, isolamento, cinismo ou uma tendência camaleônica de interpretar, em vez de ser real.

5. *Você se vê preso em algum lugar do seu passado, ou empacado num processo de pesar?* Você pode se encontrar desejando voltar a certo ponto da sua vida, ou revivendo continuamente um evento doloroso. Você pode ferver com raiva de uma injustiça muito antiga ou se sentir paralisado pela tristeza por causa da perda de uma pessoa que era importante para você. Não há nada de errado com um pouco de nostalgia, e é normal e necessário um período de tempo para a cura, depois de um trauma ou de uma perda. Mas sentimentos contínuos e não resolvidos a respeito do passado podem acabar evoluindo para fortalezas.

6. *Você sente uma antipatia intensa e sem motivo de certo tipo ou grupo de pessoas — homens, mulheres, liberais, conservadores, muçulmanos,*

judeus, noruegueses tatuados? Qualquer contato com o grupo — ou simplesmente pensar nele — pode inspirar profundo desconforto, medo, ira, ou até mesmo ódio. Fazer avaliações e suposições generalizadas a respeito de membros do grupo, sem realmente conhecê-los, é também um sinal revelador.

7. *Você aceita as suas limitações como sua definição?* Isso pode significar que você permite que palavras degradantes do passado definam você: "Eu não sou atlético... nem talentoso...", "Provavelmente não vou conseguir ser nada na vida". Você pode usar com frequência a desculpa "É assim que eu sou" para evitar a culpa ou a responsabilidade pelo seu comportamento ou suas reações: "Sempre perco a paciência, porque sou italiano/espanhol/irlandês", ou "Na nossa família, não damos atenção a sentimentos".

8. *Você se ofende quando outras pessoas apontam comportamentos poucos saudáveis que você não vê (ou vê) em si mesmo?* A defensividade é, normalmente, um sinal de que entramos em contato com algum tipo de verdade. Se mais de uma pessoa sugerir que você tem um problema, faz sentido ouvir, mesmo que você tenha certeza de que essas pessoas estão enganadas. Não subestime o poder que tem a negação para conservar você em cativeiro. Peça que Deus a ajude a ver o que você precisa ver.

Se você se reconheceu em alguma das perguntas acima, o primeiro passo para encontrar a liberdade é apresentar a situação diante de Deus. Aqui estão algumas sugestões para fazer isso:

• Dê a Deus permissão específica para lançar o holofote do Espírito Santo sobre a sua alma.
• Siga o esquema Revele-Arrependa-se-Renuncie-Substitua, que sugeri no quadro "Destronando Mentiras" nas páginas 91 e 92.
• Peça que Deus lhe mostre o que Ele deseja que você faça a seguir, para viver livre. Não se esqueça de lidar com as mentiras da falta de merecimento, da falta de perdão e da incredulidade, que também podem ter uma participação na sua escravidão.
• Permita que o Espírito Santo oriente o seu caminho, à medida que você busca aconselhamento, suporte de oração e, talvez, um grupo de recuperação, que trate da sua necessidade específica.

APÊNDICE E

Sugestões para desatar mortalhas

Embora somente Deus possa ressuscitar os mortos, Ele nos chama, especificamente, para que ajudemos a amá-los e trazê-los de volta à vida. Embora o capítulo 8 já aborde uma grande quantidade de informação sobre como desatar mortalhas, aqui estão algumas sugestões extras, que coletei ao longo dos anos:

1. *Esteja disponível* (Mt 9.36). Peça olhos para ver o que Deus vê, e onde Ele deseja que você participe da sua obra. Quando reconhecer uma necessidade, pergunte como Ele quer que você se envolva. Às vezes, a oração é o nosso único chamado, mas quando o Espírito Santo incitar você a interferir na situação, não recue.

2. *Ore especificamente sobre o que Deus está chamando você a fazer* (Is 30.21). Quer envolva dedicar uma hora para ouvir, quer envolva um investimento significativo e contínuo de tempo e recursos — o que

quer que você se sinta chamado para fazer, faça, mas também examine os seus motivos. Tenha em mente que a obra é de Deus, e você está ali simplesmente para fazer o que Ele lhe disser.

3. *Ouça a história das pessoas (Gl 6.2)*. Com muita frequência, agimos com base em nossas suposições defeituosas. Peça que a pessoa lhe conte a sua história, e insira perguntas pertinentes para auxiliar o processo. Não é raro acontecer que somente depois de sabermos onde as pessoas estão é que somos capazes de ajudá-las a chegar onde precisam estar — e o simples ato de ouvir traz a cura. Ao mesmo tempo, não se envolva em um drama emocional, esquecendo-se de incluir Deus.

4. *Seja confiável (Pv 11.13)*. Quando uma pessoa lhe contar algo, em confidência, não divulgue isso em outros lugares sem ter permissão — nem mesmo em pedidos de oração, ou em discussões genéricas, mesmo sem mencionar o nome da pessoa envolvida. Seja um porto seguro em que outras pessoas podem aprender a confiar e descansar seu coração. (Nota: A única exceção à regra da confidencialidade é nos casos de maus tratos, perigo iminente ou tendências suicidas. Isso deve ser divulgado, mas deixe que a pessoa envolvida saiba que você fará isso.)

5. *Convide Jesus à interação (Tg 5.16)*. Você desejará fazer isso com cuidado e sensibilidade, uma vez que algumas pessoas foram feridas ou magoadas por pessoas religiosas no passado. (Infelizmente, isso acontece.) Procure maneiras de trazer Jesus e o seu amor à conversa, sem fazer julgamentos. Ore com a pessoa, levando toda e qualquer necessidade a Ele. Encoraje o desenvolvimento de um relacionamento pessoal com Deus, e incentive, gentilmente, a outra pessoa a recorrer a Ele, em primeiro lugar, com suas necessidades.

6. *Peça a Deus sabedoria (Cl 1.9)*. Deixe que a Bíblia seja seu guia. Não aconselhe exclusivamente com base em sua própria experiência, opinião ou inclinação, ou poderá dar conselhos contaminados. Peça ao Espírito Santo o dom da fé, para ver o que a pessoa pode se tornar, para que você a ajude com esperança, e não desespero. Encontre promessas nas Escrituras para orar e declarar corajosamente para a vida dessa pessoa. Peça que o Senhor guie você a recursos úteis que possa compartilhar.

7. *Fale a verdade com amor (Ef 4.15)*. Alguém disse: "O amor sem verdade é adulação, mas a verdade sem amor é crueldade". Peça que Deus lhe dê um genuíno amor pela pessoa. Diga com frequência palavras de afirmação, apontando boas qualidades na vida da pessoa e elogiando o progresso feito. Mas não tenha receio de apontar, gentilmente, inconsistências entre a vida da pessoa e a Palavra de Deus. Faça isso de modo humilde e gentil, sabendo que a verdade nos liberta.

8. *Abra espaço para que outras pessoas ajudem (Pv 15.22)*. Raramente somos os únicos que Deus usa na vida das pessoas. Deus também nomeou certas pessoas — pais, cônjuges, pastores — para fornecer autoridade e também proteção espiritual. Honre e apoie tal "cobertura" quando apropriado. Esteja disposto a diminuir a sua influência para que outras influências piedosas possam crescer. Se você pressentir que a outra pessoa está ficando exageradamente dependente de você, mostre isso, de modo gentil, e recue aos poucos, para que Deus possa intervir. E não se ofenda se os seus dias na vida de outra pessoa chegarem ao fim mais cedo do que você pensa que deveriam.

9. *Lembre-se, as mortalhas consistem de camadas (Gl 6.9,10)*. A liberdade não vem toda de uma vez. É um processo de cura que você está testemunhando, não um evento. Não se entregue ao ceticismo ou à frustração quando tiver a impressão de que está tardando mais tempo do que deveria, ou quando um problema é solucionado somente para depois reaparecer sob outra forma. Encoraje, a você mesmo e à pessoa a quem está ajudando, de que Deus será fiel para terminar o que Ele iniciou. Nós simplesmente temos que cooperar — uma camada por vez.

10. *Acima de tudo, confie em Deus (Hb 12.2)*. A cura duradoura é obra de Deus, e Ele a realiza muito bem. Confie que o Espírito Santo está operando no coração da pessoa que precisa de liberdade, e deixe que Ele também aja em você à maneira dEle. Esteja disposto a fazer o que Deus pedir, quando Ele lhe pedir, e entregue a pessoa ao amor e cuidado do Senhor. Opere pela fé, não pelo medo. Então, veja o que Deus irá fazer!

Epílogo

Caro leitor,

Depois de passar um ano inicial em silêncio mental enquanto buscava inspiração para este livro, eu me surpreendo com quantas coisas a mais o meu coração quer dizer à medida que o final se aproxima. Continuo descobrindo novas facetas da história de Lázaro — ideias e tons para representar aquilo que, juntamente com as deste livro, podem literalmente mudar nossas vidas e nos ajudar a encontrar o nosso lugar no coração de Deus, se permitirmos que Ele o faça.

Oro para que o Espírito Santo tome as minhas palavras limitadas e sopre uma nova orientação em seu coração a cada linha, no formato de mensagem individual que vá de encontro à sua necessidade particular. Oro para que Ele o ajude a morrer para si mesmo diariamente, de modo que Jesus possa viver em você.

Eu adoraria ouvir sobre o que Deus tem falado com você e da ressurreição que está ocorrendo em sua vida, a partir do momento em que decidiu obedecer. Como não posso responder a todas as cartas, seria uma honra para mim orar por você. Você pode me encontrar através da página de contato do meu site www.joannaweaverbooks.com ou escrever para

Joanna Weaver
PO Box 607
Hamilton, MT 59840
joannaweaver@hotmail.com

Que aventura incrível e que privilégio é viver para Deus. Sou muito grata por termos tido a oportunidade de compartilhar esta parte de nossas vidas juntos. Minha oração por você é que Deus possa terminar a obra que Ele começou em sua vida através da salvação (Fp 1.6) — trazê-lo para fora do seu túmulo, desenrolar as suas ataduras e transformar a sua vida com um despertar semelhante ao de Lázaro. Que o Senhor lhe permita viver livremente para Ele, de tal maneira que o mundo se levante e tome conhecimento desta sua nova vida!

Eu te amo, caro(a) amigo(a). Não posso esperar para conhecê-lo(a) naquele dia em que veremos Jesus face a face. Até que chegue esse dia, vamos nos dedicar a nos tornarmos dEle!

Joanna

Notas

Epígrafe
  Citação em Dan Clendenin, "Ancient Wisdom for the Modern World: My New Years Resolutions with Help from the Desert Monastics", *Journey with Jesus,* 1º de janeiro de 2006, www.journeywithjesus.net/Essays/20051226JJ.shtml. Adaptação da tradução de John Chryssavgis em *In the Heart of the Desert: The Spirituality of the Desert Fathers and Mothers,* ed. rev. (Bloomington, IN: World Wisdom, 2008), p. 1.

Capítulo 1: A História do Terceiro Seguidor
[1] Anna B. Warner, "Jesus Loves Me", primeira publicação em Anna B. Warner e Susan Warner, *Say and Seal* (Filadélfia: Lippincott, 1860), p. 115, 116.
[2] Para toda a história de Maria e Marta, e a maneira como elas cresceram no relacionamento com Jesus, veja os meus livros *Como Ter o*

Coração de Maria no Mundo de Marta: Fortalecendo a Comunhão com Deus em uma Vida Atarefada (Rio de Janeiro: CPAD, 2004) e *Tendo um Espírito como o de Maria: Permitindo que Deus nos Transforme de Dentro para Fora* (Rio de Janeiro: CPAD, 2007).

3. Para um comentário esclarecedor a respeito da tendência a "adorar", veja Richard J. Foster, *Celebration of Discipline: The Path to Spiritual Growth*, ed. rev. (1978; reimpr., San Francisco: HarperSanFrancisco, 1988), p. 5, 6.

Capítulo 2: Senhor, Eis que Está Enfermo aquele que Tu Amas

1. Comentando a cronologia da doença de Lázaro, Warren Wiersbe escreve: "Jesus estava em Betabara, aproximadamente a 20 milhas de Betânia... Se o [mensageiro] tivesse viajado rapidamente, sem nenhuma demora, teria feito a viagem em um dia. Jesus o mandou de volta no dia seguinte... e então Jesus esperou dois dias mais... e quando Ele e os seus discípulos chegaram, Lázaro já estava morto por quatro dias, o que quer dizer que Lázaro havia morrido no *mesmo dia* em que o mensageiro partira, para entrar em contato com Jesus!" Em Warren W. Wiersbe, *Be Alive* (Colorado Springs, CO: David C Cook, 1981), p. 132.

2. Segundo as notas da *NIV Study Bible* a respeito de João 9.2, "os rabinos haviam desenvolvido o princípio de que "Não existe morte sem pecado, e não existe sofrimento sem iniquidade". Eles nem mesmo conseguiam pensar que uma criança pudesse pecar no útero, ou que a sua alma pudesse ter pecado em um estado pré-existente. Eles também afirmavam que as terríveis punições vinham a uma pessoa por causa dos pecados de seus pais. Como mostra o versículo seguinte [Jo 9.3], Jesus contradizia claramente essas crenças". Kenneth L. Barker, ed., *The NIV Study Bible,* ed. de 10º aniversário (Grand Rapids: Zondervan, 1995).

3. Jerry Goebel, "Unbind Him and Let Him Go!" ONEFamily Outreach, 13 de março de 2005, http://onefamilyoutreach.com/bible/John/jn_1 1_01_45.htm.

4. Adaptação de Rosalind Goforth, *Climbing: Memories of a Missionary's Wife*, 2. ed. (1940; reimpr., Elkhart, IN: Betel, 1996), p. 80.

5. *Steps to Peace with God* (Charlotte, NC: Billy Graham Evangelistic Association, sem data), www.billygraham.org/specialsections/steps-to-peace/steps-to-peace.asp.

⁶ Depois de muito estudo, acabei crendo que nós somos seres de três partes, conforme Paulo diz em 1 Tessalonicenses 5.23: "E o mesmo Deus de paz vos santifique em tudo; e todo o vosso espírito, e alma, e corpo sejam plenamente conservados irrepreensíveis para a vinda de nosso Senhor Jesus Cristo". O "corpo" é a "casca" física que nos aloja; a "alma" é a nossa mente, vontade e emoções; e o "espírito" é o lugar que é vivificado, quando Cristo passa a habitar dentro de nós, na salvação. Para um comentário mais profundo sobre esse tema, e por que eu creio que a distinção é importante, veja *Tendo um Espírito como o de Maria: Permitindo que Deus nos Transforme de Dentro para Fora* (a partir do capítulo 2).

⁷ Citação em Dale Fincher, "A Slice of Infinity: What Do You Expect? Part 5". Ravi Zacharias International Ministries, 30 de janeiro de 2004, www.rzim.org/ resources/read/asliceofinfinity/todaysslice.aspx?aid=8420.

⁸ Citação em John Eldredge, *Waking the Dead: The Glory of a Heart Fully Alive* (Nashville: Thomas Nelson, 2003), p. 75.

Capítulo 3: O Nosso Amigo Lázaro

¹ James Strong, *The New Strong's Exhaustive Concordance of the Bible* (Nashville: Thomas Nelson, 1996), s.v. "#1690".

² David Giles, *Illusions of Immortality: A Psychology of Fame and Celebrity* (Londres: Macmillan, 2000), p. 95.

³ Giles, *Illusions of Immortality*, p. 95.

⁴ Francis Chan, *Crazy Love: Overwhelmed by a Relentless God* (Colorado Springs, CO: David C. Cook, 2008), p. 110, 111.

⁵ Gene Edwards, *The Divine Romance* (1984; reimpr., Wheaton, IL: Tyndale, 1992), p. 63, 64.

⁶ Max Lucado, *God Came Near* (1986; reimpr., Nashville: Thomas Nelson, 2004), p. 56.

⁷ Spiros Zodhiates, ed. ger., *The Complete Word Study Dictionary: New Testament*, ed. rev., (Chattanooga, TN: AMG International, 1993), s.v, "#2083"

⁸ Zodhiates, *Complete Word Study Dictionary*, s.v. "#2083".

⁹ Zodhiates, *Complete Word Study Dictionary*, s.v. "#2083".

¹⁰ Zodhiates, *Complete Word Study Dictionary*, s.v. "#2083".

¹¹ C. H. Spurgeon, "The Friend of God", *The Homiletic Review*, vol. 14, n. 1 (julho-dezembro, 1887), p. 157.
¹² George Muller a J. Hudson Taylor, em Dr. e Mrs. Howard Taylor, *Hudson Taylor's Spiritual Secret*, Moody Classics ed., (Chicago: Moody, 2009), p. 152, 153.
¹³ Joseph C. Ludgate, "Friendship with Jesus", em *Hymns of Glorious Praise* (Springfield, MO: Gospel Publishing, 1969), p. 338.

Capítulo 4: Quando o Amor Tarda
¹ Brian Jones, *Second Guessing God: Hanging On When You Can't See His Plan* (Cincinnati, OH; Standard Publishing, 2006), p. 13.
² Jones, *Second Guessing God*, p. 15.
³ Jones, *Second Guessing God*, p. 15.
⁴ Jones, *Second Guessing God*, p. 15.
⁵ Pastor Don Burleson, "Big T-Truth" (sermão, New Covenant Fellowship, Kalispell, MT, 8 de junho de 2008).
⁶ Warren Wiersbe, *The Wiersbe Bible Commentary: Old Testament*, 2. ed. (Colorado Springs, CO: David C. Cook, 2007), p. 755. A ênfase nas Escrituras e o formato são meus.
⁷ Charles H. Spurgeon, "A Mystery! Saints Sorrowing and Jesus Glad!" (sermão n. 585, Metropolitan Tabernacle, Newington, Inglaterra, 7 de agosto de 1864), citação em *Spurgeons Sermons*, vol. 10: 1864, Christian Classics Ethereal Library, http://153.106.5.3/ccel/spurgeon/sermons10.xviii.html.
⁸ De acordo com as notas da *NIV Study Bible* sobre João 11.17, "Muitos judeus acreditavam que a alma permanecia junto ao corpo durante três dias depois da morte, na esperança de retornar a ele. Se essa ideia estava na mente dessas pessoas, obviamente elas pensavam que toda a esperança estava perdida — Lázaro estava irrevogavelmente perdido". Kenneth L. Barker, ed., *The NIV Study Bible*, edição de 10º aniversário (Grand Rapids: Zondervan, 1995).
⁹ Jerry Goebel, "Unbind Him and Let Him Go!" ONEFamily Outreach, 13 de março de 2005, http://onefamilyoutreach.com/bible/John/jn_11_0145.htm.
¹⁰ Talvez você tenha se perguntado, como eu me perguntei, o que Jesus quis dizer, quando respondeu às preocupações dos discípulos sobre retornar a Betânia dizendo: "Não há doze horas no dia?" (Jo 11.9).

Notas

Ray Stedman escreve: "Ele está se referindo ao cronograma de Deus... Ele estava determinado a andar durante o dia da vontade de Deus. Não seguir tal cronograma — ainda que *parecesse* mais seguro, pelo raciocínio humano — seria equivalente a andar durante a noite. Levaria a tropeços... Deus definiu um tempo para cada um de nós e... não há nada que ninguém possa fazer para encurtá-lo, nem há nada que possamos fazer para prolongá-lo. Os nossos tempos estão nas mãos de Deus". Ray C. Stedman com James D. Denney, *God's Loving Word: Exploring the Gospel of John* (Grand Rapids: Discovery House, 1993), p. 298.

11 Ouvi a história de David pela primeira vez há alguns anos, em uma gravação de uma palestra que ele havia feito. Depois disso, entrei em contato com ele pessoalmente, e recebi tanto a sua confirmação de que o material é exato quanto a sua permissão para utilizá-lo. Para mais informações sobre os ministérios David Rings Reach Out and Touch, visite a sua página na internet: www.davidring.org.

12 Não é o seu verdadeiro nome.

13 Meus agradecimentos a Martha Tennison por essa frase que ouvi em um sermão em Billings, Montana, em 24 de setembro de 1999.

Capítulo 5: Morando em um Sepulcro

1 [Matthew] Henry e [Thomas] Scott, *A Commentary upon the Holy Bible, Matthew to Acts* (Londres: Religious Tract Society, 1835), p. 54 n. 28.

2 "Bethany: Meeting Place for Friends", Franciscan Cyberspot, http://198.62.75.1/www1/ofm/san/BET09mod.html.

3 "The Ossuary of James", The Nazarene Way, www.thenazarenewaycom/ossuary_of_james.htm.

4 A expressão sobre as "mágoas, preocupações e hábitos" foi cunhada por Rick Warren e John E. Baker e é amplamente usada na organização Celebrate Recovery; no entanto, a descrição dos três tipos de fortaleza é de minha autoria. Para mais informações a respeito de Celebrate Recovery, que eu muito recomendo, por favor, veja o Apêndice C: "Recursos para a Vida Ressuscitada".

5 Essa descrição é extraída de John Baker, *Celebrate Recovery® Leader's Guide*, edição atualizada (Grand Rapids: Zondervan, 2005), p. 56.

6 Essa informação foi obtida de uma pesquisa de quatro anos (e ainda em andamento) em mais de 200 igrejas, feita pela iniciativa de

pesquisa e estratégia REVEAL™, sob os auspícios do ministério de Willow Creek Association. Veja Greg Hawkins e Cally Parkinson, *Follow Me: What's Next for You* (South Barrington, IL: Willow Creek Resources, 2008), p. 100.
7   Spiros Zodhiates, ed. ger., *The Complete Word Study Dictionary: New Testament*, ed. rev. (Chattanooga, TN: AMG International, 1993), s.v, "#3415" e "#3418*
8   Rick Renner, *Sparkling Gems from the Greek: 365 Greek Word Studies for Every Day of the Year to Sharpen Your Understanding of God's Word* (Tulsa, OK: Teach All Nations, 2003), p. 74.

Capítulo 6: Tirai a Pedra
1   Este é, na realidade, o subtítulo do excelente livro de Groeschel, *The Christian Atheist: Believing in God but Living As If He Doesn't Exist* (Grand Rapids: Zondervan, 2010).
2   Joyce Meyer, *Battlefield of the Mind: Winning the Battle in Your Mind* (1995; reimpr., Nova York: Warner Faith, 2002), p. 12.
3   Ann Spangler, *The Tender Words of God: A Daily Guide* (Grand Rapids: Zondervan, 2008), p. 13.
4   Spangler, *Tender Words of God*, p. 15, 16.
5   Spangler, *Tender Words of God*, p. 14.
6   Kenneth Wuest, *Wuest's Word Studies from the Greek New Testament*, vol. 2 (Grand Rapids: Eerdmans, 1973), p. 121.
7   A palavra grega *dunamis* é usada, na Bíblia, para descrever o "milagroso poder" de Deus. (Veja James Strong, *The New Strong's Exhaustive Concordance of the Bible* (Nashville: Thomas Nelson, 1996), s.v. "1411, dunamis". É também a raiz da nossa palavra *dinamite*. (Veja "Word History", *American Heritage Dictionary of the English Language*, 4. ed., s.v. "dynamite", http://dictionary.reference.com/browse/dynamite.

Capítulo 7: Quando o Amor Chamar o seu Nome
1   Essa frase é inspirada pelo magnífico hino religioso, "Come Thou Fount of Every Blessing", cujas palavras foram escritas por Robert Robinson em 1758. Para a história de como ele foi escrito, veja "Come Thou Fount of Every Blessing", Center for Church Music Songs and Hymns, http://songsandhymns.org/hymns/detail/come-thou-fount-of-every-blessing.

NOTAS

[2] Priscilla Shirer, *Discerning the Voice of God: How to Recognize When God Speaks* (Chicago: Moody 2007), p. 14.

[3] Philip Yancey, *Grace Notes: Daily Readings with a Fellow Pilgrim* (Grand Rapids: Zondervan, 2009), p. 168.

[4] Ken Gire, *Reflections on Your Life Journal: Discerning Gods Voice in the Everyday Moments of Life* (Colorado Springs, CO: Chariot Victor, 1998), p. 11-42.

[5] Henri J. M. Nouwen, *Letters to Marc About Jesus: Living a Spiritual Life in a Material World*, trad. Hubert Hoskins (San Francisco: HarperSanFrancisco, 1998), p. 84.

[6] Para mais informações sobre registros por escrito, veja o meu livro *Como Ter o Coração de Maria no Mundo de Marta: Fortalecendo a Comunhão com Deus em uma Vida Atarefada* (Rio de Janeiro: CPAD, 2004), capítulo 5.

[7] Agradecimentos especiais a Maria Campbell, que partilhou comigo esse pensamento há muitos anos.

[8] Shirer, *Discerning the Voice of God*, p. 184.

[9] Oswald Chambers, *My Utmost for His Highest: The Golden Book of Oswald Chambers, Selections for the Year* (1935; reimpr., Westwood, NJ: Barbour, 1963), January 30.

[10] Meus agradecimentos a Dianne Freitag por essa frase, partilhada em conversa pessoal.

[11] Mrs. Charles [Lettie B.] Cowman, *Streams in the Desert*, em *Streams in the Desert and Springs in the Valley*, Zondervan Treasures (1925; reimpr., Grand Rapids: Zondervan, 1996), 9 de fevereiro.

[12] Cowman, *Streams in the Desert*, 9 de fevereiro.

Capítulo 8: Desatando Mortalhas

[1] Henry M. Grout, "The Good Samaritan", em The Monday Club, *Sermons on the International Sunday-School Lessons for 1881*, Sixth Series (Nova York: Thomas Y. Crowell, 1880), p. 151, 152. Nota: Esta passagem parece ser um resumo das ideias encontradas no sermão de Charles H. Spurgeon, "The Good Samaritan", sermão n. 1360 (feito no Metropolitan Tabernacle, Newington, Inglaterra, 17 de junho de 1877), www.spurgeongems.org/vols22-24/chs1360.pdf.

[2] David O. Mears, "The Good Samaritan", em The Monday Club, *Sermons on the International Sunday-School Lessons for 1878* (Boston:

Henry Hoyt, 1878), p. 303.
[3] Wes Seeliger, *Faith at Work*, 13 de fevereiro de 1972, citação em Bruce Larson, *Ask Me to Dance* (Waco, TX: Word Books, 1972), p. 11, 12.
[4] Jerry Goebel, "Unbind Him and Let Him Go!" ONEFamily Outreach, 13 de março de 2005, http://onefamilyoutreach.com/bible/John/jn_11_01-45.htm.
[5] Goebel, "Unbind Him".
[6] Goebel, "Unbind Him".
[7] Agradeço ao pastor Danny Stephenson por esse pensamento.
[8] Não é o seu verdadeiro nome.
[9] Mrs. Charles [Lettie B.] Cowman, *Springs in the Valley*, em *Streams in the Desert and Springs in the Valley*, Zondervan Treasures (1939; reimpr., Grand Rapids: Zondervan, 1996), 22 de fevereiro.
[10] Oswald Chambers, *My Utmost for His Highest: The Golden Book of Oswald Chambers, Selections for the Year* (1935; reimpr., Westwood, NJ: Barbour, 1963), 24 de março.
[11] Frank E. Peretti, *Piercing the Darkness* (Westchester, IL: Crossway Books, 1989).
[12] Beth Moore, *Further Still: A Collection of Poetry and Vignettes* (Nashville: Broadman and Holman, 2004), p. 99-104.
[13] Warren Wiersbe, *The Wiersbe Bible Commentary: New Testament*, 2. ed. (Colorado Springs, CO: David C. Cook, 2007), p. 862.

Capítulo 9: Viver Ressuscitado
[1] História narrada em V. Raymond Edman, *They Found the Secret: Twenty Transformed Lives That Reveal a Touch of Eternity* (1960; reimpr., Grand Rapids: Zondervan, 1984), p. 17-22. Essa citação particular é da página 18.
[2] Edman, *They Found the Secret*, p. 19.
[3] Edman, *They Found the Secret*, p. 19.
[4] Edman, *They Found the Secret*, p. 17.
[5] Edman, *They Found the Secret*, p. 17.
[6] Hannah Whitall Smith, *The Unselfishness of God* (1903; reimpr., Princeton, NJ: Littlebrook, 1987), p. 193.
[7] Julie Thompson, "Lazarus", em Charles May, ed., *Masterplots II; Short Story Series*, ed. rev. (Pasadena, CA: Salem Press, 2004), Enotes.com,

2006, www.enotes.com/lazarus-leonid-andreyev-salem/lazarus-9620000246.
⁸ Wendell Berry, citação em Eugene H. Peterson, *Living the Resurrection: The Risen Christ in Everyday Life* (Colorado Springs, CO: NavPress, 2006), p. 13.
⁹ Veja o meu livro *Tendo um Espírito como o de Maria: Permitindo que Deus nos Transforme de dentro para Fora* Rio de Janeiro: CPAD, 2007), capítulos 3 a 5.
¹⁰ W. Ian Thomas, *The Indwelling Life of Christ* (Sisters, OR: Multnomah, 2006), p. 151, 152.
¹¹ Thomas, *Indwelling Life of Christ*, p. 127.
¹² Arthur T. Pierson, *George Müller of Bristol* (1899; reimpr., Grand Rapids: Hendrickson, 2008), p. 383 (ênfase do autor).

Capítulo 10: O Lázaro Risonho

¹ A história da Sra. Winchester e os detalhes sobre a casa estão resumidos nas obras "Sarah Winchester: Woman of Mystery" e "Winchester Mystery House™: Beautiful But Bizarre", Winchester Mystery House, www.winchestermysteryhouse.com/SarahWinchester.cfm e www.winchestermysteryhouse.com/thehouse.cfm. A citação no fim desse parágrafo é de Vernon Grounds, "An Inevitable Appointment", *Our Daily Bread*, 2 de abril de 1994, http://odb.org/1994/04/02/an-inevitable-appointment/.
² "Al-Eizariya", Serving History: World History Served Up Daily, www.servinghistory.com/topics/Al-Eizariya. (Al-Eizariya significa "lugar de Lázaro".)
³ "Church of Ayios, Lazaros Larnaca", Serving History: World History Served Up Daily, www.servinghistory.com/topics/Church_of_Ayios,_Lazaros_Larnaca.
⁴ A tradição ortodoxa oriental afirma que, depois da sua ressurreição, Lázaro fugiu para Chipre, para escapar à perseguição, foi ordenado por Paulo e Barnabé como o primeiro bispo de Kition (agora, Larnarca), e ali morreu, trinta anos depois. Uma tradição conflitante, agora mais ou menos menosprezada, afirma que Lázaro fugiu, com suas irmãs, a Provence, veio a ser bispo de Marselha, e foi martirizado e sepultado onde agora é a França. Veja Demetrios Serfes, "St. Lazarus the Friend of Christ and First Bishop of Kition, Cyprus", Lives of the Saints,

www.serfes.org/lives/stlazarus.htm, e Leon Clugnet, "St. Lazarus of Bethany", *The Catholic Encyclopedia*, vol. 9 (Nova York: Robert Appleton Company, 1910), www.newadvent.org/cathen/09097a.htm.

5 Ray C. Stedman com James D. Denney, *God's Loving Word: Exploring the Gospel of John* (Grand Rapids: Discovery House, 1993), p. 300.

6 John Claypool, "Easter and the Fear of Death" (programa #3030, Chicago Sunday Evening Club, 19 de abril de 1987), *30 Good Minutes*, www.csec.org//csec/sermon/claypool_3030.htm.

7 Mark Buchanan, *Things Unseen* (Sisters, OR: Multnomah, 2002), p. 43.

8 Marshall Shelley, "Two Minutes to Eternity", *Christianity Today*, 16 de maio de 1994, p. 25, 27, citação em Buchanan, *Things Unseen*, p. 43, 44.

9 Elisabeth Elliot, *Keep a Quiet Heart* (Ann Arbor, MI: Servant, 1995), p. 28.

10 Demetrios Serfes, "St. Lazarus the Friend of Christ and First Bishop of Kition, Cyprus", *Lives of the Saints*, www.serfes.org/lives/stlazarus.htm.

Capítulo Bônus: O que Está Fazendo Você Tropeçar?

1 Embora eu tenha encontrado várias ideias diferentes sobre como Lázaro estava atado, gosto da versão descrita no comentário IVP sobre o Evangelho de João. "Sugeriu-se que o costume dos judeus não era envolver o cadáver, como uma múmia, mas usar um tecido, como o do Sudário de Turim. O cadáver teria sido colocado sobre uma faixa de linho, comprida e larga o suficiente para envolvê-lo completamente. Os pés seriam colocados em uma extremidade, e o tecido seria então puxado sobre a cabeça até os pés, os pés estariam amarrados na altura dos tornozelos, e os braços, presos ao corpo, com faixas de linho, e o rosto envolto por outra faixa, para manter o queixo no lugar (Sanders 1968:276). O tecido separado para atar o queixo é mencionado em fontes posteriores... embora esse tecido, no versículo 44, possa se referir, na verdade, a uma cobertura para o rosto (Beasley-Murray 1987:195)". Rodney A. Whiteacre, *John*, The IVP New Testament Commentary Series, ed. Grant R. Osborne (Downers Grove, IL: InterVarsity, 1999). A citação de Sanders é de J. N. Sanders, *Commentary on the Gospel According*

NOTAS

    to St. John, Black New Testament Commentaries, ed. e comp. B. A. Mastin (Peabody, MA: Hendrickson, 1968), p. 276. O acesso online para o comentário de Whiteacre é www.biblegatewaycom/resources/commentaries/IVP-NT/John/Jesus-Raises-Lazarus.

2. Essa descrição está baseada em uma ideia encontrada em "Lazarus (John 11)", COPT.org, 1º de agosto de 2010, www.copt.org/2010/08/01/lazarus-john-11/.

3. Rick Renner, *Sparkling Gems from the Greek: 365 Greek Word Studies for Every Day of the Year to Sharpen Your Understanding of Gods Word* (Tulsa, OK: Teach All Nations, 2003), p. 113, 114.

4. Ray e Anne Ortlund, *Lord, Make My Life a Miracle* (Nashville: Broadman and Holman, 2002), p. 130, 131.

5. James Strong, *The New Strong's Exhaustive Concordance of the Bible* (Nashville: Thomas Nelson, 1996), s.v. "#2139"

6. Usada com permissão da remetente.

7. Kurt Richardson, *James,* vol. 36 de *The New American Commentary: An Exegetical and Theological Exposition of Holy Scripture* (Nashville: Broadman and Holman, 1997), p. 80. (Veja o texto e também a nota de rodapé 69.)

8. Beth Moore, *Get Out of That Pit: Straight Talk About God's Deliverance from a Former Pit-Dweller* (Nashville: Thomas Nelson, 2007), capítulo 6. As citações são as páginas 123, 128 e 131.

9. Gosto muito dessa definição de arrependimento, de autoria de David K. Bernard, em seu livro *The New Birth,* vol. 2, Series in Pentecostal Theology (Hazelwood, MO: Word Aflame, 1984), capítulo 5, "Repentance", acesso em www.newlifeupc.org/wp-content/uploads/online-books/newbirth/new-ch5.html.

10. William Barclay, *The Letter to the Hebrews,* ed. rev. Daily Study Bible Series (Louisville, KY: Westminster John Knox Press, 1976), p. 173.

11. Anne Ortlund, *Fix Your Eyes on Jems* (1991; reimpr., Lincoln, NE: Authors Choice, 2001), p. 173, 174.

Apêndice B: Guia de Estudo

1. June Shaputis, "Funny Stones to Tickle Your Funny Bones", www.webpanda.com/ponder/epitaphs.htm.

2. Frederick Lehman, "The Love of God", 1917. Lehman escreveu esse hino em Pasadena, Califórnia, e ele foi publicado pela primeira vez

em *Songs That Are Different*, vol. 2 (1919). A letra é baseada no poema judaico "Haddamuy", escrito em aramaico, em 1050 por Meir Ben Isaac Nehorai, um cantor em Worms, Alemanha. Foi traduzida a pelo menos dezoito idiomas. Veja www.cyberhymnal.org/htm/l/o/loveofgo.htm.

[3] Michael Griffiths, *Cinderella with Amnesia: A Restatement in Contemporary Terms of the Biblical Doctrine of the Church* (Downers Grove, IL: InterVarsity, 1975), p. 79.

Apêndice C: Quem Sou eu em Cristo

[1] De *One Day at a Time: The Devotional for Overcomers* de Neil T. Anderson e Mike e Julia Quarks, direitos autorais 2000. Uso com permissão de Regal Books, uma divisão de Gospel Light Publications. Todos os direitos reservados.

Apêndice D: Identificando Fortalezas

[1] Brian Tome, *Free Book* (Nashville: Thomas Nelson, 2010). O capítulo de Tome sobre fortalezas serviu como um trampolim para alguns itens nessa lista, mas as aplicações e descrições específicas são de minha autoria.